Alain Dag'Naud

# Le grand Bêtisier des Rois de France

LAROUSSE

**Direction de la publication**
Sophie Descours

**Édition**
Véronique Tahon

**Mise en page**
Olivier Frenot

**Fabrication**
Rebecca Dubois

**Couverture**
Olivier Frenot

**Dessins**
Alain Boyer



Cet ouvrage a été élaboré à partir des textes du *Grand Bêtisier de l'Histoire de France* du même auteur.

Les Éditions Larousse utilisent des papiers composés de fibres naturelles, renouvelables, recyclables et fabriquées à partir de bois issus de forêts qui adoptent un système d'aménagement durable. En outre, les Éditions Larousse attendent de leurs fournisseurs de papier qu'ils s'inscrivent dans une démarche de certification environnementale reconnue.

ISBN : 978-2-03-594787-1

# Demandez le programme !

# AVANT-PROPOS

Curieuse époque que la Renaissance. Les uns la font débuter à la découverte de l'Amérique par Christophe Colomb en 1492, d'autres à l'invention de l'imprimerie par Gutenberg et Fust dans les années 1450, certains à la prise de Constantinople par les Turcs en 1453. L'historien Michelet en situait l'origine à l'entrée des soldats de Charles VIII en Italie en 1494, avec l'émerveillement d'un art et d'un style de vie qui allait conduire à l'édification de châteaux de loisirs en Île-de-France ou sur les bords de la Loire. Mais la Renaissance du flamboyant François I^er^ ne fut pas seulement le temps de l'acquisition de connaissances nouvelles, des observations astronomiques, d'expressions différentes de l'art grâce à la perspective. Elle fut aussi le temps des procès en sorcellerie qui se répandirent d'une façon folle, celui des massacres des guerres de Religion, celui des assassinats politiques, des disettes et des pestes.

> « Si Christophe Colomb n'avait rien découvert, Kennedy serait toujours vivant. »
>
> Almanach de *l'Os à moelle*

Passée la transition agitée de la Renaissance, la monarchie se renforce. Le principe héréditaire s'impose, la figure royale est magnifiée, le roi devient « Majesté ». Henri III soutenu par ses mignons, Henri IV épaulé par Sully, Louis XIII assisté par Richelieu édifient la monarchie absolue. À la mort de Mazarin en 1661, Louis XIV annonce qu'il n'aura plus désormais de ministre et qu'il est le maître absolu : « L'État, c'est moi ! » Avec l'inévitable cortège de faux pas d'un pouvoir personnel sans contrepoids. Le goût de la guerre spectacle, le gouffre financier de Versailles et l'isolement du pouvoir de Louis XV qui laisse gouverner ses maîtresses et perd les Indes et les Amériques.
Le pauvre Louis XVI n'a plus qu'à gérer vaille que vaille les déficits.

# AU NOM DE VALOIS

## (1461 – 1547)

De la fin du XV^e^ siècle jusqu'au milieu du XVI^e^, les Valois sont obsédés par l'Italie. Ils se croient les héritiers légitimes du royaume de Naples et du duché de Milan. En un demi-siècle d'expéditions, ils conquièrent et perdent quatre fois Naples et six fois Milan avant de se décider à renoncer à leurs rêves transalpins.
Dans les chariots de leurs armées en retraite, Charles VIII, Louis XII puis François Ier rapportent la syphilis mais aussi des trésors de l'Antiquité et de la Renaissance.
Ils construisent de somptueux palais qu'ils décorent sur le modèle italien.
Rejeté de la péninsule, cerné par Charles Quint et par Henri VIII, François Ier finance des expéditions outre-Atlantique.
En 1534, Jacques Cartier découvre la Nouvelle-France qui deviendra le Canada.
Mais ces rêves de gloire coûtent cher, la dette double en trente ans, les impôts s'envolent.

*« Les rêves ont été créés pour qu'on ne s'ennuie pas pendant le sommeil. »*
Pierre Dac

# ... Ça fait date ...

**1484** • Sacre de Charles VIII, fils de Louis XI.

**1491** • Anne de Bretagne épouse Charles VIII.

**1492** • Découverte de l'Amérique par Christophe Colomb.

**1498** • Mort de Charles VIII. Louis XII, gendre de Louis XI, lui succède.

**1511** • Érasme publie *l'Éloge de la folie*.

**1515** • Mort de Louis XII. François Ier lui succède.
• Victoire française à Marignan, en Italie.
• Début de la construction du château de Chenonceau.

**1517** • Création du port du Havre.
• Léonard de Vinci à Amboise.

**1519** • Charles de Habsbourg devient empereur sous le nom de Charles Quint.
• Mort de Léonard de Vinci en Touraine.

**1520** • Rencontre du Camp du Drap d'or entre François Ier et Henri VIII d'Angleterre.
• Alliance entre Henri VIII et Charles Quint.

**1525** • Défaite française de Pavie.
• François Ier prisonnier de Charles Quint.

**1531** • L'Auvergne et le Bourbonnais réunis au domaine royal.

**1532** • Rattachement de la Bretagne à la France.
• Rabelais publie *Pantagruel*.

**1534** • Jacques Cartier explore le Saint-Laurent.
• Création par Ignace de Loyola à Montmartre de la Compagnie de Jésus, les jésuites.

**1539** • Ordonnance de Villers-Cotterêts qui impose le français à la place du latin dans les textes officiels.

**1545** • Concile de Trente contre les théories de Luther.

**1546** • Construction du nouveau Louvre par Pierre Lescot.

**1547** • Mort de Henri VIII d'Angleterre.
• Mort de François Ier. Son fils Henri II lui succède.

## Qui est qui ?

**Anne de Beaujeu (1461-1522)** • Fille de Louis XI, régente de France pendant la minorité de son frère Charles VIII.

**Anne de Bretagne (1477-1514)** • Duchesse de Bretagne, épouse de Charles VIII puis de Louis XII.

**Bayard Pierre de (1476-1524)** • Surnommé « le chevalier sans peur et sans reproche ».

**Budé Guillaume (1467-1540)** • Humaniste et bibliophile, initiateur du Collège de France.

**Cartier Jacques (1491-1557)** • Explorateur malouin du Saint-Laurent.

**Charles VIII (1470-1498)** • Fils de Louis XI, roi de 1483 à 1498.

**Charles Quint (1500-1558)** • Roi d'Espagne, prince des Pays-Bas, roi de Sicile, empereur germanique.

**Claude de France (1499-1524)** • Fille de Louis XII, première épouse de François Ier.

**Colomb Christophe (1450-1506)** • Navigateur génois au service de l'Espagne, découvreur de l'Amérique en 1492.

**Érasme Didier (1469-1536)** • Humaniste hollandais, auteur de *l'Éloge de la fol*ie, partisan de la tolérance.

**François Ier (1494-1547)** • Roi de France de 1515 à 1547, il succéda à son beau-père Louis XII.

**Gutenberg (1394/1399-1468)** • Imprimeur allemand, il inventa l'imprimerie à caractères métalliques mobiles.

**Henri II (1519-1559)** • Fils de François Ier, roi de France de 1547 à 1559.

**Henri VIII (1491-1547)** • Roi d'Angleterre de 1509 à 1547.

**Ignace de Loyola (saint) (1491-1556)** • Fondateur à Paris de la Compagnie de Jésus (ordre des Jésuites).

**Jeanne de France (sainte) (1464-1515)** • Fille de Louis XI, mariée à Louis d'Orléans qui, devenu roi, fait annuler le mariage.

**Jules II (1443-1513)** • Pape de 1503 à 1513, il commença la basilique Saint-Pierre. Michel-Ange fit son tombeau.

**Léonard de Vinci (1452-1519)** • Peintre, sculpteur, architecte, ingénieur italien, établi en France à la demande de François Ier.

**Louis XII (1462-1515)** • Fils de Charles d'Orléans, roi de France de 1498 à 1515.

**Louise de Savoie (1476-1531)** • Mère de François Ier, régente de France en 1515 et en 1525-1526.

**Luther Martin (1483-1546)** • Réformateur protestant allemand.

**Marguerite de Navarre (1492-1549)** • Sœur de François Ier, grand-mère d'Henri IV, femme de lettres.

**Marie Tudor (1496-1533)** • Fille d'Henri VII d'Angleterre, épouse de Louis XII.

**Maximilien d'Autriche (1549-1519)** • Empereur germanique de 1493 à 1519.

**Rabelais François (?-1553)** • Écrivain, créateur de *Pantagruel* et de *Gargantua*.

**Soliman le Magnifique (1494-1566)** • Sultan ottoman.

# CHARLES VIII

## (1483 – 1498)

Fils chétif de Louis XI, d'abord placé sous la tutelle de sa sœur aînée Anne de Beaujeu, Charles VIII, dit « l'Affable », commence son règne par des succès à la suite de son père. Il soumet les princes en révolte. En épousant la fille de François II de Bretagne, Anne de Bretagne, il prépare le rattachement de la province au royaume. Mais rien dans le fils ne rappelle le père. Trop ambitieux, Charles veut conquérir le royaume de Naples et engage la France en 1494 dans les guerres d'Italie qui coûteront cher et ne rapporteront rien. Pour avoir les mains libres en Italie, il signe avec ses voisins des traités qui lui font perdre l'Artois, le comté de Bourgogne et le Roussillon, gagnés de haute lutte par Louis XI.

> « Bien sûr l'Amérique avait été découverte avant Colomb. Mais le secret avait été bien gardé. »
>
> Oscar Wilde

### ANNE, MA SŒUR ANNE

Anne de Beaujeu, fille aînée de Louis XI, est « sa vraie image en tout » affirme Brantôme. Intelligente, rusée et dissimulatrice quand il le faut, soucieuse d'ordre et de discipline, elle apprécie le pouvoir comme son père. À douze ans, elle est mariée à Pierre de Beaujeu, bientôt duc de Bourbon, âgé de trente-cinq ans.

Conformément au vœu de Louis XI, en 1483, elle devient régente de son frère, considéré comme limité intellectuellement. Elle continue la stratégie de Louis XI contre les grands seigneurs et pour l'agrandissement du royaume. Mais le fait qu'elle soit femme, son sens de l'État et de la continuité politique ne conviennent pas aux princes qui veulent recouvrer le pouvoir dont les a privés le défunt roi. Les princes du sang retrouvent leur morgue.

Pour éviter une rébellion, les Beaujeu, encore mal assurés, sont contraints de livrer deux proches de Louis XI. Jean de Doyat, fidèle conseiller, est fouetté en public à la demande du duc de Bourbon et exposé au pilori des halles de Paris où on lui coupe une oreille avant de lui percer la langue au fer rouge. Il est ensuite banni du royaume. Olivier Le Daim, barbier de Louis XI avant de devenir chambellan, ambassadeur et d'être anobli, est arrêté sur ordre du parlement. Au procès, cent huit victimes, ou prétendues telles, témoignent contre lui. Il est pendu et étranglé au gibet de Montfaucon. Les Beaujeu peuvent juste obtenir qu'il soit détaché du gibet et enterré dignement.

## ILS ONT BEAUJEU

Les Beaujeu reprennent vite la main et réintègrent plusieurs serviteurs de Louis XI. Les Grands, ducs de Lorraine, de Bretagne et d'Orléans (le futur Louis XII) en tête, s'acoquinent avec les ennemis étrangers du roi Richard III d'Angleterre et Maximilien d'Autriche, pour déclencher un soulèvement. La guerre civile dure de 1485 à 1488. Elle est qualifiée de Guerre folle car elle est menée en dépit du bon sens.

L'affrontement principal a lieu le lundi 28 juillet à Saint-Aubin-du-Cormier, où l'armée des Grands, forte de onze mille hommes, est hétéroclite : aux Bretons, qui constituent le gros des troupes, s'ajoutent des Gascons débarqués à Quimper, des Espagnols, des Allemands, des Anglais et des Français. Ils ne parlent pas la même langue. Leur chef, le maréchal des Rieux, plutôt que d'attaquer aussitôt les troupes royales qui arrivent par groupes dispersés, attend qu'elles aient le temps de s'installer sur la lande. En moins de quatre heures, les Français ont le dessus. Louis d'Orléans est fait prisonnier et François II de Bretagne doit signer le traité du

Verger. Comme il n'a pas d'héritier mâle, il s'engage à ne pas marier ses filles sans le consentement du roi. Suis-je bien celte que vous croyez?

## MISS TERRES DE L'OUEST

Dès 1486, François II de Bretagne a envisagé de marier sa fille Anne au pire ennemi de Charles, Maximilien d'Autriche. Le projet prend corps en décembre 1490 avec l'accord des États de Bretagne. L'empereur charge quatre de ses conseillers de partir en Bretagne conclure l'affaire. L'union est consacrée dans la cathédrale de Rennes. Le maréchal de Polheim supplée l'empereur. Le soir, pour symboliser devant témoins la consommation du mariage, il dénude une de ses jambes, se coule dans le lit ducal au côté d'Anne, colle sa jambe nue contre celle de la mariée et la retire aussitôt. Voilà Anne archiduchesse d'Autriche. Charles VIII met aussitôt le siège devant Rennes, qui se rend. Anne est contrainte de renoncer à son mariage avec Maximilien. Les fiançailles avec le roi de France sont aussitôt célébrées, suivies le 6 décembre 1491 des noces qui ont lieu à Langeais sur les bords de la Loire. Une clause du contrat prévoit une donation mutuelle au dernier vivant. En cas d'absence d'héritier mâle, Anne ne pourra se remarier qu'avec le successeur de Charles.

### C'EST L'HYMEN

Pour écarter toute contestation, l'union d'Anne et de Charles est consommée le soir même du mariage, avec rapport à la clé : « Chers frères de si bon cœur, mardi dernier furent faites les épousailles du roi et de la reine, et la nuit d'icelui jour, couchèrent ensemble et là, laissa la reine son pucelage. Nous avons bien voulu vous en avertir afin que faites faire processions générales. » Elle a vu la queue d'un!

## LA PREUVE PAR L'ŒUF

En 1488, Bartholomé Colomb, frère de Christophe, essaie sans succès de convaincre le roi d'Angleterre de financer une expédition à l'autre bout du monde. Bartholomé tente donc sa chance en France en 1490. La régente Anne de Beaujeu l'écoute avec intérêt exposer la possibilité de contourner l'obstacle commercial des Ottomans en

Méditerranée orientale. Il suffit, explique-t-il, de passer par l'ouest. Mais Anne garde le projet sous le coude. Elle se contente d'introduire l'aventurier à sa cour, sans doute dans l'espoir qu'il distraie le monde avec ses rêves fantastiques. Appointé comme un artiste, Bartholomé passe son temps à rédiger un mémoire sur la mer Océane et à dessiner des cartes. Son frère Christophe comprend qu'il n'y a rien à attendre du côté français. Il préfère poursuivre en Espagne ses démarches qui finissent par aboutir. La découverte de l'Amérique en 1492 va faire la fortune d'Isabelle de Castille.

> *« L'Américain qui le premier a découvert Colomb a fait une fâcheuse découverte. »*
>
> Georg Christoph Lichtenberg

## PAPA PAPE

Avec Innocent VIII, l'Église s'est choisie un curieux pape et Charles VIII un allié douteux. Né en 1432, mignon du cardinal Calendrin, entré à la curie romaine grâce au soutien du cardinal della Rovere, futur Jules II, Innocent VIII a déjà seize enfants lorsqu'il accède au trône pontifical. Il reconnaît ses bâtards, en marie plusieurs au Vatican et leur attribue des seigneuries. Il met aux enchères des fonctions ecclésiastiques, il élève au cardinalat un enfant de treize ans, fils de Laurent de Médicis, il détourne les fonds d'une éventuelle croisade contre les Turcs, il excommunie sans vergogne ses ennemis. Pour se donner bonne conscience chrétienne, il appelle au renforcement de l'Inquisition et des tortures contre les hérétiques. Pour ce Saint-Père, Dieu et Dieu font qu'âtre.

## LES JOYEUSES COMMÈRES DEVINENT SORT

Alors que l'expédition d'Italie est dans l'air, des prophéties sont opportunément publiées dans les années 1490. Elles prédisent à Charles VIII un destin impérial en Méditerranée. Une édition du *Karolus*, qui fait de Charles l'héritier de Charlemagne, est formelle : celui qui a « hauts sourcils, le front long, le nez aigu et les yeux longuets » (on aura reconnu le roi de France) subjuguera les Italiens, mais aussi les Espagnols et les Irlandais (!), il prendra

Rome puis il passera en Grèce, en Turquie et en Terre sainte. Lorsque Charles aura cinquante-trois ans, il aura placé les pays musulmans sous la loi du Christ, et il pourra alors rejoindre son Créateur au paradis. Les lecteurs d'alors ne savent pas que ces prophéties sont financées par des proches de Charles VIII.

## BOTTE À NIQUE

Opposé au roi de Naples, Innocent VIII fait appel à Charles VIII et lui propose de s'emparer, avec sa bénédiction, du royaume napolitain. La plupart des conseillers du jeune Charles, surtout les anciens proches de Louis XI, lui déconseillent l'aventure. Ils font valoir qu'elle sera coûteuse et dangereuse. Mais le mirage a pris corps dans la tête du roi. L'expédition nécessite de l'argent. Charles VIII augmente les impôts et lance plusieurs emprunts en France et auprès des banquiers italiens.

Afin d'assurer ses arrières, le roi brade les conquêtes de Louis XI : il rétrocède le Roussillon à Ferdinand d'Aragon, il verse une somme importante au roi d'Angleterre, il renonce au comté de Bourgogne (la Franche-Comté) et au Charolais pour pacifier la frontière avec Maximilien d'Autriche. En juillet 1494, le roi se dirige vers les Alpes avec son armée. La traversée de la péninsule se déroule sans encombre. Seul aléa : Innocent VIII a laissé la place à Alexandre VI, beaucoup moins favorable aux Français. Après un séjour d'un mois dans la Ville éternelle, le roi entre à Naples le 22 février 1495, juché par humilité sur une mule. Maître du royaume de Naples, Charles n'attend plus que l'investiture du pape. Mais Alexandre VI est en train de négocier un traité anti-français avec Venise, le duc de Milan, l'ambassadeur d'Espagne et Maximilien d'Autriche. Après trois mois de séjour à Naples, faute d'argent, Charles doit rentrer. Le retour, sous une pluie incessante, est un cauchemar. Les embuscades se multiplient et le roi de France doit engager une sanglante bataille à Fornoue, sans vainqueur ni vaincu. Charles affirme qu'il n'a perdu que soixante hommes et a tué quatre mille ennemis ; mille de ses hommes sont en fait portés manquants.

> *« Il vaut mieux prendre ses désirs pour des réalités que son slip pour une tasse à café. »*
> Pierre Dac

## LES AMANTS DE VÉROLE

Le principal apport de l'expédition de Naples conduite par Charles VIII est la syphilis. En dix ans, toute l'Europe est contaminée. Charles VIII et François Ier sont touchés. Les savants se penchent sur la question. Certains affirment doctement que le mal mystérieux est apparu à la suite d'une configuration astrale exceptionnelle, une triple conjonction Jupiter, Mars, Saturne dans le signe du Cancer, accompagnée de deux éclipses du Soleil. Fracastor pense plutôt que le mal est transmis par de petites bestioles invisibles à l'œil. On se moque de lui. Il a eu pourtant l'intuition des micro-organismes et des bactéries.

### MOURIR DES METS

**La prudence s'impose quand on voyage en Italie. Par crainte des empoisonnements, Charles ne boit son vin que dans un gobelet doré muni d'un couvercle tenu par une chaînette d'or au bout de laquelle pend un chicot de licorne, un talisman que le roi passe prudemment autour de sa timbale. Ce qui n'empêche pas la présence d'un goûteur et de quatre médecins qui observent au préalable le breuvage ainsi que toutes les nourritures.**

Chaque nation se renvoie la responsabilité. Les Français parlent de mal de Naples ou de mal vénitien, les Italiens et les Allemands de mal français, les Écossais de mal anglais, les Anglais de mal de Bordeaux, les Arabes de bouton des Francs, les Chinois de mal portugais. Seuls les Espagnols semblent hors de cause. Ce sont pourtant, peut-être, les hommes de Christophe Colomb qui ont ramené d'Amérique le tréponème mâle, agent de la syphilis. Un prêté pour un rendu, puisque les conquistadors ont transmis aux Indiens le virus de la variole, dite « petite vérole »!

## RENSEIGNEMENTS GÉNÉREUX

Les procès en sorcellerie se multiplient, les croyances superstitieuses se développent. En 1480 paraissent les *Évangiles des quenouilles,* qui font parler six « sages doctoresses et inventeresses ». Elles donnent une série de conseils dont chacun jugera de l'usage à en faire: « Pour s'assurer de la fidélité du mari et de son amour, il faut attacher les quatre pattes de son chat, les enduire de beurre, laisser la bête jeûner deux jours, puis la nourrir de pain trempé dans l'urine du mari... Si une femme désire concevoir un fils, elle doit, lors des rapports sexuels, garder les mains fermées. » Et le poing levé ? « L'homme ne doit pas engendrer d'enfant s'il a les pieds sales, sinon son fils aura mauvaise haleine et sa fille l'aura puante par-derrière. » C'est pas le pied !

## EST-CE TANT PILLÉ ?

Charles VIII a eu le temps de faire des emplettes en Italie, ou plutôt de chiper tout ce qui lui plaisait à Milan, Florence, Rome et Naples. Un convoi chargé de quarante-cinq tonnes de trésors arrive au château d'Amboise, résidence préférée du roi. On y trouve des marbres antiques, des tapisseries, des sculptures en ivoire et plus de mille volumes précieux. Le roi fait venir aussi des artistes, un parfumeur, un facteur d'orgues et l'ingénieur Luca Vigeno, qui se fait fort de concevoir un four pour faire éclore les poussins sans poules. Une promesse de la Française des œufs ?

> *« La boussole, elle est con : elle indique le nord alors que tout le monde préfère le sud. »*
>
> Michèle Bernier

## LA PORTE FLINGUE

Au début de 1498, Charles VIII annonce qu'il est prêt pour une nouvelle expédition en Italie. Le samedi 7 avril, après le déjeuner avec son épouse Anne au château d'Amboise, alors en plein travaux d'aménagement, il décide d'aller jouer à une partie de paume dans les fossés du vieux donjon. Le couple emprunte une rampe pour les chevaux, traverse une cour, descend un escalier et se dirige vers une galerie qui sert trop souvent de pissotière. Le roi précède la reine et passe par une porte basse, si basse qu'il se heurte violemment le front contre le linteau. Il continue pourtant son chemin au bras de la reine et assiste au début de la partie. Soudain, il s'effondre. Le soir, il est mort. Il a vingt-sept ans. Comme il n'a plus d'héritier, la couronne passe à Louis d'Orléans.

### CONS CASSEURS

**Le somptueux tombeau de Charles VIII à Saint-Denis, œuvre de l'Italien Mazzoni, tout de bronze doré et d'émail, le plus beau dans la basilique, portant le porc-épic, symbole du feu roi, fut fondu en 1792. Il n'en reste rien.**

# LOUIS XII

## (1498 – 1515)

Né le 27 juin 1462 à Blois, roi de France de 1498 à 1515, Louis XII est, comme son cousin Charles VIII, obsédé par le mirage italien qui le mène à la défaite de Novare en 1513. Ayant obtenu l'annulation de son mariage avec la fille de Louis XI, il épouse Anne de Bretagne, veuve de son prédécesseur Charles VIII. Modéré sur les impôts, tolérant à l'égard des protestants, il est qualifié de « Père du peuple ».

### COUPE COUPLE

Louis d'Orléans a toujours été rebuté par sa femme, la fille boiteuse de Louis XI, Jeanne de France. De surcroît, il doit épouser Anne de Bretagne, devenue veuve de Charles VIII, pour éviter que la province ne retrouve son indépendance. Il engage une procédure de divorce et prend contact avec le pape, dont il sait pouvoir compter sur la souplesse morale. En effet, le souverain pontife n'est autre qu'Alexandre VI Borgia, père de six enfants reconnus, dont la fameuse Lucrèce, coutumier d'orgies avec des prostituées et de scandales en tous genres malgré

> *« La devise d'Anne de Bretagne, "Plutôt la mort que le déshonneur", est encore gravée dans la pierre du château de Nantes, juste au-dessus de "Fifi aime Nénette". »*
>
> Pierre Desproges

les remontrances du moine Savonarole qu'il fait torturer et exécuter. Il a mis au point un système rémunérateur, la vente du chapeau de cardinal, qui consiste à faire acheter le titre au plus offrant, puis à faire assassiner le titulaire pour revendre un autre chapeau. C'est dire que contre divers avantages, le pape ne se dérobe pas à la royale sollicitation.

Un tribunal ecclésiastique est réuni qui met en doute la consommation du mariage. Troublée, la pauvre Jeanne perd ses moyens, ne sait plus très bien si elle a eu une relation sexuelle, et refuse un examen intime. Il n'en faut pas davantage pour que le mariage soit déclaré nul le 17 décembre 1498. L'union de Louis XII et d'Anne de Bretagne est célébrée à Nantes le 8 janvier 1499. On en reste coït.

## BERLUE DE VUES

Expert en propagande, Louis XII fait passer quelques menues mesures en matière de justice et d'impôts, qu'il présente comme essentielles et qui lui valent le surnom de « Père du peuple ». Habilement, il diminue la taille, un impôt direct, mais augmente les impôts indirects. Il prétend qu'il veut intervenir en Italie, non pour accaparer des terres, mais pour en chasser les tyrans. Dès l'été 1499, une formidable armée de quarante mille hommes franchit les Alpes et attaque Milan qui est occupée le 2 septembre. Louis XII, victorieux, peut rentrer en France. Dès mars 1500, la ville est reprise par le duc Ludovic Sforza et doit être reconquise en avril. Fin de la deuxième guerre d'Italie. L'année suivante, Louis XII veut le royaume de Naples. Mais il connaît une série de défaites et doit signer un armistice par lequel il renonce au royaume de Naples au profit du roi d'Aragon (février 1504). Décidément incorrigible, Louis XII lance en 1508 la quatrième guerre d'Italie pour s'emparer de quelques places fortes en Lombardie. En juin 1513, les troupes françaises vaincues à Novare doivent une nouvelle fois repasser en France. Louis XII a perdu l'Italie. Caprice, c'est fini.

> *« Si vous avez les yeux plus gros que le ventre, vous n'êtes pas près de trouver une paire de lunettes. »*
>
> Pierre Dac

## IL N'Y A PAS UNE MINETTE À PERDRE

Le 9 janvier 1514, Anne de Bretagne meurt. Sans héritier mâle, Louis XII se remarie le 7 octobre avec Marie Tudor, sœur du roi d'Angleterre Henri VIII, une charmante jeune fille de seize ans déjà amoureuse du brillant duc de Suffolk. Lorsqu'il découvre Marie, grande et spirituelle, le gendre de Louis XII, François d'Angoulême, futur François Ier, époux de Claude de France, tombe sous le charme. De quoi faire jaser. Louise de Savoie, la mère de François, y met bon ordre. Ignorant ces luttes d'alcôve, Louis XII, âgé de cinquante-trois ans, connaît trois mois de renaissance d'une vitalité qu'il pensait évanouie. Il honore si gaillardement sa moitié dans l'espoir d'en obtenir un fils, et pour le plaisir, qu'il en tombe malade en décembre, juste après Noël. Il meurt à Paris le 1er janvier 1515.

> « *Docteur, vous pensez que c'était la saucisse ?* »
>
> Paul Claudel
> à l'heure de sa mort

# FRANÇOIS I^er^

## (1515 – 1547)

Né à Cognac, en Charente, le 12 septembre 1494, François I^er^ est « trop ». Trop choyé par sa mère Louise de Savoie qui l'appelle son César, trop chanceux quand il accède au trône en 1515 par le seul fait que Louis XII n'a pas d'héritier mâle, trop grand pour l'époque puisqu'il mesure 1,95 m, trop fastueux avec ses vêtements d'argent incrustés de joyaux et sa cour de cinq mille à quinze mille personnes, trop dispendieux avec ses châteaux qui déséquilibrent le budget, trop amoureux des femmes qu'il couvre de cadeaux, trop égocentrique au point de faire tourner la monarchie autour de sa personne, trop fasciné par le rêve italien, trop sûr de lui quand il se lance à corps perdu dans les batailles au point d'être fait prisonnier à Pavie en 1525, trop ambitieux face à l'habile Charles Quint, trop confiant à l'égard d'Henri VIII.

Mais il est le vainqueur de Marignan en 1515, le mécène de Léonard de Vinci qui lui apporte *la Joconde*, le protecteur de Clément Marot, le bâtisseur du château de Chambord. Il meurt en mars 1547, à cinquante-deux ans, les uns disent d'une septicémie consécutive à une fistule, les autres de la syphilis.

> « Le jour est proche où nous n'aurons plus que l'impôt sur les os. »
>
> Michel Audiard

## QUINZE CENTS COMBIEN ?

Marignan est à une quinzaine de kilomètres au sud-est de Milan. Les 13 et 14 septembre 1515, le jeune roi François Ier, qui vient de fêter ses vingt et un ans et veut reprendre les projets italiens de ses deux prédécesseurs, y affronte les mercenaires suisses au service du duc de Milan. Le combat est inégal : 30 000 Français et 72 gros canons contre 20 000 Suisses et 8 canons. Mais les Suisses sont réputés invincibles et font peur avec leurs trompes de bergers. La bataille est acharnée et fait 16 000 morts, du jamais-vu alors. Le 13, l'affrontement ne cesse qu'à 23 heures, lorsque la nuit noire ne permet plus de distinguer amis et ennemis. Le combat reprend dès l'aube. À 11 heures, les Suisses se replient sur Milan. La bataille a duré seize heures, un temps exceptionnel pour l'époque.

Le retentissement de la victoire est durable, jusque dans les écoles d'aujourd'hui. Pourtant, elle n'a eu aucun impact à long terme, hormis deux conséquences annexes. Le concordat de Bologne, signé avec le pape, donne au roi de France le pouvoir de nommer les évêques et les abbés, le pape accordant les investitures. La paix perpétuelle de Fribourg avec les cantons suisses permet aux rois de France de disposer de mercenaires qui resteront à leur service jusqu'à la Révolution.

### RECOURS À L'ANORMAL

À l'issue d'un procès tout à fait équitable, puisque les coupables disposent d'un avocat, le juge de Troyes, dans l'Aube, prononce sa sentence le 9 juillet 1516 : « Faisant droit à la requête des habitants de Villenoce, admonestons les chenilles de se retirer dans six jours et à faute de ce faire, les déclarons maudites et excommuniées. » Et sans procession !

## FORT KNOCK

Le docteur Laurent Fries, de Colmar, se fait fort de guérir ses contemporains de leurs maux divers. En 1519, il publie un *Miroir de la médecine* destiné à la formation de ses confrères. À côté de conseils utiles, comme un régime diététique pour les Alsaciens amateurs d'une alimentation riche, il propose des remèdes dont l'efficacité n'est toujours pas prouvée. En cas de rhumatismes, il convient de s'enduire d'une pommade à base de chat haché, de cire et de beurre de mouton bouilli. Contre l'asthme, il propose d'ingurgiter de la chair de hérisson. L'ouvrage a tellement de succès qu'il connaît huit éditions.

## ILS L'ONT ROULÉ, LES MECS À NIQUE

Outre ses rêves d'Italie, François Ier ambitionne de devenir empereur du Saint Empire romain germanique. En janvier 1519, la mort de Maximilien Ier lui en donne l'occasion. Mais depuis la Bulle d'or de 1356, l'empereur est élu à la majorité par sept princes électeurs allemands. La charge est convoitée par trois autres candidats, le duc de Saxe, le roi d'Angleterre Henri VIII, et le roi d'Espagne Charles de Habsbourg. Les deux premiers se retirent rapidement et l'élection devient un duel entre François Ier et Charles, petit-fils de Maximilien. Les princes électeurs mettent leurs voix aux enchères. Le roi de France envoie naïvement un acompte d'une tonne et demie d'or. De son côté, Charles de Habsbourg, conseillé par le richissime banquier et entrepreneur Jacob Fugger, offre l'équivalent de deux tonnes d'or, mais sous forme de lettres de crédit ! La somme étant supérieure, il l'emporte et devient Charles Quint. Les princes allemands se gardent bien de restituer son or à François Ier.

## DANS DE BEAUX DRAPS

François Ier s'est lourdement endetté pour acheter les voix des princes allemands et se faire élire empereur du Saint Empire romain germanique. Mais c'est Charles Quint, déjà souverain d'Espagne, du sud de l'Italie et des Pays-Bas, qui devient empereur. La France risque de se trouver encerclée. Il faut à tout prix obtenir l'alliance de l'Angleterre. François Ier propose donc une rencontre à Henri VIII. Ce sommet se déroule à Ardres, près de Calais, du 7 au 24 juin 1520. Le roi de France a vingt-cinq ans, celui d'Angleterre vingt-huit. Chacun veut impressionner l'autre par un étalage de luxe sans précédent. Henri VIII a fait bâtir en quelques jours par plusieurs centaines de maçons, charpentiers, menuisiers, un véritable palais décoré de tapisseries à l'intérieur et de sculptures antiques à l'extérieur. François Ier a fait élever un camp de quatre cents

> **LA BARBE !**
>
> Le jour de la fête des rois en 1521, en l'hôtel Saint-Pol de Romorantin, vers 4 heures de l'après-midi, François Ier et ses jeunes compagnons chahutent si vigoureusement que le roi est blessé d'un coup de bûche. Pour soigner sa blessure à la tête, il faut lui couper les cheveux, et pour cacher sa cicatrice au menton, le roi se laisse pousser la barbe. Les courtisans adoptent aussitôt cette nouvelle apparence.

tentes aux étoffes somptueuses, la plus grande, celle du roi, entièrement en brocart d'or. D'où le nom de Camp du Drap d'or. L'entrevue consacrée aux affaires sérieuses dure moins d'une heure, les détails d'un éventuel accord étant confiés aux diplomates. Et pendant trois semaines, les deux rois s'adonnent à la fête, aux festins, aux tournois. Tout a été prévu pour éviter des incidents.

Tout? Henri VIII, fanfaron, propose à François Ier un combat à mains nues. Pour parader devant les dames qui assistent à la lutte, François jette à terre son adversaire déjà un peu obèse et se pavane, victorieux. Henri est fou de rage. Les négociations s'achèvent sans accord. Deux semaines plus tard, le roi d'Angleterre rencontre discrètement Charles Quint, âgé de vingt ans, et signe avec lui un traité secret contre le roi de France. Camp même, il exagère!

## NIQUÉ MAOUSSE

François Ier fait venir en France de nombreux artistes italiens, parmi lesquels Léonard de Vinci, qu'il aime beaucoup et qu'il installe au Clos-Lucé à Amboise, Benvenuto Cellini et Andrea del Sarto. Ce dernier, auteur de fresques à Florence et d'une *Madone à l'enfant* pour le roi de France, passe au service de François Ier en 1518. Mais l'épouse florentine du peintre, l'exigeante Lucrèce, lui demande de revenir. Le roi de France accepte de se séparer un temps du peintre à condition que son protégé lui ramène rapidement une série d'œuvres d'art d'Italie. Pour cette mission, le roi lui confie une forte somme d'argent. Une fois revenu à Florence, Andrea del Sarto s'achète avec le pactole une magnifique villa. Et François n'a jamais revu l'artiste ni ses fonds.

> *« C'est en sciant que Léonard devint scie. »*
>
> Francis Blanche

## ASPIRENT À TORT

Charles III de Montpensier devient duc de Bourbon par son mariage avec Suzanne, l'héritière du duc de Bourbon et d'Auvergne. Pair et connétable de France, il est l'un des grands féodaux français. Il se bat contre les Espagnols en 1512, contre Maximilien de Habsbourg en 1515, et avec François Ier à Marignan, où il perd son frère. Fastueux, il va à la guerre avec son cuisinier qui lui assure l'une des meilleures tables de l'armée. En 1521, à la mort de Suzanne, son époux devrait hériter. Mais la reine mère Louise de Savoie réclame les riches terres de la défunte en tant que petite-fille du duc de Bourbon.

Louise n'est pourtant pas à plaindre puisque son fils François lui a déjà offert les duchés d'Angoulême et d'Anjou ainsi que le comté du Maine. Mais elle n'en a jamais assez. Elle intente un procès, inique. Le tribunal, influencé par le roi et sa mère, ne tient aucun compte du contrat de mariage de Charles et il casse le testament de Suzanne pour attribuer l'héritage à Louise de Savoie. Outré, Charles de Bourbon se tourne vers Charles Quint et trahit en 1523. Il se réfugie dans l'une de ses forteresses puis s'enfuit en Franche-Comté, habillé en marchand. Sa tête est mise à prix, ses biens sont confisqués et rattachés au domaine royal. C'était un passage avide.

## POUR DES PRUNES

Fille d'Anne de Bretagne et de Louis XII, la reine Claude de France, épouse de François Ier, est en butte à l'hostilité de sa belle-mère et l'objet constant des quolibets des gens de cour qui se moquent de sa petite taille, de sa claudication, de son strabisme de l'œil gauche, de son visage disgracieux, et même de sa corpulence quand elle est enceinte. Avant de mourir en 1524, à l'âge de vingt-cinq ans, elle donne au roi sept enfants, dont le futur Henri II. En retour, François Ier lui donne la syphilis. Bonne reine, elle est quand même honorée par l'horticulteur qui crée une nouvelle variété de prunes, la reine-claude.

> *« La météo est une science qui permet de connaître le temps qu'il aurait dû faire. »*
>
> Philippe Bouvard

## FORT BAYARD

Pierre Terrail, chevalier Bayard, originaire de l'Isère, a un courage hors norme qui lui vaut le surnom de « bon chevalier sans peur et sans reproche ». Sa devise est : « Recevoir pour donner ». Lors des guerres d'Italie, il fait « merveilles d'armes ». En 1504, pour couvrir la retraite des troupes de Louis XII, il se bat seul contre deux cents assaillants au pont du Garigliano. Les ennemis se demandent s'il est un lion déchaîné ou le diable en personne, et font demi-tour. Au lendemain de la victoire de Marignan, le 15 septembre 1515, François Ier, âgé de vingt-et-un ans, se fait, dit-on, adouber lui-même par le chevalier pour le « grandement honorer ».

Mais l'extrême bravoure de Bayard le rend vulnérable. Le 29 avril 1524, alors que l'armée royale, poursuivie par les Espagnols, se replie vers Turin, il est fait prisonnier après avoir eu son cheval tué sous lui. Le capitaine Castaldo, responsable de la capture, espère une belle rançon. Survient alors un autre guerrier espagnol, le « cruel Buzarto », qui veut sa part et réclame le prisonnier. Castaldo refuse ; Buzarto tire un coup d'arquebuse dans le dos de Bayard. Les deux hommes s'enfuient. Se voyant perdu, Bayard demande à ses compagnons de l'étendre au pied d'un arbre, face aux Espagnols : « Je n'ai jamais tourné le dos devant l'ennemi, je ne veux pas commencer à la fin de ma vie. »

### PIS QU'A SEAUX

En 1524, les astrologues prévoient de fortes pluies et des inondations catastrophiques. Le Parisien Pierre Driart le signale : « Les astrologiens disent qu'il sera si grosse abondance d'eaux qu'il serait quasi un second Déluge. » Quelques mois plus tard, François Bonivard constate : « Un certain phantastique astrologue avait prédit d'icelle année qu'elle causerait par fréquentes pluies un Déluge non guère moindre que celui du temps de Noé. Ce qui épouvanta non seulement le peuple, mais les princes et grosmaîtres. Mais de l'enfantement des montagnes ne naquit qu'une souris, car le temps fut plus sec qu'il n'avait depuis longtemps été. »

## PAVIE CI LA SORTIE

Entêté, François Ier veut reprendre le duché de Milan perdu en 1521. Malgré l'avis de ses conseillers, il repasse les Alpes et réussit à s'emparer de la capitale lombarde en octobre 1524. Puis il décide de poursuivre sur Pavie, une formidable forteresse de type médiéval au milieu de la plaine du Pô. Le siège commence le 27 octobre 1524 et s'éternise, laissant le temps aux troupes de Charles Quint de regrouper leurs forces. Il serait encore possible de se replier, mais une retraite serait jugée déshonorante.

Dans la nuit du 23 au 24 février 1525, les impériaux réussissent à ouvrir trois brèches dans le mur de ceinture derrière lequel se tiennent les Français. Ils sont repoussés et même canonnés, ce qui les oblige à se replier en désordre. Alerté, le « roi chevalier » sort de son campement, voit la déroute ennemie sous les tirs d'artillerie, ne veut pas rester à l'écart d'une si belle et évidente victoire, saute sur son cheval et prend avec fougue la tête de sa cavalerie, ce qui oblige ses canonniers à cesser de tirer. L'ennemi en profite pour se ressaisir. Pendant ce temps, le roi bravache continue à avancer sans se rendre compte qu'il est isolé. Les arquebusiers impériaux entourent le roi vers 8 h 20. Il est fait prisonnier. L'armée française a perdu en trois heures environ dix mille hommes. François Ier écrit pourtant à sa mère dès le lendemain : « De toutes choses ne m'est demeuré que l'honneur et la vie qui est sauve », ce que l'on traduira par : « Tout est perdu, fors l'honneur. »

> *« Nous les avons dominés 99 % du temps. Ce sont les 3 % restants qui nous ont coûté la victoire. »*
>
> Ruud Gullit

## MAIS QUE FAIT LA PALICE ?

Jacques II de Chabannes, seigneur de La Palice (1470-1525), sert glorieusement trois rois de France dans toutes les campagnes d'Italie. Il est à la prise de Naples en 1495, à la conquête du duché de Milan en 1500, dans les combats des Pouilles en 1501, à Marignan. Plusieurs fois blessé, il devient Grand maître de France. Il meurt en 1525 à la déplorable bataille de Pavie. Ses soldats disent alors de leur officier si brave et loyal : « Un quart d'heure avant sa mort, il faisait encore envie. » Notée scrupuleusement, cette parole pour l'éternité devait se trouver malencontreusement déformée pour devenir : « Un quart d'heure avant sa mort, il était encore en vie. » Encore un malheur de sophisme.

## TRIP OTAGE

Resté dans son château de Madrid au moment de Pavie, l'empereur Charles Quint se demande ce qu'il va faire de son captif. Malgré son jeune âge (il a vingt-cinq ans), l'empereur joue les impassibles. Il refuse même que l'on célèbre son triomphe. Mais il réfléchit aux avantages à tirer de sa victoire. Il adresse à Louise de Savoie, que son fils François a nommée régente avant son départ pour l'Italie, une lettre sèche lui indiquant les conditions auxquelles il consentirait à la délivrance du roi : abandon de l'Italie, cession du duché de Bourgogne et énorme rançon. La reine mère réplique qu'elle veut bien traiter de la rançon mais qu'il n'est pas question de céder un pouce de territoire.

Pendant ce temps, François Ier est placé sous bonne garde dans une forteresse italienne, puis transféré au bout de trois mois en Espagne. Enfermé dans une tour de l'enceinte de Madrid, le roi de France n'est pas habitué à vivre cloîtré. Pour être libéré, après onze mois de captivité, il signe le 14 janvier 1526 le calamiteux traité de Madrid qui l'oblige à renoncer définitivement à l'Italie et qui le dépossède de la Bourgogne. Il doit en outre livrer en otages ses deux fils, le dauphin François, huit ans, et Henri, futur Henri II, âgé de six ans. Le 17 mars 1526, sur la Bidassoa, fleuve frontière entre la France et l'Espagne, le roi est échangé contre ses enfants. Trop c'est troc.

### LA PORTE DE DERRIÈRE

François Ier est emprisonné en Espagne dans des conditions qui n'ont rien de très confortables. On dit même que, pour l'humilier, la porte de sa chambre a été abaissée pour le contraindre à s'incliner en la franchissant, mouvement que les gardes du dehors ne manqueront pas de prendre pour un salut de déférence. Mais le roi ne sort plus qu'à reculons !

## LES PLAINTS ET LE DÉLIÉ

Au début, les enfants sont traités comme des princes. Mais quand François Ier annonce qu'il ne respectera aucune des clauses du traité de Madrid, Charles Quint durcit leurs conditions de détention et les transfère de prison en prison. Ce sont deux femmes qui dénouent la situation, Louise de Savoie, cinquante-trois ans, mère de François Ier, et Marguerite d'Autriche, quarante-neuf ans, tante de Charles Quint. Elles ont grandi ensemble à Amboise, elles ont élevé chacune leur prince et n'ont pas envie de les voir continuer à s'entre-déchirer. Le 5 août 1529, elles signent à Cambrai la paix des Dames. Les enfants de France sont libérés le 1er juillet 1530, au bout de quatre ans. Le prince François ne parle pas un mot de français. Une rançon de deux millions d'écus d'or est versée. Charles Quint aurait dû faire vérifier les pièces, car elles sont trafiquées. Le chancelier Duprat a fait fabriquer des espèces mal sonnantes et peu trébuchantes de la moitié de leur valeur.

## ELLE S'EST PAYÉ SA DETTE

Jacques de Beaune, baron de Semblançay, est l'un de ces grands financiers formés sous Louis XI. Nommé par François Ier intendant (ministre) des Finances en 1518, il s'enrichit et se fait construire plusieurs châteaux en Touraine. En 1522, lors d'une campagne en Italie, les mercenaires suisses au service des Français désertent car leur solde n'a pas été payée. Le roi demande à son ministre où sont passés les 400 000 écus destinés aux Suisses. Imprudemment, Semblançay révèle qu'il les a remis à Louise de Savoie qui les réclamait pour régler une dette. Le roi n'en fait pas reproche à sa mère mais celle-ci décide de se venger. Le 11 mars 1524, elle nomme une commission d'enquête pour examiner les comptes du ministre. En janvier 1525, elle profite de l'absence du roi fait prisonnier pour obtenir la condamnation de Semblançay pour détournement de fonds. Il est pendu au gibet de Montfaucon le 12 août 1527. La reine mère, qui doit beaucoup d'argent à Semblançay, a réussi à éponger ses dettes et à couvrir ses propres malversations. Elle s'y connaissait en baise maint.

## UN SACRÉ COUP D'ENVIEUX

Trésorier général des guerres en Italie sous les rois précédents, Thomas Bohier peut, sans difficulté, acheter aux enchères en 1512 la terre de Chenonceau sur laquelle il fait construire un magnifique château qui enjambe le Cher. Les travaux s'achèvent en 1521. Ils font l'admiration de tous et excitent la convoitise de François Ier. À la mort de Thomas Bohier en 1524, un contrôle fiscal est déclenché qui conclut opportunément à des malversations et impose une amende exorbitante. Le fils de Thomas, Antoine Bohier, voit sa demeure confisquée par le roi en 1535. La même mésaventure est arrivée au trésorier du roi, Gilles Berthelot, et à sa femme, Philippa Lesbahy, qui ont édifié Azay-le-Rideau à partir de 1518. Dès juin 1523, le roi confisque ce petit palais encore en travaux. C'en est Azay!

## SOMMES ATTIGE

Le roi ne manque pourtant pas de châteaux puisqu'il dispose du Louvre qu'il réaménage, du château de Madrid qu'il fait édifier dans le bois de Boulogne, des châteaux d'Amboise et de Blois dont il poursuit les travaux, de Saint-Germain-en-Laye et de Fontainebleau, sa résidence favorite, qu'il décore à grand prix d'œuvres de Raphaël, de Michel-Ange et du Primatice. Mais son grand projet, sur des dessins de Léonard de Vinci, est Chambord, qu'il entreprend en 1519 et dont les travaux, arrêtés seulement une année pendant sa captivité, reprennent de plus belle dès sa libération en 1526. Le roi, qui semble se désintéresser du sort de ses fils, ne regarde pas à la dépense. La gloire du roi avant tout. Heureusement, le résultat est à la hauteur des attentes de François Ier. Dès 1539, il peut dire « Allons chez moi! » et y organiser des fêtes somptueuses avec des jeunes femmes costumées en déesses grecques. Mais mieux vaut ne pas y rester trop longtemps car Chambord, avec ses 440 pièces, ses escaliers ouverts sur l'extérieur et ses interminables galeries, est impossible à chauffer et se révèle bientôt inhabitable.

## POUPÉES DE SIRE

Parmi les dépenses somptuaires de François Ier, il faut compter les cadeaux mirobolants à ses favorites. L'une d'elles, la très belle Françoise de Foix, a l'audace de résister un temps. Il est vrai qu'elle est mariée à Jean de Laval, un jaloux impénitent. Le roi ordonne au mari d'amener incontinent sa femme à la cour. Il faut bien céder. Devenue « la mye du roi », Françoise est couverte de joyaux, son mari et ses frères acceptent des cadeaux et des postes plus qu'enviables.

À son retour de captivité, le roi a oublié la belle Françoise et s'intéresse à une jeune fille blonde de dix-huit ans, Anne de Pisseleu. Avec une délicatesse qu'on ne manquera pas de remarquer, François Ier demande à Françoise de Foix de lui restituer les joyaux qu'il lui avait offerts. Ceux-ci sont gravés de devises amoureuses. Françoise fait fondre les bijoux et les remet au messager royal : « Portez cela au roi et dites-lui que, puisqu'il lui a plu de me redemander ce qu'il m'avait donné si libéralement, je le lui rends et le lui renvoie en lingots d'or. Quant aux devises, je les ai si bien empreintes en ma pensée que je n'ai pu souffrir que personne en disposât que moi-même. »

> *« Il est devenu moins onéreux d'entretenir une danseuse non déclarée qu'un cadre moyen avec charges. »*
>
> Philippe Bouvard

## C'EST ARRIVÉ AUTRE FROID

Né le 28 février 1518, fils de François Ier et de la reine Claude de France, François est dauphin de France, héritier de la dynastie. Otage de Charles Quint après le désastre de Pavie, il est interné en Espagne pendant quatre ans, son père n'étant guère décidé à honorer les conditions de la paix avec l'Espagne. François sort affaibli de sa longue captivité. En août 1536, alors qu'il est à Lyon écrasé par la canicule, il joue à la paume avec son ami Jacques de Saint André. Au bout d'une manche, les deux jeunes hommes, épuisés, s'arrêtent. Le visage de François est tout empourpré et il a du mal à reprendre son souffle. C'est alors que se présente le comte de Montecucculi, membre italien au service du prince, qui propose une timbale d'eau fraîche en guise de rafraîchissement. Saint-André trempe ses lèvres : « Trop froid ! » dit-il. Le Dauphin prend la timbale et la vide d'un trait. Il en redemande même une rasade. Peu après, il s'exclame : « Cette eau glacée m'a saisi. » Puis il perd connaissance.

Dans les jours qui suivent, l'état de François ne s'améliore pas. Il s'éteint, à l'âge de dix-huit ans, dans la nuit du 9 au 10 août.

François Ier est persuadé qu'il a été empoisonné par l'Italien sur ordre de Charles Quint. Montecucculi est arrêté, jugé, condamné au supplice des régicides. Tête et pieds nus, en chemise, une torche allumée à la main, il doit demander pardon à Dieu et au roi. Puis, déshabillé complètement, il est attaché par les quatre membres à quatre chevaux et écartelé vivant. Le corps est ensuite abandonné à la foule qui lui brise la tête et l'émascule. Le second fils de François Ier devient dauphin. Il régnera de 1547 à 1559 sous le nom d'Henri II. Chaud must go on.

## DÉCOUVERTES BANCS QU'AIRE

François Ier commence à s'intéresser aux terres lointaines qu'ont su exploiter les Espagnols et qui ont enrichi son plus fidèle ennemi, Charles Quint. Il fait donc appel à Jacques Cartier, qui aborde au Canada et en prend possession au nom du roi en 1534. Il compte aussi sur le fameux armateur dieppois Jean Ango qui lance plusieurs expéditions. En 1522, un de ses capitaines s'empare de trois caravelles espagnoles qui apportaient à Charles Quint le trésor du dernier empereur aztèque, comprenant notamment une émeraude en pyramide dont la base avait la grandeur de la paume d'une main. Fort de ce succès, Ango expédie un explorateur d'origine florentine, Giovanni de Verrazano, pour découvrir de nouvelles terres. En juin 1523, le navigateur appareille de Dieppe, traverse l'Atlantique et longe la côte est de l'Amérique du Nord. De retour après six mois de voyage, il fait part au roi de sa déception car il espérait encore trouver la route de l'Inde. Il n'a découvert que la future New York!

## RÉFÉRENT D'HOMME

Au tournant des XVe et XVIe siècles, des érudits humanistes comme Lefèvre d'Étaples, Guillaume Budé et Didier Érasme osent secouer les carcans sorbonnards, les dogmatismes et les conformismes culturels. À leurs risques et périls car ils peuvent très bien finir sur le bûcher sous l'accusation d'hérésie. Lefèvre d'Étaples, traducteur de la Bible en français, ne doit la vie sauve qu'à la protection de François Ier. Face à toutes ces menaces, on s'attendrait à un minimum de solidarité entre les humanistes dans leur combat commun. Il n'en est rien et ils s'étripent régulièrement pour des raisons d'amour-propre. Christophe de Longueil, spécialiste de Cicéron, raille « l'insigne sottise de l'orateur batave Érasme ». Ce dernier se plaint que Budé, créateur du Collège de France, soit mal intentionné à son égard. Les intellectuels ont rendez-vous aux deux ragots ?

## DES MOTS GRAS FIT

Maître François Rabelais, alias Alcofrybas Nasier, né à une date inconnue entre 1483 et 1494, mort en 1553, est un grand médecin, un humaniste proche de Guillaume Budé et d'Érasme, un passionné d'alchimie, un astrologue aux *pronostications* volontiers facétieuses, un agent secret au service des frères Du Bellay, Jean le cardinal et Guillaume l'homme de guerre, un éditeur, un poète et un écrivain à succès. Dans ses livres, il brocarde l'actualité la plus chaude, le pillage des troupes de Picrochole renvoyant au sac de Rome par les lansquenets de Charles Quint le 6 mai 1527, le concile de Trente ouvert en 1545 est parodié sous le nom de concile de Chésil, de l'hébreu *kessil*, « fou ».

En termes cryptés pour n'être pas poursuivi, Rabelais s'attaque aux intégristes de tout poil, « démoniacles Calvins imposteurs de Genève » ou aux théologiens obsédés de censure. Une ordonnance de François Ier stipule que les blasphémateurs auront la gorge ouverte avec un fer chaud, la langue coupée avant d'être étranglés et pendus. Rabelais, amateur de jurons, remplace *mordieu* par *morbleu*. Cela ne suffit pas. Il faut supprimer *morbleu*. En 1546, *le Tiers Livre* est qualifié d'hérétique suite à une faute

### SUR LES FONTS BÂTISSE MOTS

Pour dérouter la censure et brouiller les pistes, Rabelais crée des mots, forge des termes ésotériques interminables comme *morderegrippipiotabirofreluchamburelurecoquelurintimpanemens*, joue du nouveau système de ponctuation et de signes auxiliaires propres à déconcerter les sorbonnards bornés. Apparurent alors, dans les imprimeries de Robert Estienne et de Christophe Plantin, le tréma, l'aocent oirconfloxo (ooûillon), les accents aigu et grave. C'est bons signes !

de frappe, le mot *âme* s'étant mué en *asne*. L'auteur, qui ne veut pas être « cendrifié », doit s'enfuir et se cacher deux ans à Metz.

## MARTIN PRÊCHEUR

Né le 10 novembre 1483 à Eisleben en Allemagne, moine à Erfurt, Martin Luther tient la Bible pour seule source d'autorité religieuse. Excommunié en 1521 pour avoir défié le pape et prôné la réforme de l'Église, il se retrouve à la tête d'une nouvelle Église, le protestantisme, qui se répand grâce à l'imprimerie dans une bonne partie de l'Europe, comme à Strasbourg. Luther se déchaîne contre l'Église, « une véritable prostituée ». Il a une piètre opinion des illustres théologiens qui l'ont précédé. « Les Pères de l'Église sont des imbéciles qui n'ont écrit que des sottises. » Les Juifs? Ce « sont presque tous des enfants de putains ». Les médecins? « Ils ne voient pas que c'est le diable qui afflige les malheureux. » Les moines? « Ils descendent en ligne directe de Satan. » Les femmes? « Ôtez-les du ménage, elles ne valent plus rien. » Les prétendues sorcières? « Point de pitié pour les magiciennes, je les brûlerais, moi. » Les paysans affamés qui se révoltent en 1524-1525? Il faut les exterminer: « Allons chers seigneurs, frappez, transpercez, égorgez! » Il y a plus de cent mille morts. Luther n'était pas un de missel!

## MAIS NON DE TOLÉRANCE

Louis de Berquin est avocat au conseil d'État, « l'homme le plus savant de toute la noblesse », dit un contemporain. Dénoncé pour propos luthériens, il est jeté en prison, à la Conciergerie de Paris, et sommé de renoncer à ses erreurs. Il refuse. Heureusement, Marguerite de Navarre, sœur de François I^er^ et proche des réformés, intervient en sa faveur auprès du roi qui ordonne sa libération. Mais quelques mois plus tard, dans la nuit du lundi de Pentecôte 1528, une statue de la Vierge est découverte mutilée dans le quartier Saint-Antoine à Paris. Le pauvre Berquin, qui n'y est pour rien, est de nouveau incarcéré. Le 16 avril 1529, il est condamné à la prison à vie, « sans livres, encre ni plumes », à voir ses livres brûlés, à avoir la langue percée et le front brûlé au fer rouge. Berquin fait appel de sa réclusion. Le Parlement l'envoie le lendemain même au bûcher sur la place de Grève, « en grande diligence afin qu'il ne fût secouru du roi qui était alors à Blois », note le *Journal du bourgeois de Paris*. Les agités étaient pas mal allumés…

## AUX PLACARDS

François Ier adopte d'abord une attitude modérée à l'égard des protestants, d'autant que dans sa lutte contre Charles Quint, il est amené à se rapprocher des princes protestants allemands et même du sultan musulman Soliman le Magnifique.

La sœur du roi, Marguerite, est d'ailleurs proche des humanistes et des réformés. Mais ceux-ci gâchent leurs chances de se faire accepter. Dans la nuit du 18 octobre 1534, ils apposent dans les lieux publics, les rues et jusque sur la porte de la chambre royale à Amboise, des placards qui dénoncent « les horribles, grands et insupportables abus de la messe papiste » et affirment à propos de l'eucharistie « qu'il ne peut se faire qu'un homme de vingt ou trente ans soit caché en un morceau de pâte ».

Le roi prend très mal cette atteinte à l'autorité de l'Église et donc à son pouvoir divin. Il ordonne aussitôt une répression sans pitié. Des récompenses sont promises aux dénonciateurs des « mal pensants de la foi ». Le 13 novembre 1534, un premier hérétique est brûlé. Il y en aura beaucoup d'autres. En janvier 1535, une « chambre ardente » est créée pour traquer les éditeurs de livres séditieux. L'une des plus illustres victimes en sera l'imprimeur Étienne Dolet, pendu puis brûlé place Maubert à Paris le 3 août 1546. Ça l'affiche mal !

## ACCOUCHEMENT CENT DOULEURS

La justice civile se décide à appliquer une pratique largement en usage dans les tribunaux ecclésiastiques, surtout ceux de l'Inquisition : la torture. À Dijon ou à Rennes, on apprécie les « chaussettes soufrées » que l'on enfile avant d'enfourner les jambes du suspect dans un brasier. À Toulouse, on obtient des aveux

> « Plutôt dormir avec un cannibale sobre qu'avec un chrétien ivre. »
>
> Herman Melville

en hissant l'accusé le plus haut possible avec un poids de 80 kg accroché aux pieds. On peut aussi arracher des morceaux de chair avec une pince rougie au feu. À Paris, on opte pour la question à l'eau, parfois remplacée par du vinaigre. Entre deux séances, on nourrit et rafraîchit le prisonnier. On n'est pas des sauvages!

## VAUDOIS ET À L'ŒIL

Les Vaudois appartiennent à une secte chrétienne créée au XIIe siècle par Pierre Valdo. Ils rejettent l'Église catholique et ne reconnaissent que la Bible. L'évêque d'Apt fait appel à un inquisiteur fanatique, Jean de Roma, qui sévit à partir de 1528. Ce charmant philanthrope écrit au parlement de Provence en 1533 pour l'informer d'un danger imaginaire qui menacerait tout le Midi: « Il convient de nettoyer, d'expurger, de purifier le pays de cette secte de damnés, pervers, hérétiques, luthériens. » Il fait surtout accroire que les Vaudois, installés dans le Midi, en Dauphiné, en Savoie et jusqu'en Italie, s'apprêtent à prendre le pouvoir et à demander leur rattachement à la Suisse protestante.

Sur la seule foi de l'inquisiteur, le parlement de Provence prévient le roi du soi-disant projet séditieux. François Ier croit ce qu'on lui dit. Le 29 janvier 1535, il fait publier un édit de répression. Les hérétiques devront être brûlés. En outre, « statuons et ordonnons que tous ceux et celles qui ont recelé sciemment lesdits sectateurs pour empêcher qu'ils fussent pris seront punis de telle et semblable peine que lesdits sectateurs, et avons ordonné que tous ceux et celles qui révéleront et dénonceront à

### ENFLANT DE CROUPE

Sous François Ier, les élégantes portent des vertugadins qui font grossir démesurément les hanches grâce à un système de bourrelet. Juste au-dessus, on affine la taille et écrase la poitrine par un corset fait de plaques de bois ou de métal, parfois d'os de baleines, un système si serré que les belles ne peuvent plus se nourrir que de compotes et d'aliments liquides. Autour du cou, les femmes et les hommes portent des colliers plissés appelés fraises, qui deviennent de plus en plus hauts et extravagants. Dépliées, certaines fraises ne font pas moins de six mètres de long.

justice aucuns desdits délinquants auront la quarte partie des confiscations et amendes sur ce adjugées. » Les dénonciations n'affluant pas, on décide de brûler les villages de Mérindol, Cabrières, Lourmarin et autres, de raser les maisons, de couper les forêts, d'arracher les arbres fruitiers. En 1545, trois mille hommes, femmes et enfants sont tués sans jugement.

**RELAPSEZ-VOUS !**

« C'est une hérésie d'enseigner ou de croire que brûler les hérétiques est contraire à la volonté du Saint-Esprit. » Léon X, bulle du 15 juillet 1520. Il est vrai que ce pape, né Jean de Médicis, protonotaire apostolique à huit ans, cardinal à treize ans, avait écrit à un autre cardinal le jour même de son élection : « Dieu nous a donné la papauté, profitons-en pour nous amuser. »

## L'ARGENT À GOGOS

Comme il n'y a plus d'argent dans les caisses, François Ier a l'idée de profiter de la crédulité des gens. En 1539, il s'adresse à un certain Jean Laurent pour créer un système de loterie sur le modèle de ce qui fonctionne déjà à Florence depuis 1530. Par l'édit de mai 1539, François concède à « son cher et bien aimé Jean Laurent » le monopole de la loterie, appelée « banque », contre une redevance annuelle. Sur tirage au sort de tickets, les lots à gagner sont des bijoux de valeur. Mais la population n'est pas si bête, personne ne joue et c'est un complet fiasco.

*« Avec mes gains au casino, je me suis acheté une casquette de yachtman ; avec mes pertes, j'aurais pu me payer le bateau. »*

Tristan Bernard

# À VOTRE GUISE

## (1547 – 1589)

Les guerres incessantes entre les Valois et les Habsbourg de Charles Quint puis de Philippe II, les hausses d'impôts pour financer les armées, les mauvaises récoltes et la forte augmentation des prix désespèrent les populations. L'austère Henri II aurait pu jouer le rôle de père protecteur du pays, mais il meurt stupidement dans un tournoi typiquement médiéval, preuve que, plusieurs décennies après le début de la Renaissance, le Moyen Âge féodal n'est pas mort dans l'esprit des grands seigneurs. Pourtant, rien n'est plus pareil. Le courant réformé se répand et touche de fortes minorités de la population. Malgré les répressions, les réformés, surtout calvinistes, dits huguenots, manifestent ouvertement.

Les haines s'exaspèrent, violence contre violence, balayant ceux, humanistes comme Montaigne ou politiques comme Michel de L'Hospital, qui prônent la réflexion et la concorde. C'est le temps des guerres de Religion, huit en tout, 1562-1563, 1567-1568, 1568-1570, 1572-1573, 1574-1576, 1576-1577, 1579-1580, et de 1588 à 1598.

Dans cette hystérie collective qui multiplie les scènes d'horreur, une femme s'efforce de tenir le cap de la raison et de l'autorité royale : Catherine de Médicis la Florentine, veuve d'Henri II. Elle tente un dialogue entre les deux religions, elle louvoie entre les chefs de chaque parti, Guise pour les catholiques ou Condé et Coligny pour les réformés. Mais elle sévit quand elle sent que la situation lui échappe, lorsque par exemple le protestant Coligny pousse à la guerre contre les Espagnols catholiques.
Elle déclenche alors l'exécution de plusieurs chefs protestants qui dérape, contre sa volonté, en massacres de la Saint-Barthélemy en 1572.

Contrairement à ses deux frères, François II et Charles IX, Henri III gouverne par lui-même, sans toutefois refuser les conseils de sa mère. Soucieux de rétablir la concorde civile, il s'appuie sur un cercle restreint d'hommes expérimentés et d'amis sûrs, ses « mignons », pour entreprendre une vaste réforme du royaume dans tous les domaines, circuits de décision, fiscalité, eaux et forêts, entretien des chemins…
Son assassinat en 1589 par un moine fanatique marque la fin de la dynastie des Valois qui règne depuis 1328.

---

« Bon Dieu, si tu existes, je te pardonne. »
François Varillon

---

## ... Ça fait date ...

**1547** • Henri II, fils de François Ier, devient roi de France.

**1549** • Sacre de Catherine de Médicis.

**1558** • Mort de Charles Quint. Son fils Philippe II devient roi d'Espagne.

• Elisabeth Ire, reine d'Angleterre jusqu'en 1603.

**1559** • Paix du Cateau-Cambrésis entre la France et l'Espagne.

• Mort d'Henri II. François II lui succède.

**1560** • Mort de François II. Son frère Charles IX lui succède. Régence de Catherine de Médicis.

**1562** • Massacre des protestants de Wassy par le duc de Guise.

**1564** • Mort de Calvin à Genève.

**1567** • Massacre de catholiques à Nîmes. Début de la deuxième guerre de Religion.

**1568** • Renvoi du chancelier Michel de L'Hospital. Troisième guerre de Religion.

**1572** • Massacres de la Saint-Barthélemy en août.

**1574** • Mort de Charles IX. Son frère lui succède sous le nom d'Henri III.

**1580** • Édition des *Essais* de Montaigne.

**1582** • Réforme du calendrier par le pape Grégoire XIII.

• Déclaration de la Sainte Ligue.

**1588** • Assassinat du duc de Guise.

**1589** • Assassinat de Henri III à Saint-Cloud par le moine Jacques Clément.

## Qui est qui ?

**Bellay Joachim du (1522-1560)** • Auteur du manifeste de la *Pléiade*.

**Calvin Jean (1509-1564)** • Réformateur né à Noyon, installé en Suisse.

**Catherine de Médicis (1519-1589)** • Fille de Laurent de Médicis, épouse d'Henri II, mère de François II, Charles IX et Henri III.

**Charles IX (1550-1574)** • Roi de France de 1560 à 1574.

**Charles Quint (1500-1558)** • Roi d'Espagne de 1516 à 1556, empereur germanique de 1519 à 1556.

**Coligny Gaspard de (1519-1572)** • Amiral, chef protestant.

**Diane de Poitiers (1499-1566)** • Favorite d'Henri II pendant vingt ans.

**Elisabeth Ire (1533-1603)** • Fille d'Henri VIII, reine d'Angleterre de 1558 à 1603.

**François II (1544-1560)** • Fils d'Henri II et de Catherine de Médicis, roi de France de 1559 à 1560.

**Guise François de (1519-1563)** • Chef des catholiques.

**Guise Henri de (dit le Balafré) (1550-1588)** • Chef de la Ligue des catholiques, assassiné.

**Henri II (1519-1559)** • Fils de François Ier, roi de France de 1547 à 1559, mari de Catherine de Médicis.

**Henri III (1551-1589)** • Roi de France de 1574 à 1589.

**Henri de Navarre (Henri IV) (1553-1610)** • Roi de France de 1589 à 1610.

**Lescot Pierre (1515-1578)** • Architecte de la cour carrée du Louvre et de la fontaine des Innocents à Paris.

**L'Hospital Michel de (1505-1573)** • Chancelier de France, partisan de la tolérance à l'égard des protestants.

**Marguerite de Valois, la reine Margot (1553-1615)** • Fille d'Henri II et de Catherine de Médicis, femme d'Henri IV.

**Marie Tudor, dite Bloody Mary (1516-1558)** • Fille d'Henri VIII, reine d'Angleterre de 1553 à 1558, femme de Philippe II d'Espagne.

**Montaigne Michel de (1533-1592)** • Écrivain, auteur des *Essais*.

**Palissy Bernard (v. 1510-1589)** • Céramiste et savant.

**Paré Ambroise (v. 1510-1590)** • Chirurgien.

**Philippe II (1527-1598)** • Fils de Charles Quint, roi d'Espagne de 1556 à 1598.

**Ronsard Pierre de (1524-1585)** • Poète, auteur des *Odes* (« Mignonne, allons voir si la rose... ») et des *Amours*.

**Servet Michel (1511-1553)** • Médecin, découvreur de la circulation sanguine pulmonaire.

# HENRI II

## (1547 – 1559)

À la différence de François Ier, l'enfant gâté, Henri II, né le 31 mars 1519, est du genre taciturne et grave. Sa mère, Claude de France, est morte en 1524 quand il n'avait que cinq ans et il reste profondément marqué par sa longue captivité en Espagne où son père l'a abandonné avec son frère aîné François pendant quatre ans, de 1526 à 1530. Les courtisans assurent ne l'avoir jamais vu rire une seule fois. Heureusement, il a Diane de Poitiers, épouse du grand sénéchal de Normandie, qui joue le rôle de mère puis d'amante. Bercé par les romans de chevalerie, il voit en elle la femme idéale.

En 1533, il épouse Catherine de Médicis, fille et héritière de Laurent II de Médicis, qui aidera le royaume à renflouer son déficit. Catherine, âgée d'à peine treize ans, est subjuguée par Henri, son aîné d'un an, mais lui ne pense qu'à Diane. Sacré en juillet 1547, il met en scène l'apparat royal et bâtit de nombreux châteaux qu'il orne de son monogramme, un H entrelacé d'un C et d'un D, où l'on peut lire Catherine et Diane. Henri meurt accidentellement à l'âge de quarante ans lors d'un tournoi en juillet 1559.

> *« Les amants, à la longue, deviennent des maris. »*
> Catherine Bernard

## AVEC VOTRE SPERME MICTION

Diane de Poitiers a épousé en 1515 Louis de Brézé, son aîné de quarante ans, petit-fils de Charles VII et d'Agnès Sorel. Dame d'honneur de la reine Claude puis de la reine mère Louise de Savoie, elle appartient à la très haute société de l'époque. Femme d'argent et de pouvoir, entourée d'hommes de lois et de gestionnaires, elle parvient en 1531 à obtenir le titre de son mari à la mort de celui-ci et devient « sénéchale de Normandie ». Elle s'occupe déjà depuis un an de former le tout jeune Henri aux mœurs de la cour. C'est elle qui, en 1533, soutient le choix de l'héritière des Médicis, malgré l'opposition des aristocrates qui s'offusquent d'une union royale avec une fille de marchands. Il faut bien renflouer les caisses de l'État. C'est elle encore qui pousse Henri II dans la chambre de Catherine pour accomplir le « devoir conjugal ».

Comme le couple royal reste sans enfant après plusieurs années, Catherine consulte des bonnes femmes un peu sorcières, des astrologues et des traités de gynécologie. Elle place chaque jour sur son ventre un cataplasme fait de vers de terre, de pervenche en poudre, de corne de bœuf pulvérisée, de fiente de vache et de lait de jument. Rien n'y fait. De son côté, Henri est persuadé que sa femme est stérile. En 1538, il envisage même de la répudier. Comment pourrait-il penser que le problème vient de lui ? Diane couche alors avec le Dauphin. Et c'est elle qui se rend compte, allez savoir comment, d'une malformation à la verge de son amant, le méat urinaire étant situé chez lui sous l'extrémité du pénis. Il ne reste plus à Diane qu'à lui inculquer d'autres positions que la classique du missionnaire. Henri tente l'expérience avec Catherine qui accouche enfin d'un héritier en janvier 1544, après dix ans de mariage. Ils auront dix enfants.

## BEAU TEINT MONDAIN

Toutes les femmes de la cour s'efforcent de copier la démarche et les habitudes de celle dont le roi restera amoureux fou toute sa vie, la belle Diane de Poitiers. Elle a un teint de lys, blanc comme le lait, qu'elles ne parviennent pas à obtenir, car elles ne savent pas que la favorite boit chaque jour un élixir de jeunesse

*« Que tu étais jolie, hier au téléphone. »*
Sacha Guitry

à base d'or en solution. Alors, les nobles dames sont contraintes de s'entretenir la peau en la frottant avec la dernière énergie, jusqu'à la lustrer. Puis de la nettoyer avec de l'eau distillée mêlée de coquilles d'œufs en poudre et de sucre candi. Pour terminer, elles s'enduisent d'un baume blanchissant composé d'un savant mélange de mercure, d'étain, d'argent, de musc, de céruse, d'eau de rose et de salive d'une personne à jeun. La moindre erreur dans la composition, et voilà nos belles couvertes de dartres. Diane de Poitiers n'a décidément rien à craindre, d'autant qu'elle a une technique que ne risquent pas de lui emprunter les courtisanes : à soixante-cinq ans, elle se lève tous les matins à six heures et prend un bain d'eau froide quel que soit le temps.

## SA DAME EUT SCÈNE ?

Quand Henri II accède au trône, en 1547, à vingt-huit ans, Catherine de Médicis devient reine de France. Mais Henri lui fait supporter sans vergogne l'omniprésence de Diane. Celle-ci se fait courtiser comme une reine, le roi la lutine en public et affiche sa relation en toute occasion. La favorite est faite duchesse de Valentinois et reçoit même en cadeau des bijoux de la couronne et le château royal de Chenonceau.

À la mort d'Henri, Catherine se contentera de lui demander d'échanger Chenonceau contre le château de Chaumont, de restituer les bijoux de la couronne, puis de se retirer en son château d'Anet que le roi avait fait embellir par l'architecte Philibert Delorme et le sculpteur Jean Goujon. Catherine a résolu avec élégance un problème cornes et lien.

## À L'HEURT DE POINTE

En l'année 1547, François de La Châtaigneraie, grand sénéchal de Poitou et ami d'Henri II, prétend que Guy Chabot, fils du baron de Jarnac, aurait une relation avec sa belle-mère. Chabot n'a pas envie d'en faire un drame, mais le roi, poussé par Diane de Poitiers, incite à la réparation par un duel. Il faut bien s'amuser un peu.

Rendez-vous est pris le 10 juillet pour le combat sur l'esplanade du château de Saint-Germain-en-Laye. Jarnac n'a aucune chance face au puissant La Châtaigneraie, l'un des quatre meilleurs jouteurs du royaume.

Henri II assiste au spectacle, assis entre Diane de Poitiers, soutien de La Châtaigneraie, et Catherine de Médicis, qui souhaite la victoire de Jarnac. Le combat à l'épée commence, Jarnac esquive comme il peut, avec vivacité car il est svelte. Soudain, il porte un coup de revers inattendu au jarret de son adversaire qui chute dans une mare de sang. Folle de rage, Diane se lève et quitte la lice, suivie par Henri II qui n'attend pas de connaître la suite. La Châtaigneraie meurt peu après d'une hémorragie pendant que les spectateurs se battent pour savoir si la botte de Jarnac était bien régulière.

### LA BOURSE OU LE VIT

À une époque où l'homme portait des vêtements ajustés, voire collants, la pièce de tissu qui couvrait l'ouverture des hauts-de-chausses prit de plus en plus d'importance pour mieux signaler la virilité de son détenteur : couleurs vives et joyeuses, dentelles, galons d'or ou d'argent rehaussés pour les plus riches de perles ou de pierres précieuses, rembourrages généreux, compléments de protubérance par des mouchoirs, une bourse gonflée d'espèces réellement sonnantes, et même un fruit dodu que l'on prétendait faire mûrir !

## PRÉ REQUIS

Les religieux de Saint-Germain-des-Prés en ont assez des bagarres entre étudiants de l'université qui se donnent rendez-vous au Pré-aux-Clercs, juste à côté de l'abbaye. En 1548, ils en ferment l'entrée. Les étudiants franchissent les barrières, dévastent les jardins de l'abbaye, brisent les vitraux à coups de pierres. Les moines ont tôt fait de réagir sans souci des règles pieuses. Ils utilisent des armes à feu qu'ils ont pris la précaution d'amasser dans leur cellier, et les voilà qui tirent à qui mieux mieux sur les jeunes assaillants. On ne compte pas les blessés.

Les troubles reprennent de plus belle quelques années plus tard, en mai 1557. De nouveaux coups de fusil sont tirés, il y a des blessés. Un étudiant de vingt-deux ans est arrêté, condamné à être pendu et brûlé, puis exécuté le même jour. Henri II va plus loin. Il ordonne que le Pré-aux-Clercs soit interdit aux étudiants, que les portes des collèges soient fermées à six heures du soir et que les étudiants étrangers soient chassés du royaume dans les quinze jours !

### GUIDE DE NOS PASSANTS

Ce n'est pas trop tôt. En 1552, l'imprimeur Charles Estienne publie le premier guide routier français, le *Grand Guide des chemins pour aller et venir par tout le royaume de France.* Alors que les armées s'égaraient à la recherche de leurs ennemis, alors que les voyageurs et les pèlerins pouvaient passer des nuits à la belle étoile à quelques centaines de mètres d'une bonne auberge, voici que l'auteur propose 283 itinéraires, avec indications de gîtes d'étapes, précisions touristiques et mises en garde contre les passages dangereux. Il manque simplement un détail : des cartes !

## RAFFUT C'TOLLÉ

Pour asseoir l'ordre social tout en se défoulant, il y a les fêtes des fous, charivaris et autres facéties, que les autorités s'efforcent d'interdire. C'est le cas à Dijon, où on ne peut plus fêter la « mère folle » en se déguisant en femme quand on est un homme. C'est aussi le cas à Rouen où les carnavals des cornards sont très suivis. Lors de son entrée dans la ville en 1550, Henri II souhaite quand même y assister malgré l'interdit officiel. On lui offre donc un charivari dans les formes : les hommes soupçonnés d'être cocus ou battus par leurs femmes sont exhibés sur des chars qui traversent la ville sous les quolibets des spectateurs qui vont jusqu'à les frapper sur le sexe. D'autres chars portent des sexes priapiques gigantesques et même un « phallus royal » que le public est invité à flageller sous le regard amusé d'Henri. La procession facétieuse s'achève sur un chariot appelé « triomphe de dame vérole » !

> « Il n'y a rien de plus pédé qu'un hétéro bourré. »
> Anonyme

## QUELQUE CHOSE QUI CLOCHE

Après quelques années de tranquillité, la guerre avec Charles Quint reprend en 1551 car Henri II refuse d'abandonner la Savoie et le Piémont dont il pense être le légitime héritier. Le conflit dure près de sept ans. Une armée de 35 000 hommes est levée sous les ordres du vieux connétable Anne de Montmorency, bientôt sexagénaire. Mais pour entretenir les troupes, il faut de l'argent. On relance un emprunt, les grands seigneurs donnent leur vaisselle d'argent, Diane de Poitiers offre des bijoux, on crée même une nouvelle taxe sur les cloches ! Le début de campagne en Allemagne est triomphal. Mais Charles Quint ouvre un nouveau front sur la frontière des Pays-Bas. Henri II est contraint de faire demi-tour dès 1552, d'autant qu'il n'y a plus d'argent dans les caisses. La taxe sur les cloches n'a pas suffi, on en a le bourdon.

## DEUX FOIS, DEUX MESURES

Henri II est un farouche opposant aux huguenots, plus intolérant que son prédécesseur François Ier. Sauf lorsque la raison d'État l'impose. Dans sa lutte contre Charles Quint, le roi de France n'hésite pas à s'allier aux princes protestants allemands et à les aider militairement. Il compte en profiter pour arracher trois territoires à l'Empire, les évêchés de Metz, Toul et Verdun. Difficile pourtant de faire admettre au parlement de Paris, le 12 février 1552, cette ligne de conduite, au moment où Henri II fait brûler des hérétiques. Il invoque alors la « tyrannie » de Charles Quint et avance un délicat distinguo : il défend les princes germaniques, pas leur religion.

## ON SÉVÈRE TUE

Le conflit se poursuit sans avantage décisif. En 1556, à l'âge de cinquante-six ans, Charles Quint, qui souffre de la goutte et de végétations qui l'empêchent de respirer et le contraignent de garder constamment la bouche ouverte, décide d'abdiquer. Son fils Philippe II, qui a épousé en 1554 Marie Tudor, fille d'Henri VIII et reine d'Angleterre, devient roi d'Espagne, d'Italie, des Pays-Bas et des Amériques. Charles Quint meurt en 1558, à cinquante-huit ans, de la malaria. Philippe poursuit la guerre avec l'aide de l'Angleterre.

Le 10 août 1557, les Espagnols remportent une victoire écrasante sur la France à Saint-Quentin. Le connétable de Montmorency est fait prisonnier. Le duc de Guise en profite pour prendre sa place. La route de Paris est ouverte aux Espagnols, mais ils sont si épuisés par leur victoire de Saint-Quentin qu'ils ne peuvent pousser leur avantage. La très catholique Marie Tudor meurt à la fin de 1558 et sa demi-sœur protestante Elisabeth I^re^ lui succède. Les catholiques Philippe II et Henri II signent les 2 et 3 avril 1559 la paix du Cateau-Cambrésis. La France restitue la Savoie et abandonne toute visée sur l'Italie. C'est la fin de soixante-cinq années de rêves des Valois dans la péninsule.

> **BIENSÉANCE ÉLEVÉE**
>
> À la cour d'Henri II, on s'efforce d'appliquer les règles de savoir-vivre répertoriées dans le *Manuel des convenances* de Mathurin Cardier. On marchera en se dandinant à la mode italienne. Dans un salon, on se tiendra un pied sur l'autre, de façon à donner l'impression que l'on est sur une seule jambe. Pour saluer, on ploie le genou droit « avec un doux contournement du corps » avant de baiser la femme sur la bouche et d'embrasser l'homme par accolade « d'un bras dessus l'épaule l'autre dessous » si l'on est de même rang social, mais de plus en plus bas plus la personne est importante. Où commence le harcèlement ?

## À L'AVIS À LA MORT

Dès le 24 juillet 1557, par l'édit de Compiègne, Henri II rétablit les tribunaux d'Inquisition et punit de la peine de mort toute personne participant à une sédition populaire, étant entendu par là toute réunion de prière protestante. Le 10 juin 1559, Henri II assiste à une réunion du Parlement pour fixer les mesures à prendre contre les protestants. Plusieurs conseillers prônent la modération et la tolérance. C'est le cas du juriste Anne du Bourg. Il monte à la tribune pour dénoncer les supplices infligés aux huguenots : « Ce n'est pas chose de petite conséquence que de condamner ceux qui, au milieu des flammes, invoquent le nom de Jésus-Christ. » Le roi ordonne qu'il soit aussitôt arrêté et mené à la Bastille. Déclaré hérétique et dégradé de ses charges et titres, Du Bourg est condamné à être pendu puis brûlé en place de Grève.

## UN DÉTOUR INOPPORTUN

On tue mais on cherche aussi à soigner. Jacques Dubois s'intéresse au cerveau, André Vésale étudie le cœur et l'œil, Pierre Franco perfectionne la chirurgie urinaire, Ambroise Paré ligature les artères sectionnées par les nouvelles armes à feu. Le Suisse Paracelse, médecin alchimiste, développe la chimie des médicaments. Mais gare aux aventuriers qui contestent trop ouvertement les certitudes médicales et les dogmes.

Michel Servet, jeune savant brillant, a découvert la circulation du sang dans les poumons. À cette hérésie médicale, il n'hésite pas à en ajouter une autre, religieuse celle-ci : la charité et l'amour valent mieux que la croyance dans les dogmes, qu'ils soient catholiques ou protestants. Calvin est scandalisé. Il fournit en sous-main à l'Inquisition en France des documents compromettants pour Servet. Celui-ci est arrêté malgré le soutien de l'archevêque de Vienne. Il réussit à s'évader ; mais sur la route de l'Italie, il a la fâcheuse idée de faire halte à Genève, cité protestante. Il est arrêté et jugé pour avoir prié « Jésus, fils du Dieu éternel » et non « Jésus, fils éternel de Dieu » ! Calvin donne ses directives au Grand Conseil de Genève : « Je ne souffrirais pas qu'il sorte vivant. » Servet est condamné à mort le 26 octobre 1553. Il est brûlé vif le lendemain. Calvin ? Le Bon Dieu sans concession !

## DOCTEUR M'ABUSE

Au XVIe siècle déjà, mieux vaut ne pas avoir trop affaire aux médecins. Leurs études sont fondées sur les ouvrages surannés des médecins grecs Hippocrate (Ve siècle avant J.-C.) et Galien (IIe siècle après J.-C.). En faculté, on n'étudie pendant trois ans que théorie, humeurs et influences astrales, en négligeant l'observation et l'expérience. L'essentiel est de bien parler latin, comme aujourd'hui d'être doué en mathématiques. La connaissance du corps humain est truffée d'erreurs car la dissection est interdite par l'Église. Un amphithéâtre d'anatomie ouvre bien à Montpellier en 1551, mais les professeurs qui utilisent des cadavres déterrés clandestinement vivent sous la crainte d'inculpations pour meurtre camouflé ou pratique de sorcellerie.

> *« N'allez jamais chez un médecin dont les plantes de la salle d'attente sont mortes. »*
>
> Erma Bombeck

Quant aux autres, l'immense majorité, attachés à la tradition tranquille, ils sont regroupés en un collège des « très illustres médecins docteurs de l'École de médecine orthodoxe de Paris, gardiens de la vraie médecine hippocratique ». Leur spécialité : la saignée, pratiquée de préférence sur les anémiés ou les blessés souffrant d'hémorragies envoyés prestement *ad patres*. Les chirurgiens sont méprisés car ils exercent un métier manuel. Seuls s'attirent le respect ceux qui ne touchent jamais leurs patients, se contentant de jeter un œil sur la couleur de leurs urines et la consistance de leurs selles. Suis-je bien selle que vous croyez ?

## ON EN TIENT UNE COUCHE

Pendant la Renaissance, on croit que le nouveau-né pleure parce qu'il comprend intuitivement que l'existence où il entre est une « vallée de larmes » et qu'il n'échappera pas aux misères de la vie. Simon de Vallambert, sans doute le premier des pédiatres français, auteur de *De la Manière de nourrir et gouverner les enfants dès leur naissance* (1565), a beau s'insurger contre cette idée et s'efforcer de trouver des causes plus rationnelles, comme la violence de l'accouchement, il n'est pas entendu. Et les cris de bébé sont restés un secret de polichinelle.

## À QUI ÇA PROPHÈTE ?

Nostradamus a fait couler beaucoup d'encre au xx^e^ siècle, plus que sous Henri II et Catherine de Médicis, qui le fit venir à la cour. Dans ses *Prophéties* de 1555, il dit : « Le lyon jeune le vieux surmontera, En champ bellique par singulier duelle, Dans la cage d'or les yeux lui crèvera, Deux classes une, puis mourir, mort cruelle. » Ce quatrain annoncerait la mort du roi Henri II, survenue le 10 juillet 1559 à la suite du tournoi de chevalerie qui l'a opposé au comte de Montgomery. L'un et l'autre portaient un lion comme insigne et le casque royal aurait été en or. Henri II eut l'œil transpercé. Il en mourut après dix jours d'affreuses souffrances.

### DE MÂLE EN PIS

En 1550, le laboureur Jacques Gion est tombé sous le charme de l'une de ses vaches. Lui avait-elle fait des yeux bovins langoureux ? On ne sait. Toujours est-il qu'il l'a sodomisée et qu'il fut surpris par un voisin. Le Parlement de Paris le condamna à être étranglé et brûlé avec elle. On n'allait quand même pas les séparer !

Au début du XXI$^{e}$ siècle, on s'est extasié d'une autre prédiction de Nostradamus annonçant les attentats du 11 septembre 2001 contre les tours jumelles de Manhattan : « Dans la cité de Dieu il y aura un grand tonnerre, deux frères seront séparés par le chaos. Pendant que la forteresse endure, le grand meneur succombera. La troisième grande guerre commencera quand la grande cité brûlera. » Ce texte était une parodie composée par l'étudiant canadien Neil Marshall.

## SAC DE NŒUD

Jusqu'au XVI$^{e}$ siècle, l'Église affirme que seul le consentement mutuel des époux fait le mariage, sans qu'il y ait besoin d'autorisation parentale. Mais en février 1556, une ordonnance d'Henri II rend obligatoire le consentement du père, jusqu'à vingt-cinq ans pour les filles et trente ans pour les garçons.

Cet édit royal au nom de l'autorité paternelle a pour principale conséquence l'explosion des naissances illégitimes. Les enfants nés hors mariage sont abandonnés aux portes des hôpitaux, dans « le tour », une boîte pivotante. Si le nom de l'enfant n'est pas mentionné, on lui en donne un en fonction du lieu où il a été trouvé : Delaplace, Dupuis, ou de la fête du moment : Jacques, Bernard... Comme les enfants abandonnés sont recueillis dans des hôpitaux où on les fait souvent coucher dans les mêmes lits que les malades, la mortalité est effroyable, parfois de neuf sur dix. Un fort taux d'enterrés !

## LA VALEUR À JOUTER

Le 30 juin 1559, un grand tournoi est organisé rue Saint-Antoine à Paris, devant l'hôtel des Tournelles, à l'occasion de deux mariages, celui de Marguerite, sœur du roi, avec le duc de Savoie, et celui d'Elisabeth, fille aînée du roi, avec Philippe II, roi d'Espagne, qui se fait représenter par un cardinal. À la fin de la journée qui fut torride, on s'apprête à se retirer quand le souverain décide d'entrer en lice afin d'impressionner sa maîtresse Diane de Poitiers.

> « Je suis prêt, si la mort en décide ainsi, à mourir demain. Aujourd'hui, non. »
>
> André Wurmser

Catherine de Médicis est inquiète. Passionnée d'astrologie, elle a demandé à l'Italien Lucas Gauricus, astrologue attitré des papes Jules II, Clément VII et Paul III, d'établir l'horoscope de son mari, Henri II. Gauricus a recommandé d'éviter pour le roi tout combat en champ clos aux environs de sa quarante et unième année. Elle supplie Henri de ne pas jouter. Mais celui-ci croit à une scène de jalousie : il arbore déjà les couleurs de Diane, le noir et le blanc. Il se précipite dans la lice sur son cheval nommé « Malheureux » ! Il bat d'abord le duc de Nemours puis affronte le jeune comte Gabriel de Montgomery qui rechigne à affronter le roi. Mais il doit obéir. À la première passe, le roi manque de tomber. Il veut une revanche et exige une dernière lance. C'est alors que l'accident se produit. La lance de Montgomery se brise sous le choc, « un gros éclat frappe le front au-dessous du sourcil droit et, déchirant la chair, vient s'enfoncer dans un coin de l'œil gauche ; plusieurs fragments percent l'œil même ».

Plusieurs chirurgiens sont appelés, dont Ambroise Paré et André Vésale, chirurgien du roi d'Espagne. Mais l'éclat est profondément enfoncé. Ambroise Paré s'exerce sur quatre têtes de condamnés à mort fraîchement exécutés. En vain. La blessure s'étant infectée, le roi meurt dix jours plus tard dans d'affreuses souffrances.

# CATHERINE DE MÉDICIS

## (1519 – 1589)

Sous le règne de son mari Henri II, Catherine de Médicis a souffert de la présence de sa rivale Diane de Poitiers. À la mort de son mari, elle est si éprouvée qu'elle ne porte plus que du noir et prend pour emblème une lance brisée en souvenir du fatal tournoi, avec pour devise: « De là viennent mes larmes et ma douleur. » Elle conseille son fils François II, mais la mort du jeune roi en 1560 et l'accession au trône de Charles IX, plus amateur de poésie et de chasse que de politique, la contraint à reprendre la régence. Elle soutient Michel de L'Hospital dans sa politique de conciliation religieuse, mais François de Guise, avide de pouvoir, déclenche la première guerre de Religion en 1562. Charles IX meurt deux ans plus tard d'une pleurésie tuberculeuse. Le troisième fils de Catherine, son préféré, devient roi sous le nom d'Henri III. Castratrice avec ses fils, mais acharnée à rétablir la paix et promouvoir le pouvoir royal face au clan des Guise, elle a été affublée par ses ennemis d'une réputation noire. Pourtant, ses armoires secrètes ne contenaient pas de poisons mais des parfums ou des dossiers.

*« Quelle heure est-il ? Midi cinq. Dans une minute, ce sera l'heure de Catherine. Comment cela ? Catherine de midi six ! »*

Pierre Dac

## CULOTTÉES

À la mort de son mari Henri II, la reine Catherine de Médicis organise un escadron volant composé de quelques dizaines de jolies filles (entre quatre-vingts et deux cents) chargées d'espionner ses adversaires et de leur soutirer des informations. Elles doivent apprendre à séduire, avoir de la conversation, ne pas tomber amoureuses de leurs proies, savoir éviter « l'enflure du ventre » (elles reçoivent des formations à la contraception et aux interruptions d'éventuelles grossesses). Certaines d'entre elles ont laissé un nom, Renée de Rieux, Françoise de La Baume, Victoire d'Alaya, dite la Dayelle, Charlotte de Sauve, qui espionne le duc de Guise, Isabelle de Limeuil, qui garde un œil sur le prince de Condé, Louise de La Béraudière, surnommée la belle Rouhet, qui surveille le père du futur Henri IV. Les unes et les autres suivent la reine dans toutes ses rencontres diplomatiques. Elles peuvent être utiles. Un jour, descendue d'un carrosse, une malle appartenant à l'escadron s'ouvre sous les yeux de la reine et disperse sur le sol son contenu, des dessous de dentelle, des caleçons, une nouveauté imposée par la Médicis pour que ses dames qui ne portaient pas de culottes cessent de se salir le derrière. Et voilà que déboulent plusieurs godemichés. Charlotte, Victoire et les autres rougissent et craignent une punition, mais Catherine part d'un rire retentissant. C'étaient des amuse-girls?

## AURA-T-ON RIO ?

En 1555, l'amiral Nicolas de Villegagnon, âgé de quarante-cinq ans, reçoit de l'amiral de Coligny la mission de créer une colonie sur la côte est du Brésil, mal contrôlée par les Portugais. Le 10 novembre, après quatre mois de navigation, les navires français mouillent dans la baie de Rio, non loin du Pain de Sucre que les marins normands baptisent « le pot de beurre ». Villegagnon veut faire de ce lieu la capitale d'une nouvelle colonie, « la France antarctique ». Mais

### CŒUR D'ARTICHAUT

Catherine de Médicis a un furieux appétit et elle raffole des « culs d'artichauts ». En juin 1575, au repas de mariage de mademoiselle d'Artigues, elle en mange tant qu'elle « cuida crever ».

plutôt que de s'installer sur le continent, où il craint de trouver des cannibales, il choisit un petit îlot qui lui paraît plus sûr. Il y impose une discipline de fer à ses hommes, il entreprend de convertir les matelots protestants au catholicisme, il interdit les contacts avec les tribus, surtout avec les Indiennes qu'ils croisent nues sur leurs pirogues au pied du fortin qu'il a fait construire. Les hommes désertent, rejoignent les Indiens et les poussent à la rébellion. Les Portugais en profitent. Le 15 mars 1560, ils détruisent les établissements français et s'établissent à l'emplacement actuel de Rio. Un festival d'erreurs !

## PASSAGE A TABAC

Lors de l'expédition de Villegagnon au Brésil, en 1555, le moine André Thevet rencontre le chef indien Tupinikin qui lui offre à fumer un cigare de pétun. Thevet s'en rend malade ; il n'en ramène pas moins à Angoulême des graines de ce tabac. En 1560, Jean Nicot, un diplomate nîmois, envoie de la poudre de tabac à la reine Catherine de Médicis pour soigner les migraines de son fils François II. Le traitement est efficace et le tabac devient « l'herbe à la reine ». On dit même qu'il soigne les asthmatiques. En récompense, Nicot devient seigneur de Villemain. Pas question de mégoter.

> *« Je me demande ce que faisaient les gens après l'amour, avant l'invention de la cigarette. »*
>
> Vassilis Alexakis

## PAS SAGES À NIVEAU

Fils aîné d'Henri II et de Catherine de Médicis, marié à Marie Stuart depuis une année, François II monte sur le trône le 10 juillet 1559. Gros adolescent boutonneux, il a quinze ans et n'est vraiment pas en bonne santé. À ses difficultés respiratoires et sexuelles (il a des « parties génitrices constipées ») s'ajoute bientôt un abcès purulent dans le conduit auditif : « il se mouchait avec l'oreille » dit un chroniqueur. Légalement majeur, colérique et méprisant, il se désintéresse totalement des affaires publiques qu'il confie à deux frères d'origine lorraine, arrogants, fanatiques et arrivistes, François de Guise qui dirige l'armée et le cardinal

Charles de Lorraine qui s'attribue les finances, la justice et les affaires étrangères.

Les Guise ont donc le champ libre, les grands personnages du règne précédent sont écartés, les protestants sont impitoyablement poursuivis. Cette situation finit par exaspérer les princes du sang, en premier lieu Louis de Condé qui est proche des idées réformées. Trop prudent pour intervenir directement, Condé, en « capitaine muet », pousse des gentilshommes protestants à monter un coup d'État pour éliminer les Guise. Entre le 10 et le 17 mars 1560, des groupes s'approchent du château d'Amboise où réside la cour. Mais ces têtes brûlées sont mal commandées par un calviniste vaniteux et menteur, Jean de La Renaudie, et ont organisé leur complot chez un avocat parisien qui s'est empressé de les dénoncer. Pourchassés dans les forêts environnantes par le duc de Guise, les conjurés sont exécutés, certains pendus aux créneaux et au grand balcon du château. Le corps de La Renaudie est coupé en cinq morceaux exposés aux portes de la ville. La répression fait 1 200 victimes. Ce que l'on appelle « le tumulte d'Amboise » tombe d'autant plus mal que les modérés du gouvernement, le nouveau chancelier Michel de L'Hospital en tête, travaillaient à l'amnistie des crimes d'hérésie. Les clans se reforment, les bandes protestantes se vengent, les troupes catholiques, non soldées car les caisses sont vides, se payent sur le pays dévasté. Et François II meurt le 5 décembre 1560 après un an et demi de règne. Il a fait son maxi môme.

## POISSE Y

Charles IX n'a que dix ans à la mort de son frère aîné en 1560. La régence échoit à Catherine de Médicis qui s'est attaché les services d'un homme remarquable, Michel de L'Hospital, partisan de la concorde. Avec la reine mère, il organise une rencontre entre théologiens des deux religions pour parvenir à un compromis doctrinal. Ce colloque s'ouvre à Poissy le 9 septembre 1561, en présence de Catherine, de l'enfant roi et du chancelier. Quarante-six prélats catholiques sont présents. La délégation protestante, conduite par Théodore de Bèze, comprend douze participants qui ont bénéficié d'un sauf-conduit. D'entrée, le légat pontifical affirme que le juge suprême des affaires religieuses est le pape et non la cour de France.

Le 9 septembre, l'intransigeant calviniste Théodore de Bèze refuse catégoriquement l'idée de la présence réelle du Christ dans l'eucharistie, le corps du Christ « étant éloigné du pain et du vin autant que le ciel le plus lointain est éloigné de la terre ».

> *« C'est drôle comme les gens qui se croient instruits éprouvent le besoin de faire chier le monde. »*
>
> Boris Vian

Poissy s'achève le 14 octobre sur un fiasco. Catherine de Médicis est catastrophée. En désespoir de cause, elle impose en janvier 1562 l'édit de Saint-Germain qui accorde la liberté de conscience aux protestants et les autorise à s'assembler hors des villes. Qu'en a dit le Bèze en vil?

## WASSY MOLLO !

Les haines s'exacerbent, le fanatisme est à son comble. François de Guise, qui a quitté la cour en octobre 1561 pour marquer sa désapprobation du colloque de Poissy, regagne Paris en 1562. En cours de route, le 1er mars, il traverse la bourgade de Wassy, en Champagne, où il apprend qu'un culte réformé se tient dans une grange. L'occasion est trop belle de faire capoter la politique apaisante de la reine. Le duc, arrivé sur les lieux, ordonne à ses troupes de donner l'assaut. Il y a cinquante morts, dont des femmes et des enfants, et des dizaines de blessés. C'est le signal de la lutte ouverte et le début de la première des huit guerres de Religion.

### JE N'Y CROIS GUERRE

Une curieuse affaire est jugée à Toulouse en 1560. Un nommé Martin Guerre, paysan de l'Ariège, porte plainte contre Arnaud du Tilh qui a profité de sa longue absence pour prendre son identité et se couler dans le lit de sa femme Bertrande, qui ne s'est pas rendue compte de la substitution et lui a fait deux filles. Après avoir entendu cent cinquante témoins qui se contredisent, le faux Martin est condamné à « estre pendu et estranglé, son corps bruslé et converti en cendres ».

## MES SAIGNEURS

Entre cousins, car les chefs catholiques et protestants sont tous cousins germains, on ne se fait pas de cadeaux, même si les

> *« L'avantage des guerres civiles sur les guerres étrangères, c'est qu'on peut déjeuner à la maison. »*
> Jean Galtier-Boissière

uns et les autres prétendent combattre au nom de roi et pour « le repos du royaume »! Le prince de Condé prend la tête des forces armées protestantes, le duc de Guise celle des catholiques. Des batailles sanglantes les opposent. Le jeudi 18 février 1563, François de Guise, qui fait le siège d'Orléans, est blessé d'un coup de feu par Poltrot de Méré qui lui a tendu une embuscade à un carrefour de Saint-Hilaire. Il meurt quelques jours plus tard de sa blessure à l'épaule. Arrêté et torturé, Poltrot prétend avoir agi à l'instigation de l'amiral de Coligny, qui déclare « se réjouir de la mort de Guise, mais n'être pour rien dans cet attentat ». Quelques années plus tard, le 13 mars 1569, c'est au tour de Condé d'être assassiné à la bataille de Jarnac, sur la Charente, par Montesquiou, un capitaine des gardes du duc d'Anjou, frère du roi. Condé a fait une chute de cheval et s'est cassé la jambe. Montesquiou, qui a reconnu Condé, ne cherche pas à le faire prisonnier. Il l'abat d'un coup de pistolet dans la nuque. Il devait avoir une rage dedans.

## C'EST RAS L'AN

Pour apaiser les esprits, présenter le roi à ses sujets et lui faire mieux connaître son pays, Catherine de Médicis entreprend avec son fils de quatorze ans, la famille royale et les grands du royaume, un vaste tour de France qui débute en mars 1564. L'incroyable cortège compte 15 000 personnes et un interminable défilé de chariots portant vaisselle, tapisseries et meubles pour agrémenter les étapes. Il s'agit d'impressionner les foules et de marquer l'autorité royale face aux divisions religieuses. Le voyage dure plus de deux ans, jusqu'au 1er mai 1566. Charles IX et sa mère traversent les zones agitées de la Champagne, passent par la Lorraine, se rendent en Bourgogne, descendent la vallée du Rhône, visitent la Provence, passent en Languedoc, vont à Toulouse et Bordeaux. En tout, deux cents étapes, les unes d'une seule journée, d'autres de plusieurs semaines (90 jours à Moulins, un mois à Lyon).

Lors d'un arrêt dans l'Isère, Charles IX signe l'édit de Roussillon qui instaure le 1er janvier comme le premier jour de l'année civile. Jusqu'alors, le nouvel an variait entre Noël, Pâques, le premier jour du printemps ou le 1er avril. Beaucoup de gens ont du mal à s'accoutumer à ce nouveau calendrier et continuent à fêter le nouvel an au 1er avril. Pour se moquer d'eux, leurs amis mieux informés leur remettent ce jour-là des cadeaux de pacotille et leur jouent des tours. Quelle bonne blague!

### CASE NOISE EST

Le cardinal Odet de Châtillon, archevêque de Toulouse puis évêque de Beauvais, nommé cardinal à seize ans, organise des processions contre les protestants avant de se convertir au calvinisme en 1560. Il a même le front de se marier dans sa cathédrale, portant la pourpre cardinalice. Il exige que les habitants de Beauvais appellent sa femme « Madame la Cardinale ». Le pape l'excommunie en 1563. Cinq ans plus tard, Odet se sauve en Angleterre, où il meurt empoisonné par son valet de chambre.

## À LA PROCHE HAINE

Le massacre de la Saint-Barthélemy, déclenché à Paris le 24 août 1572 contre les protestants, fait 3 000 morts dans la capitale et plusieurs milliers en province (entre dix et trente mille). Les responsabilités et le déroulement des faits sont encore discutés, mais il semble bien qu'il y ait eu une accumulation de bévues, de manipulations et de folies.

Avec la paix de Saint-Germain-en-Laye signée le 8 août, le roi et sa mère Catherine de Médicis espèrent la fin des guerres de Religion. Pour sceller l'accord, la reine mère donne en mariage sa fille Marguerite de Valois (la reine Margot) à Henri de Navarre, futur Henri IV. En prévision, les grands du royaume, protestants compris, se rassemblent à Paris, ville fanatiquement anti-huguenote, dominée par la famille des Guise. Les noces sont célébrées le 18 août avec un faste qui exaspère la population appauvrie par la hausse des prix. Alors que la cour et les nobles de province sont encore à Paris, le 22 août, Charles de Louviers, un habitué des vendettas, la tête près du bonnet et l'oreille plus proche encore du duc de Guise qui tire les ficelles, décharge son arquebuse sur

Coligny, qui n'est que blessé au bras et à la main. Charles IX se rend au chevet de l'amiral vers 14 heures. Le mercredi 23 au soir, le duc d'Anjou, frère du roi, qui veut s'imposer au gouvernement, convainc le roi et sa mère que se prépare un coup d'État qui conduira à la domination de Coligny et à une guerre aux Pays-Bas contre les Espagnols catholiques. Le conseil royal décide alors l'élimination de cinquante chefs protestants. Un commando mené par le duc de Guise assassine Coligny en premier. Dans la nuit, les nobles huguenots logés au Louvre sont expulsés du palais et massacrés dans les rues avoisinantes. Excités par le bruit et le sang, les Parisiens font sonner le tocsin à l'église Saint-Germain-l'Auxerrois et se répandent dans la ville pour égorger tous les protestants, simples habitants et commerçants, qui sont ensuite jetés dans la Seine. Charles IX ordonne de faire cesser immédiatement le massacre et de rétablir l'ordre. En vain. La tuerie dure plusieurs jours et se répand dans les grandes villes du pays. Les cinquante morts prévus sont devenus des milliers.

> « Au lieu de discourir continuellement sur la violence, on ferait mieux de cogner. »
>
> Roland Topor

## J'EN TOMBE DANS LES PSAUMES

Les réactions ne se font pas attendre. Philippe II d'Espagne : « C'est le plus beau jour de ma vie. » Le pape Grégoire XIII fait chanter un *Te Deum* en remerciement à Dieu. Un Italien nommé Torsellino dérape quand il affirme : « Grégoire XIII reçut l'agréable nouvelle du massacre des huguenots. On en égorgea, à Paris seulement, plus de soixante mille. Malheureusement, il en réchappa quelques-uns. »

## CORPS DE CHÂSSE

Qui se souvient de saint Fulcran, hormis Lodève, dont il fut l'évêque de 949 à 1006 ? On vénérait d'autant plus le saint patron de cette cité du Larzac que son corps, enseveli à même la terre et exhumé un siècle plus tard, était resté sans corruption, la chair ferme et souple, les lèvres roses. On lui avait donc offert une châsse spéciale, plus courte que la dépouille pour que les fidèles puissent baiser les pieds qui dépassaient.

Aux jours de fêtes, on le sortait de là pour l'asseoir sur le maître-autel, jambes pendantes, une main levée pour bénir l'assistance. Cet édifiant spectacle prend hélas fin pendant les guerres de Religion. En juillet 1573, les troupes calvinistes menées par le baron Claude de Faugères entrent dans Lodève. Un exalté nommé Louis Gale, dit Petit Louis, maître chapelier à Béziers, fait irruption dans la cathédrale. Il extirpe Fulcran de son cercueil, lui noue une corde autour du cou et le traîne dans la nef puis dans les rues en hurlant et blasphémant. Au passage, des enfants agrippent le sexe du défunt six fois centenaire et tranchent le membre. La petite troupe arrive devant une boucherie. On y entre. Le corps est déposé sur le hachoir et débité. La tête est offerte au baron de Faugères qui l'expédie à des parents catholiques. Une partie de la chair est bradée à une aveugle qui croit acheter de la viande à pot-au-feu.

### L'EST SANS CIEL

Catholiques et protestants tombent d'accord pour exterminer les graines d'enfer qui ne croient à rien. C'est le cas de Geoffroy Vallée, athée originaire d'Orléans mais établi à Paris, qui a l'outrecuidance de publier en 1572 un ouvrage intitulé *le Fléau de la foy*, où il affirme que la religion n'est basée que sur l'ignorance et la peur. Il ose mettre dans le même panier papistes et huguenots. On le pend et on le jette au feu avec tous les exemplaires de son livre. Il était trop casse-culte.

## FIT LOUP

Alors que catholiques et protestants s'étripent d'importance sur des points de haute théologie, ils se retrouvent d'accord sur de vieilles superstitions comme la croyance aux loups-garous, ces hommes devenus bêtes dont la morsure rend la victime à son tour loup-garou, et dont on ne peut se débarrasser qu'en le tuant d'une balle d'argent trempée au préalable dans l'eau bénite. Mais on n'a pas facilement des balles d'argent et il faut en revenir aux bonnes vieilles pratiques.

En Franche-Comté, près de Dole, on découvre à l'automne 1573 les corps à moitié dévorés de six enfants de six à douze ans.

La maréchaussée conclut à l'attaque de loups, mais la population ne s'en laisse pas compter. On désigne un marginal nommé Gilles Garnier, jugé coupable le 18 janvier 1574, condamné à être traîné sur une claie avant d'être brûlé vif. Les spectateurs sont persuadés que le supplicié redeviendra loup dans les flammes. La déception est grande lorsque l'homme se contente de se transformer en cendres.

## UNE GROSSE COCONASSERIE

Annibal de Coconas, amant du duc François d'Alençon, mais aussi de la duchesse de Nevers, est un catholique convaincu qui se fait remarquer par son zèle exterminateur lors de la Saint-Barthélemy. Après cette nuit tragique, les grands seigneurs partisans de la modération et opposés aux Guise sont écartés du pouvoir. Le duc d'Alençon, frère du roi Charles IX, est tenu à l'écart de la cour. Henri de Navarre et le prince de Condé, qui ont abjuré le protestantisme sous la contrainte, sont assignés à résidence. Le duc François de Montmorency doit se retirer sur ses terres de Chantilly (il était sur la liste des chefs à exécuter). Ils constituent le groupe des Malcontents. À leur instigation, Annibal et son ami Boniface de La Môle entreprennent de les faire sortir de Paris en 1574.

L'objectif des Malcontents est de retrouver leur liberté d'action pour contrer les Guise, écarter la reine mère et imposer François d'Alençon comme successeur de Charles IX malade, à la place de Henri, futur Henri III. Une première tentative, fixée au 10 mars, échoue car les troupes convoquées pour l'opération arrivent deux semaines trop tôt. La cour prend peur, Charles est emmené en litière à Vincennes pour y être mis à l'abri. Guère échaudé, Coconas prépare une seconde tentative. Les Malcontents ont jugé utile de demander au préalable l'avis de l'astrologue Ruggieri, qui est aussi celui de la reine mère. Celle-ci est informée, Coconas et La Mole sont arrêtés le 10 avril, soumis à la question et exécutés en place de Grève. La duchesse de Nevers, plus amoureuse que le duc d'Alençon, emporte la tête d'Annibal, la fait embaumer, et la conserve dans sa chambre. Elle n'a pas perdu la tête.

## DEUIL POUR DEUIL

Le pauvre comte Gabriel de Montgomery, régicide involontaire de Henri II, est une victime collatérale de cette conjuration des Malcontents. Ce vaillant capitaine converti à la Réforme est assiégé par les catholiques dans la forteresse de Domfront en Normandie. Il se rend le 27 mai 1574 au maréchal de Matignon et obtient d'être traité en prisonnier de guerre. Mais il est poursuivi par la vindicte de Catherine de Médicis, qui le fait enfermer à la Conciergerie. Il est jugé pour participation au complot, soumis à la question extraordinaire avec supplice de l'eau et des brodequins, condamné à être décapité en place de Grève puis écartelé. Ses quatre fils et sa sœur sont déchus de leurs titres de noblesse. Catherine était femme à sang pour sang.

## RÔLE EN PYTHIE

Catherine de Médicis est très superstitieuse. En 1571, son astrologue florentin Côme Ruggieri lui prédit qu'elle mourra « près de Saint-Germain ». La reine évite alors scrupuleusement tous les endroits en rapport avec Saint-Germain. Elle interrompt la construction du palais des Tuileries, qui dépend de l'église Saint-Germain-l'Auxerrois, elle se tient à l'écart de Saint-Germain-des-Prés, elle ne fait pas étape, lors de ses nombreux voyages en France, dans les lieux dits Saint-Germain, et ils sont nombreux. En décembre 1588, au château de Blois, elle attrape froid. Le 5 janvier 1589, atteinte d'une pleurésie, elle agonise. Un confesseur se présente. Elle lui demande son nom : Julien de Saint-Germain.

> « Les gens superstitieux ne se font jamais enterrer un vendredi 13. »
>
> Léo Campion

# HENRI III

## (1574 – 1589)

Né le 19 septembre 1551 à Fontainebleau, fils d'Henri II, enfant préféré de Catherine de Médicis qui l'appelle « mes yeux », « mon tout », Henri III devient roi de France en 1574. À la différence de ses deux frères, François II et Charles IX, Henri III est un vrai chef d'État. Il s'entoure de juristes compétents issus de la petite noblesse, en qui il peut avoir totale confiance. Il entretient avec ses mignons des relations gaillardes et avec les femmes une galanterie élégante.

Intelligent et bon, grand et mince, la figure allongée, il est peu porté sur les activités sportives, les guerres et la chasse qu'il déteste; il préfère la lecture et l'analyse des dossiers. Soucieux de propreté, soigneux de sa coiffure, il est la cible de pamphlets qui le qualifient d'homosexuel efféminé. Ce qui ne l'empêche pas d'être pleinement « viril » lorsqu'il prend part à des batailles contre les protestants ou lorsqu'il fait tuer le duc Henri de Guise, chef de la Ligue catholique. Henri III est assassiné à Saint-Cloud le 1er août 1589 par un moine ligueur fanatique, Jacques Clément.

*« J'ai toujours rêvé d'avoir un ami hétéro. »*

Vincent Daniel

## LA MÈRE GRANDE ET LE PETIT POUSSÉ

Catherine de Médicis a très vite su que son fils Charles IX, malgré ses coups de gueule, n'avait pas la carrure pour gouverner. Elle lui force la main pour qu'il confie à son jeune frère Henri, duc d'Anjou et futur Henri III, qu'il ne supporte pas, la charge nouvelle d'intendant général du royaume, un vice-roi en quelque sorte. Et Charles IX doit informer les ambassadeurs étrangers que « désormais, il faut s'adresser au duc d'Anjou en tout et pour tout ». À l'issue d'une active campagne diplomatique menée par la reine mère pour que la Pologne ne tombe pas aux mains des Habsbourg, le duc d'Anjou est élu roi par la diète de Cracovie en juin 1573. Les Polonais font signer à Henri, sous le nom de Walezy (Valois en polonais), des documents garantissant une Constitution quasi « républicaine » et la suppression de la notion de succession héréditaire. Tout fardé, à la surprise de ses nouveaux sujets, Henri se présente en décembre dans son royaume de rechange. Avant de partir, sa mère lui a dit: « Partez, mais n'y demeurez guère. » L'expérience dure moins de cinq mois.

Charles IX meurt à vingt-quatre ans, le 30 mai 1574, à Vincennes. Dès qu'il l'apprend, Henri quitte en catimini Cracovie. Il est minuit et ce n'est qu'à 5 heures du matin que les Polonais se rendent compte que la chambre royale est vide, tout comme les appartements des gentilshommes français de sa suite. Le grand chambellan part à la poursuite des fugitifs. Il ne parvient à les rejoindre qu'à la frontière avec l'Autriche et ne trouve à dire que quelques mots en latin: « Sérénissime majesté, pourquoi fuir? » Les Polonais n'ont plus qu'à élire un nouveau roi.

## TEL QU'ELLE

Le dimanche 13 février 1575, Henri III est couronné à Reims. Mais avec le fils de Catherine, il faut s'attendre à tout. Lorsque deux cardinaux vont le chercher, il est en train de coudre lui-même sur son vêtement du sacre des perles et des pierreries pour l'agrémenter un peu. Il faut ensuite le laisser préparer sa fraise. Tout cela prend cinq heures.

En cours de cérémonie, Henri, qui est à jeun comme il se doit, s'agite, se prosterne et se relève dix fois en murmurant

> « Un sens interdit, en somme, ce n'est qu'un sens autorisé, mais pris à l'envers. »
> Pierre Dac

des prières. Quand le cardinal de Guise lui impose la couronne, il a un moment de fatigue, incline la tête et laisse glisser la couronne qui manque deux fois de tomber. L'assistance y voit bien sûr un mauvais présage. Là-dessus, les princes du sang commencent à se battre pour des questions de préséance et les musiciens omettent d'interpréter le *Te Deum*. Jusqu'au saint chrême qui n'est pas jugé « en son état ordinaire ». L'endroit était décidément mâle femmé.

## UN AMOUR FOLLE

Pour lui faire oublier Marie de Clèves, Catherine de Médicis entreprend de faire épouser à son fils un bon parti, la fille du roi de Suède. Henri refuse. Il a déjà repoussé Elisabeth d'Autriche, jeune veuve de Charles IX, qui parle plusieurs langues sauf le français. Il opte pour la belle et très myope Louise de Lorraine-Vaudémont, tout l'inverse de l'autoritaire reine mère. Catherine aurait préféré un mariage plus profitable à la couronne, mais c'est toujours mieux que rien. Le roi maintient ses épousailles avec Louise de Vaudémont, et le mariage a lieu… le mardi gras 15 février 1575, deux jours après le sacre. Le couple sera indéfectible mais sans enfant après plusieurs fausses couches.

À la mort d'Henri III, Louise ne se vêt plus que du deuil royal, le blanc, et fait tendre tout de noir les murs de sa chambre au château de Chenonceau.

### LA COUPE EST SPLEEN

À son retour en France, Henri III apprend la mort de Marie de Clèves dont il était amoureux. La jeune femme, mariée au prince de Condé, avait vingt et un ans. Henri s'évanouit, garde le lit pendant trois jours avant de reparaître en public, ses pourpoints, ses rubans et jusqu'à ses souliers parsemés de petites têtes de mort. Il n'en fait qu'à ses têtes.

## ENFILAIT MIGNONS

Dès son accession au pouvoir, Henri III promeut ceux qui l'ont suivi depuis sa jeunesse et en qui il a toute confiance, quitte à écarter des conseillers du règne précédent et à contredire la reine mère. René de Villequier devient ainsi premier gentilhomme de la chambre du roi. Homme à femmes, Villequier tue son épouse dans une crise de jalousie. Roger de Bellegarde, qui a accompagné Henri en Pologne, devient maréchal de France. Le magistrat Philippe Hurault de Cheverny est nommé garde des Sceaux, quasi chef du gouvernement.

À côté de ces professionnels de la politique, le roi s'entoure d'une cour de jeunes gens beaux et gracieux d'une vingtaine d'années, qui font beaucoup jaser le peuple pour leurs tenues et leurs manières. Ce sont les mignons et archi-mignons, issus de bonne noblesse, famille de prédilection du roi, qui leur donne des petits noms affectueux, qui leur adresse des mots enflammés quand ils ne sont pas près de lui. « Aimez toujours bien votre maître », leur dit-il. Il s'agit aussi pour Henri de défier les princes par un mode de vie différent et de conforter une image à part de la majesté royale. C'est dire que les mignons font des jaloux. Henri de Saint-Sulpice, valeureux soldat, capitaine des chevau-légers de la garde, est assassiné à la sortie d'un bal par le vicomte de Tours, à l'instigation du duc d'Alençon, frère cadet du roi, qui n'a pas admis d'être délaissé par son ancien amant.

Histoires de cœur et de clans se mêlent, et comme les mignons sont de rudes et fiers guerriers, on ne compte plus les duels. En avril 1578, à 5 heures du matin, sur l'actuelle place des Vosges à Paris, trois mignons du roi, Caylus le préféré, Maugiron et Livarot, affrontent trois proches du duc de Guise. Caylus est percé de dix-neuf coups d'épée. Seuls deux des bretteurs survivent à ce combat. Henri écrit un mot au père du défunt pour pleurer celui qu'il « a tant aimé qu'il se pouvait aimer ». Trois mois plus tard, le 21 juillet, dans la rue Saint-Honoré, le duc de Guise fait mettre à mort le mignon Paul de Saint-Mégrin, atteint de trente-quatre coups de dague et d'arquebuse. Du groupe des mignons, décimé par les duels et les assassinats, émergent l'amiral Anne de Joyeuse, l'alter ego, et le cadet de Gascogne Jean-Louis de Nogaret, devenu duc d'Épernon. S'il permet à ses mignons de se

> « Les mignons d'Henri III ? On pouvait en compter, l'un dans l'autre, une vingtaine. »
>
> Pierre Dac

marier, leur offrant des dots importantes, Henri exige d'eux une parfaite fidélité.

## EN RITE ROI

Sous Henri III, l'étiquette de la cour se formalise, avec la création d'un grand maître des cérémonies. Au lever, au coucher, à la toilette et aux repas, les mignons entourent le roi de prévenances qui pour être codifiées n'en sont pas moins coquines. Ils lui enfilent ses bas, ajustent son pourpoint, lui lacent sa culotte. Et en toute complicité on interpelle le roi de titres féminisés, « Sa Majesté », « Son Altesse » ou « Son Excellence ». L'usage en a paru si pertinent qu'il a été conservé de nos jours. Mieux vaut en être inverti.

## VIENS-T-EN APRÈS

Puisque le roi ose les fanfreluches, profitons-en. Toute la cour suit, grands seigneurs virils et guerriers vigoureux qui prennent plaisir à porter d'énormes bagues, des colliers de perles, des boucles d'oreilles, se poudrent et se fardent, s'épilent les sourcils, s'inondent de parfum, s'attachent les cheveux avec des broches, portent sur la tête des toques à aigrettes, mettent en valeur leurs jambes nues sous des collants remontant très haut jusqu'à des culottes aux teintes éclatantes. Seul signe extérieur pour éviter de se tromper, les fines barbes taillées en pointe. Poupées barbe y?

> *« On ne peut pas se moquer des Noirs, des homos, des musulmans, des Juifs, des handicapés. Moi je dis : De qui se moque-t-on ? »*
>
> Philippe Geluck

## DANS LE DÉCOR

L'Italien Balthazar de Beaujoyeulx (1535-1587), chorégraphe de Catherine de Médicis, devient maître à danser et organisateur des divertissements de la cour. Louise de Lorraine, épouse de Henri III, lui demande d'organiser un spectacle nouveau, fait de danse, de poèmes et de musique. Ainsi naît le *Ballet comique de la reine*, représenté en 1581 dans la grande salle du Louvre à Paris à l'occasion des noces du duc de Joyeuse, amant du roi Henri, avec la sœur de la reine. Le spectacle dure de 10 heures du soir à 4 heures du matin, avec chars et danseurs suspendus dans les airs, pendant que la reine et les dames de la cour dansent au son de l'orchestre, sur fond d'un verger peint à l'or et ornementé de plumes. Lorsque la fête s'achève, les merveilleux décors, qui ont coûté des sommes considérables, sont brûlés en un immense brasier autour duquel on danse encore.

## X Y

Autre source de problème, la sœur d'Henri, Marguerite de Valois, dite la reine Margot, mariée la veille de la Saint-Barthélemy à Henri de Navarre, futur Henri IV. Élevée entre une bigote, un savant et un directeur de conscience austère, elle ne rêve qu'à se dévergonder, ce qu'elle réussit au-delà de toute espérance. Les médisants du temps racontent qu'à peine nubile, elle aurait « déniaisé » ses deux frères, Charles IX et Henri III. « Mon frère Henri m'a grandement aimée, mais il n'a jamais joui de moi que par force », avoue-t-elle à son confesseur qui s'empresse de le révéler. Puis elle séduit Henri de Guise. Il n'y a pas pour les deux amants de lieu interdit, et on les surprend un jour en plein ébat dans un escalier du Louvre. Mais Guise est l'ennemi juré du roi. Lors d'une explication houleuse, Margot reçoit quelques calottes de son frère et plusieurs gifles de sa mère.

Étrangement plus platonique est le mariage avec Henri de Navarre, car le Vert-Galant se désintéresse totalement d'elle, alors qu'il s'enflamme d'ordinaire au moindre cotillon. Le jour du sacre d'Henri, Margot remarque Bussy d'Amboise, mignon d'Alençon après avoir été celui d'Henri. Ils deviennent amants. Au printemps de 1575, Margot a groupé autour d'elle un cercle d'amis, parmi lesquels Bussy. Elle a en main

### OCCUPE TOI D'AMOLLI

Pour tenir le coup, sexuellement parlant, dans cette cour dévergondée, on s'échange des recettes de vigueur. Celle-ci nous est restée : « Prenez de l'anis vert, ajoutez-y un peu de musc, de la queue de lézard pilée, une once de testicule de rat, un foie de fauvette, une moustache de chat coupée en menus morceaux, deux cornes de limace et une cervelle de passereau. Faites confire le tout dans du miel. »

un manchon brodé. Un jeune noble, Saint-Phal, admire le motif et affirme qu'il s'agit d'un X. Bussy s'empare du manchon et soutient qu'il s'agit d'un Y. La querelle s'envenime au point qu'on en vient aux mains. Des témoins sont désignés pour un duel évité de justesse. Et tout le monde à la cour prend le parti des X ou des Y. On ne savait pas encore que XY est le gène homme.

## CON FRÈRE

Une atmosphère de méfiance règne au Louvre. François de France, duc d'Alençon, frère cadet du roi, est un personnage très laid depuis qu'il a été touché par la petite vérole, tout l'opposé de son frère qu'il jalouse. Incapable, sans-gêne, perfide et ambitieux, toujours prêt à comploter, il a pris la tête du parti des Malcontents et laissé exécuter son amant Coconas ; il joue le rôle de chef de l'opposition ; il tient une cour en perpétuelle rivalité avec les mignons d'Henri qui ne lui pardonne pas de lui avoir soufflé le beau et violent Bussy d'Amboise. Pour mettre ce fils encombrant à l'écart, sa mère, Catherine de Médicis, a essayé de le marier à Elisabeth d'Angleterre, de vingt-deux ans son aînée. La reine vierge, qui le qualifie de grenouille, a refusé. François est si instable et envieux que le roi craint qu'il ne prépare un mauvais coup. En juin 1575, alors que Henri souffre de fièvres, de douleurs digestives, d'un abcès au bras droit, d'un ganglion dans le nez, d'une crise de goutte et de fortes hémorroïdes, il soupçonne son frère d'en être responsable. Il lui aurait fait gratter la nuque par l'un de ses valets avec une épingle empoisonnée. Encore une histoire montée en épingle.

## VAINS ET LIGUEURS

Le duc Henri de Guise, dit le Balafré car il a reçu un coup d'arquebuse à la joue droite, est noir de jalousie. Il a été supplanté à la cour par deux mignons, les ducs d'Épernon et de Joyeuse. Comme Henri III paraît devoir rester sans héritier, c'est Henri de Navarre qui, plus proche parent d'Henri III en ligne masculine, est le mieux placé pour accéder au trône à la mort du roi. Mais Navarre est calviniste. Le duc de Guise y voit une bonne raison pour faire valoir les droits du très catholique cardinal Charles de

Bourbon, archevêque de Rouen, un homme riche mais faible, un peu simple d'esprit, que le Balafré compte bien manœuvrer… à sa guise.

À la mort du duc d'Alençon, frère rebelle du roi, en 1584, des suites d'une tuberculose, les Guise, qui ont pris la direction d'une ligue catholique, dite Sainte Ligue, présentent le cardinal comme l'héritier du trône de France et excluent de la succession les protestants, au premier rang desquels Henri de Navarre. La Ligue, soutenue financièrement par l'Espagne, organise des processions et des manifestations, fomente des complots pour imposer une religion unique et chasser, au nom de la morale, les favoris d'Henri III. Les Guise veulent se saisir du roi pour le contraindre à renoncer au gouvernement. Des curés fanatiques et des membres de la Sorbonne traitent le roi de tyran et ameutent le peuple de Paris.

### SÛR D'OÙ EST ?

**Les Guise ont été mal inspirés en confiant au Gascon Jean David, avocat au Parlement, des papiers confidentiels destinés au pape. Ces documents, dont l'authenticité n'est pas assurée, proposent de destituer Henri III et les Valois pour mettre à leur place les Guise, car ladite famille remonterait à Charlemagne et serait plus ancienne que celle des Valois, vulgaires usurpateurs. Mais Jean David décède à Lyon et l'on découvre sur lui les fameux papiers.**

Le 12 mai 1588, des barricades sont dressées dans la capitale. Malgré l'interdit royal, Henri de Guise entre dans la ville, acclamé aux cris de « Vive Guise! Vive l'Église! » Mais dans son orgueil, Henri de Guise sous-estime Catherine de Médicis et Henri III. Alors que la ville est en effervescence, Catherine sort de son palais souriante, se fait ouvrir un passage parmi les pavés et se rend à la Sainte-Chapelle pour prier. Elle revient de même, sans s'étonner de rien, et ne s'effondre en pleurs que de retour dans sa chambre. La foule est convaincue que la famille royale ne s'échappera pas. Mais Catherine fait informer Henri qu'il doit partir au plus vite. Il sort du Louvre à pied comme s'il allait se promener, se rend aux Tuileries où il saute sur un cheval et galope vers Chartres. Pendant ce temps, la reine mère retient le Balafré pour un entretien en tête à tête. Il apprend la fuite du roi et s'écrie, dépité : « Madame, tandis que Votre Majesté m'occupe ici, le roi s'en va pour me perdre ! » Il a perdu la première manche du match de la Ligue.

## TERREUR D'AIGUILLAGES

Le temps des guerres de Religion est aussi celui des procès en sorcellerie. Le théoricien politique, économiste et philosophe Jean Bodin (1529-1596), auteur d'études savantes sur la monnaie, est beaucoup moins rationnel quand il écrit un ouvrage à succès, *la Démonomanie des sorciers*. Expert auprès des tribunaux, il affirme que certaines personnes copulent charnellement avec les démons. Il explique dans son livre comment se protéger des maléfices et surtout comment reconnaître les sorciers qu'il faut démasquer par la torture. Il assure qu'il existe sur le corps des possédés des marques du diable, des zones blanches insensibles aux piqûres d'aiguilles. Il suffit donc de larder la suspecte jusqu'à découvrir un endroit où elle ne réagit pas. Ce serait bien le diable s'il n'y en avait pas un.

## PALISSY LA SORTIE

Bernard Palissy est un admirable potier et céramiste qui a coutume de dire : « La science se manifeste à qui la cherche. » Pendant seize années, il explore la possibilité de produire de l'émail. Réduit à la misère, il brûle jusqu'à ses meubles pour alimenter son fourneau. Il parvient enfin à réaliser « des émaux entremêlés en manière de jaspe ». Il crée des coupes, des plats et des bassins ornés d'animaux divers, « lézards, serpents, écrevisses et tortues ». Il est reconnu du connétable Anne de Montmorency qui lui commande de nombreuses pièces pour son château d'Écouen. Mais Bernard Palissy est tenté par les idées nouvelles de la Réforme. Arrêté une première fois, son atelier mis à sac par un juge, il ne doit la vie sauve qu'à l'intervention de Catherine de Médicis qui ordonne sa libération. Henri III et la reine mère le protègent, mais il est de nouveau arrêté en 1587 sous la pression des Guise et jeté à la Bastille, « détenu prisonnier pour religion ». Il y meurt à l'âge de quatre-vingts ans. Qu'émail qui m'aille.

> « *Plus tôt on est en taule, et plus tôt on en sort.* »
>
> Iouz Alechkovski

## BÊTE COMME C'EST PIÈGE

Les états généraux se réunissent à Blois le 16 octobre 1588. Les partisans de la Ligue sont à une écrasante majorité. Henri de Guise, en pourpoint de satin blanc, surveille des yeux les uns et les autres. Le roi a le dos au mur. Les députés déclarent d'abord le roi de Navarre coupable de lèse-majesté « humaine et divine ». Le roi fait remarquer que l'on ne peut condamner le Béarnais sans l'avoir entendu. Il est rabroué par Guise qui agit en maître et ne recule plus devant les humiliations à l'égard du roi. Le 17 décembre, le cardinal de Guise porte un toast à son frère, prochain roi de France. Il affirme haut et fort « qu'il ne mourrait point qu'il n'eût tenu la tête du roi actuel pour le raser et le faire moine ». Pour confirmer ses dires, la sœur des Guise, la boiteuse madame de Montpensier, porte en sautoir une paire de ciseaux d'or.

Dans la nuit du 20 au 21 décembre, Henri III prend sa décision. Il faut tuer Guise. Il prépare minutieusement l'attentat, rassemble sa garde rapprochée, les Quarante-cinq, et confie la direction des opérations à leur chef, Honorat de Montpezat. Le jeudi 22, Henri fait bonne figure au Balafré, avec « grandissimes démonstrations de bienveillance ». Puis il lui demande de passer dans sa chambre le lendemain matin pour régler diverses affaires. Guise est toujours accompagné d'une importante escorte, mais l'escorte ne peut pénétrer dans la chambre royale. Curieusement, Henri de Guise ne tient aucun compte des innombrables avertissements de ses proches qui le supplient de quitter Blois au plus vite. Lors du souper du 22, on lui fait passer un billet l'informant du traquenard. Mais avec son assurance hautaine, Guise réplique : « On n'oserait. » Sur les 3 heures du matin, on lui remet cinq nouveaux billets anonymes l'avertissant du danger.

### COURT MÉTRAGE

Avant d'être le bouffon du roi Henri IV, le nain Chicot le fut des Guise. Intelligent et bien informé, il n'est pas toujours écouté. En 1588, il attend le Balafré dans un couloir du château de Blois. Il est occupé à fourbir une vieille lame sur les marches de l'escalier. Henri de Guise lui demande : « Que fais-tu, Chicot ? » « Ah ! J'aiguise ! », répond le bouffon d'un air triste. Mais le duc poursuit son chemin sans plus s'intéresser à cette mise en garde.

Pendant ce temps, Henri III fait placer huit de ses hommes dans sa chambre. Douze autres sont postés dans une pièce voisine. Au matin, il pleut à torrent. Guise fait ses salutations à la reine mère, passe par le salon du Grand Conseil, puis se rend à son rendez-vous dans la chambre du roi, emportant une coupe avec des prunes qu'il achève de manger. Il frappe à la porte du roi, un huissier le fait entrer et referme. Il est aussitôt assailli et frappé à coups de dagues et de poignards. Prévenu que la besogne est accomplie, Henri se rend dans la pièce et aurait dit : « Il est encore plus grand mort que vivant ! » Des archers et des gardes envahissent la salle du conseil où ils arrêtent le cardinal de Guise, puis à l'Hôtel de ville où ils s'emparent des principaux ligueurs. Henri III se rend dans la chambre de sa mère et l'informe : « Bonjour Madame, Monsieur de Guise est mort et l'on n'en parlera plus. Je l'ai fait tuer car il sapait mon pouvoir, ma vie et mon État. » Catherine aurait répondu : « Mon fils, c'est bien taillé, mais il faut coudre. » Épuisée, elle meurt deux semaines plus tard, le 5 janvier 1589. Ce fut une journée ex-Guise.

## LE FRÈRE DANS LA PLAIE

L'assassinat de Guise déclenche des scènes d'hystérie révolutionnaire dans les villes dominées par la Ligue, d'autant que le roi ayant fait exécuter aussi le cardinal de Guise, le pape l'excommunie. Le duc de Mayenne, frère des Guise, que le roi s'est refusé à éliminer, prend la tête des troupes de la Ligue. Il ne reste plus à Henri III qu'à se tourner vers Henri de Navarre pour obtenir son soutien. Les deux Henri, qui ne se sont pas revus depuis treize ans, se rencontrent à Plessis-lès-Tours. Ils décident de marcher ensemble sur Paris. Ils remportent plusieurs victoires et arrivent aux portes de la capitale. Le roi de Navarre s'établit à Meudon pendant qu'Henri III se rend maître de Saint-Cloud. Il y demeure chez un écuyer de la reine mère.

> *« Je sens venir le moment de dire : ne bougeons plus. »*
>
> Derniers mots du photographe Nadar

À Paris, des prédicateurs et les docteurs de la Sorbonne appellent à la déposition et à la mort du roi. Un moine à la courte barbe noire, nommé Jacques Clément, décide d'agir, d'autant « qu'un je-ne-sais-quoi lui disait: Marche faire ce coup ! » Le lundi 31 juillet 1589, il se rend à Saint-Cloud sous prétexte d'« instruire le roi de ce qui se passe à Paris ». Le roi et ses proches ont reçu plusieurs avertissements « d'avoir à se garder de sicaires payés par la Ligue ». Mais Henri est très pieux, et c'est un moine qui demande à le voir. Frère Clément est reçu le lendemain matin à 8 heures dans la chambre du roi qui est sur sa chaise percée. Le moine fait mine de ne pas pouvoir parler haut et s'approche à l'invitation du roi. Quand il est tout près, Jacques Clément tire un long couteau de sa robe et le plonge dans le ventre du roi, à droite sous le nombril. Les gardes se précipitent, lardent le meurtrier de coups d'épée et jettent son corps par la fenêtre. Henri ne souffre pas encore et les médecins lui affirment qu'il montera à cheval dans les dix jours. Mais l'intestin est percé et la blessure s'infecte en péritonite. Henri de Navarre accourt. Henri III fait alors connaître ses dernières volontés à ses proches réunis à son chevet: « Je vous ordonne que vous reconnaissiez après ma mort Henri que voilà, que vous ayez la même affection et fidélité pour lui que vous avez toujours eue pour moi, et que vous lui prêtiez le serment en ma présence. » Le roi expire à 3 heures du matin le 2 août 1589.

# ÇA NOUS DONNE LE BOURBON

## (1589 – 1643)

Henri IV est le premier souverain de la branche de Bourbon. Fils de Jeanne d'Albret, reine de Navarre, et d'Antoine de Bourbon, descendant de Saint Louis, Henri de Navarre est en outre le gendre d'Henri II par son mariage avec Marguerite de Valois (la reine Margot). Il est donc le successeur légitime d'Henri III, le dernier des Valois, qui n'a pas d'enfant. Converti au catholicisme, sacré en février 1594, il s'affirme comme roi de droit divin et marginalise le courant des catholiques fanatiques de la Ligue. Mais ces ligueurs ne déposent les armes qu'en 1598. C'est la fin des guerres de Religion. Henri IV peut dès lors s'attaquer à plusieurs chantiers : effacer les haines du passé par l'édit de Nantes publié en 1598 ; s'imposer face à l'Espagne et la contraindre à signer la paix de Vervins en mai 1598 ; consolider la dynastie des Bourbons par son mariage avec Marie de Médicis ; s'entourer d'une équipe expérimentée menée par Sully pour mettre sur pied une administration solide; renflouer les caisses de l'État et soutenir la production agricole. Mais les vieux relents de conspirations, de tensions internationales et de fanatisme n'ont pas disparu. Ils conduisent à l'assassinat d'Henri IV par Ravaillac en 1610.

Sous la régence de Marie de Médicis, veuve d'Henri IV, les princes écartés par le roi reviennent et un rapprochement avec l'Espagne s'instaure. C'est ainsi qu'en 1615, le jeune Louis XIII, quatorze ans, se retrouve marié à une adolescente du même âge, l'infante Anne d'Autriche, fille du roi d'Espagne Philippe III. Marie de Médicis s'entiche de l'Italienne Leonora Galigaï, dont l'époux, Concino Concini, s'établit à la tête du pouvoir. La régente s'assure aussi la collaboration de Richelieu, nommé secrétaire d'État aux Affaires étrangères. Le 24 avril 1617, Louis XIII fait assassiner Concini, la Galigaï est décapitée puis brûlée comme sorcière quelques semaines plus tard, Marie de Médicis est exilée. Louis XIII peut exercer directement le pouvoir. Il reprend à son service Richelieu devenu cardinal. Ensemble, ils renforcent la monarchie absolue; ils empêchent la formation de zones autonomes protestantes dans le Midi ou à La Rochelle, qui doit capituler en 1628; ils s'efforcent de briser l'encerclement du pays par les Habsbourg qui dirigent l'Espagne, le Saint Empire romain germanique et les Pays-Bas. Richelieu fait l'objet de nombreux complots ourdis en sous-main par Gaston d'Orléans, frère du roi, et de grandes familles princières jalouses de leurs prérogatives et malmenées par le cardinal. Mais celui-ci obtient du roi la tête des conjurés, même lorsque ceux-ci sont les amants du souverain. Richelieu et Louis XIII meurent à quelques mois d'intervalle, après avoir soigneusement préparé leur succession en imposant un autre cardinal, l'Italien Mazarin.

« *La vie de couple, c'est devenu de la gestion d'entreprise.* »

Francis Dannemark

## ... Ça fait date ...

**1589** • Mort de Catherine de Médicis.
• Henri IV succède à Henri III.

**1593** • Conversion d'Henri IV au catholicisme.

**1594** • Henri IV est sacré à Chartres.
• Henri IV entre dans Paris.

**1595** • Guerre entre la France et l'Espagne.

**1598** • L'édit de Nantes instaure la tolérance religieuse.
• Paix de Vervins avec Philippe II d'Espagne.

**1601** • Naissance du futur Louis XIII.

**1610** • Assassinat d'Henri IV par Ravaillac.
• Sacre de Louis XIII à Reims.

**1617** • Assassinat de Concini, favori de la reine mère Marie de Médicis.

**1622** • Richelieu devient cardinal.

**1627-1628** • Siège de La Rochelle.

**1629** • Paix d'Alès avec les protestants.
• Richelieu est nommé principal ministre.

**1635** • Création de l'Académie française.
• Déclaration de guerre à l'Espagne de Philippe IV. Entrée de la France dans la guerre de Trente Ans (1618-1648).

**1637** • René Descartes publie *le Discours de la méthode.*

**1638** • Naissance du futur Louis XIV.

**1641** • Mazarin devient cardinal.

**1642** • Mort de Marie de Médicis.
• Mort de Richelieu. Louis XIII nomme Mazarin pour lui succéder.

**1643** • Mort de Louis XIII. Louis XIV lui succède. Anne d'Autriche est régente.
• Victoire de Condé à Rocroi contre les Espagnols.

## Qui est qui ?

**Anne d'Autriche (1601-1666)** • Fille de Philippe III d'Espagne, femme de Louis XIII, reine de France.

**Champlain Samuel (1567-1635)** • Explorateur du Canada, fondateur de Québec.

**Clément VIII (1536-1605)** • Pape de 1592 à 1605.

**Concini Concino (1575-1617)** • Favori de la régente Marie de Médicis, maréchal de France, marquis d'Ancre, assassiné sur ordre de Louis XIII.

**Condé Louis de (Le Grand) (1621-1686)** • Vainqueur à Rocroi.

**Corneille Pierre (1606-1684)** • Auteur dramatique *(le Cid...)*.

**Descartes René (1596-1650)** • Philosophe, auteur du *Discours de la méthode*.

**Elisabeth Ire (1533-1603)** • Fille d'Henri VIII, reine d'Angleterre de 1558 à 1603.

**Galigaï Eleonora (1576-1617)** • Favorite de Marie de Médicis, épouse de Concini, exécutée.

**Gaston d'Orléans (1608-1660)** • Frère de Louis XIII, aussi appelé Monsieur, comploteur incorrigible.

**Henri IV (1553-1610)** • Roi de Navarre puis roi de France de 1589 à 1610.

**Joseph (Père), François-Joseph du Tremblay (1577-1638)** • Éminence grise de Richelieu.

**Louis XIII (1601-1643)** • Fils d'Henri IV et de Marie de Médicis, roi de France de 1610 à 1643.

**Louis XIV (1638-1715)** • Fils de Louis XIII, roi de France de 1643 à 1715.

**Luynes Albert de (1578-1621)** • Favori de Louis XIII.

**Marguerite de Valois (la reine Margot) (1553-1615)** • Fille d'Henri II et de Catherine de Médicis, femme d'Henri IV.

**Marie de Médicis (1573-1642)** • Épouse d'Henri IV, mère de Louis XIII.

**Mazarin Jules (1602-1661)** • Cardinal, successeur de Richelieu, ministre d'Anne d'Autriche.

**Philippe II (1527-1598)** • Fils de Charles Quint, roi d'Espagne de 1556 à 1598.

**Philippe IV (1605-1665)** • Roi d'Espagne de 1621 à 1665.

**Ravaillac François (1578-1610)** • Assassin d'Henri IV.

**Renaudot Théophraste (1586-1653)** • Médecin, créateur de *la Gazette*, premier hebdomadaire français.

**Richelieu Armand du Plessis, cardinal de (1585-1642)** • Principal ministre de Louis XIII.

**Sully Maximilien de Béthune, duc de (1560-1641)** • Conseiller d'Henri IV.

**Vincent de Paul (saint) (1581-1660)** • Fondateur des Filles de la Charité.

# HENRI IV

## (1589 – 1610)

Dans la mémoire nationale, Henri IV est « le bon roi Henri » qui entraîne ses hommes derrière son « panache blanc », celui pour qui « labourage et pâturage sont les deux mamelles de la France », l'homme de trois plaisirs, « la guerre, la chasse, l'amour », dont on n'a retenu que le troisième, le « Vert-Galant » collectionnant les aventures. On lui dénombre soixante-treize maîtresses, six enfants légitimes de Marie de Médicis, huit enfants naturels légitimés de ses favorites et une ribambelle de bâtards inconnus. Le souverain n'était pourtant pas beau avec son long nez, il ne se lavait pas, mangeait de l'ail, « puait le gousset et des pieds comme une charogne ». Par bonheur, les effusions étaient brèves, souvent défaillantes.

On retiendra plutôt de lui son sens politique quand il passa allègrement d'une religion à l'autre : « Paris vaut bien une messe. » Proche du peuple, il souhaita, dira-t-on plus tard, que « chaque famille ait moyen d'avoir une poule dans son pot » tous les dimanches. Prêt à partir en campagne contre les Pays-Bas pour, entre autres, récupérer une favorite, il fut assassiné en 1610.

*« Contre la mauvaise haleine, un seul remède, le téléphone. »*
Michel Chrestien

## À PEINE LÀ MAYENNE

Après l'assassinat d'Henri le Balafré et du cardinal de Guise en décembre 1588, c'est leur frère, Charles, duc de Mayenne, qui prend la direction de la Ligue. Mais il n'a pas le charisme du Balafré, préfère les tavernes aux champs de bataille, a tendance à l'obésité. L'atmosphère de terreur qui règne à Paris ne lui convient pas. Il mène quand même une série de combats contre Henri IV, qu'il perd tous, à Arques près de Dieppe, le 15 septembre 1589, alors que ses forces sont trois fois supérieures, puis à Ivry près de l'Eure, le 14 mars 1590.

La dernière bataille des guerres de Religion se déroule à Fontaine-Française, en Bourgogne, début juin 1595. Le duc de Mayenne et ses alliés espagnols dirigés par le connétable de Castille affrontent une nouvelle fois les troupes d'Henri IV. Le roi de France ne dispose que de 3 000 hommes, face à 13 000 ennemis. Il a alors l'idée de rameuter tous les paysans des environs avec leurs faux, leurs faucilles et tout ce qui peut briller au soleil. Il les mêle à ses propres soldats assemblés en haut d'une colline et leur demande d'agiter leurs outils. Le connétable Fernandez de Velasco est persuadé d'avoir affaire à une troupe bien supérieure en nombre et en armes. Il décide donc de rebrousser chemin sans combattre. Cette victoire marque la fin de la Ligue. Mayenne fait sa soumission officielle, en échange quand même d'une jolie somme d'argent.

## HORS AN OÙ TEMPS

De 1589 à 1594, Paris reste figé dans son intransigeance religieuse. À l'annonce de l'assassinat d'Henri III, les habitants abandonnent l'écharpe noire en signe du deuil des Guise pour l'écharpe verte de la régénération, ils dansent autour de feux de joie et organisent des banquets en pleine rue. Ils envoient même des émissaires à Saint-Cloud ramasser de la poussière imprégnée du sang du « tyran ». Les presses fonctionnent à plein rendement pour déverser des injures contre « l'hérétique » et proposer de l'assassiner. Le Conseil des Seize qui dirige la cité au nom de la Ligue souhaite faire monter sur le trône le fils d'Henri le Balafré, le jeune duc Charles de Guise, mais le duc de Mayenne, frère du Balafré, s'y oppose par jalousie. Les Seize demandent ensuite à Philippe II de donner pour reine à la France sa fille Isabelle. Mais le roi d'Espagne a une étrange exigence. Comme il ne trouve personne assez illustre en France pour s'allier à une Habsbourg, il exige qu'elle épouse un prince de sang royal étranger, l'archiduc d'Autriche!

## JE PRENDS LE PARIS

Les Parisiens disent qu'ils « aimeraient mieux mourir que de se soumettre à un hérétique ». Le 1er novembre 1589, Henri IV attaque les faubourgs de la rive gauche. La résistance est acharnée. « Au seul carrefour de la rue de Tournon, on compte plus de trois cents morts chez les Parisiens », raconte de Thou, membre du Parlement et proche d'Henri IV. Cependant les « royaux » ne peuvent faire sauter les fortifications avec leurs pots à feu. En mai 1590 commence un nouveau siège de Paris. Mais les Parisiens attendent le renfort du roi d'Espagne qui envoie treize mille hommes. Henri IV doit de nouveau lever le siège. Dès que les Espagnols sont repartis, le roi reforme son blocus. La famine s'installe dans la capitale. Certaines personnes vendent de la farine composée d'os réduits en poussière du cimetière des Innocents. Tous ceux qui en mangent en meurent.

Le dimanche 25 juillet 1593, coup de tonnerre, le roi assiste à la messe dans la basilique Saint-Denis, à côté des tombeaux des souverains de France. Henri s'est converti pour faire cesser la guerre. Un chef parisien affirme en public : « Notre roi est maintenant

### CE N'ÉTAIT PAS UN REIMS DROIT

Ne pouvant se faire sacrer à Reims, aux mains des Guise, le Béarnais choisit Chartres pour s'y faire introniser le 27 février 1594. Problème, la miraculeuse ampoule renfermant le saint chrême est restée à Reims et la plupart des insignes royaux, le sceptre, la main de justice et la couronne, ont été transportés à Paris encore aux mains des ligueurs. Il faut fabriquer en urgence de nouveaux ornements et faire venir de Marmoutiers, près de Tours, la sainte ampoule du trésor de saint Martin. Tout est en place le jour du sacre, et personne n'ose trop se demander ce qu'il y a comme huile dans l'ampoule de Marmoutiers.

catholique. Il le faut reconnaître et ne faut plus que l'on nous trompe. » C'est bientôt la débandade dans les rangs de la Ligue. Le 22 février 1594, Henri IV est enfin sacré à Chartres, Reims restant aux mains d'un Guise. Le gouverneur de Paris, Charles de Cossé-Brissac, ouvre les portes au roi qui attend discrètement dans les environs. Henri IV garantit qu'il n'y aura pas de chasse aux sorcières, les Espagnols en garnison sont expulsés, les cloches de Notre-Dame sonnent à toute volée, les Parisiens survivants sont tous dans la rue pour acclamer leur souverain.

## ÉMIS L'ÉDIT

Lorsque, entre deux parties de chasse, Henri IV publie son édit de tolérance à Nantes le 13 avril 1598, il ne satisfait personne. Les protestants obtiennent bien la liberté de conscience mais ils ne peuvent exercer leur culte que dans les lieux déjà protestants avant 1597 et non dans de grandes villes comme Paris, Rouen, Lyon, Toulouse… Les catholiques, qui peuvent exercer leur culte partout dans le royaume, parlent « d'abominable édit » car plusieurs places de sûreté, dont La Rochelle, Bergerac ou Nîmes, sont confiées aux réformés. Toujours l'imparfait du subjectif!

### LE TROU DE MONLUC

**Blaise de Monluc, maréchal de France en 1574, croit intelligent de faire publier après sa mort ses *Commentaires*, un récit détaillé de ses exploits pendant les guerres de Religion. Il raconte avec délectation comment il fit régner la terreur dans les régions huguenotes : « On pouvait connaître par là où j'étais passé car par les arbres, sur les chemins, on en trouvait les enseignes » (c'est-à-dire les pendus). Il décrit les pillages, les viols, les éventrations, les intestins des suppliciés enroulés sur des broches.**

## EN NÉGLIGÉ DE SOI

Malgré toutes les haines accumulées, Henri IV ne prend guère de précautions lors de ses déplacements. En visite chez sa maîtresse Gabrielle d'Estrées, il voit s'avancer un jeune homme de dix-neuf ans vêtu de noir. Avant qu'il ait pu réagir, Henri reçoit un coup de couteau qui lui fend la lèvre et lui brise une dent. Arrêté sur-le-champ, l'agresseur, nommé Jean Châtel, est interrogé. Fils d'un marchand de draps parisien, il a fait ses études chez les Jésuites. Il n'en faut pas plus pour que l'on accuse les pères d'avoir commandité l'agression. Jean Châtel est écartelé le 29 décembre 1594. La maison de son père dans l'île de la Cité est rasée. On perquisitionne chez les jésuites du collège de Clermont et l'on découvre opportunément dans une cellule un pamphlet intitulé *Navarre l'hérétique*. Un religieux est pendu et brûlé en place de Grève, deux professeurs sont bannis, les Jésuites sont exilés sur ordre du Parlement.

## PAYER L'IMPÔT QU'ASSEZ

Dans les années 1593-1595, les pauvres gens ruinés par les bandes armées des uns et des autres, pressurés par les impôts, se révoltent dans tout le sud-ouest de la France, surtout en Périgord et en Limousin. Les croquants, appelés aussi Tard Avisés, constituent des mouvements d'autodéfense contre les gens de guerre, s'organisent en légions armées battant le tambour, et s'en prennent aux seigneurs locaux qui les oppriment. Proches des réformés, ils obtiennent le soutien du camp des royalistes d'Henri IV. Mais quand ils se révoltent aussi contre les grands seigneurs au service du roi, ils sont impitoyablement massacrés par le sénéchal de Bourdeille. Le roi parvient à apaiser la situation en abandonnant l'arriéré de l'impôt et en diminuant la taille. Il voulait jouer le père manant.

## L'ÉPRIS DE DIANE

Le grand amour partagé d'Henri IV est Diane d'Andouins, comtesse de Guiche, rencontrée en 1582 au château de Pau. Veuve depuis deux ans de Philibert de Gramont, sénéchal de Béarn, mère d'un fils et d'une fille, belle brune de vingt-huit ans au teint pâle, réservée, amie de Montaigne, éprise de romans de chevalerie au point d'adopter le nom de Corisande, elle connaît avec le roi, plus habitué aux tendrons faciles, une passion durable et partagée, sans arrière-pensée de contrepartie. Elle le pousse à s'affirmer sur la scène nationale, vend pour lui ses diamants et engage ses biens pour lui fournir une armée de plusieurs milliers de Gascons. Henri lui écrit avec son sang une promesse de mariage. Puis il tombe dans les bras d'une jeune Rochelaise,

Esther Imbert. Et la promesse est oubliée. L'encre de sang n'était que sympathique.

## HANTÉ À L'AMANTE

Dès 1590, la blonde Gabrielle d'Estrées s'installe dans les faveurs du roi. Vénale, coquine, audacieuse, elle est l'opposée de la belle Corisande. Petite-fille d'une Babou de La Bourdaisière qui fut la maîtresse de François Ier et du pape Clément VII, fille d'une infidèle notoire, surnommée « le péché capital », qui s'enfuit avec un amant, Gabrielle séduit le grand écuyer de France Roger de Bellegarde, qui commet l'imprudence, en novembre 1590, pendant le siège de Paris, de raconter à Henri IV sa bonne fortune. Celui-ci se rend au château de Coeuvres, domaine des d'Estrées, rencontre la belle aux yeux bleus et la convainc sans trop de difficultés d'engager une relation. Celle-ci va durer neuf ans. Pour faire taire les rumeurs, le roi la marie au baron de Benais (eh oui !), qui accepte contre un confortable dédommagement pécuniaire.

Installée à la cour, Gabrielle est couverte d'or et de joyaux, comblée de titres, élevée au rang de duchesse de Beaufort. Le roi ne peut se passer d'elle plus de deux heures. En 1594, elle accouche d'un fils prénommé César, légitimé duc de Vendôme. Henri veut à tout prix épouser Gabrielle. Le mari de celle-ci, bien complaisant, et toujours contre généreuse indemnité, accepte de passer pour impuissant. Le mariage est annulé. Mais Henri est encore marié à la reine Margot qui refuse d'être remplacée par une « femme de basse extraction qui a mené une vie si sale et si vilaine ». Les tractations traînent, les amants ont deux autres enfants. En avril 1599, Gabrielle, de nouveau enceinte, est emportée par une crise d'éclampsie. Au grand soulagement de Sully et des conseillers royaux, qui poussent Henri IV à épouser Marie de Médicis dont l'immense fortune épongera au moins une partie des dettes du royaume. Le roi, qui a quarante-cinq ans, est inconsolable. Il porte le grand deuil en noir, puis en violet, et rencontre Henriette d'Entragues.

> *« Ce n'est pas parce que l'homme a soif d'amour qu'il doit se jeter sur la première gourde. »*
>
> Pierre Desproges

## EN CHAIR ET EN NOCES

Henri IV est coureur de femmes, sauf de sa femme. Le 25 avril 1599, au château de Saint-Cloud, le cardinal de Gondi lui présente le portrait de Marie de Médicis. Il a fait venir ce tableau de Florence. Mais le peintre italien est resté fidèle au modèle. Le roi prend la toile, la repose, remercie le prélat et va dîner sans un mot. Le cardinal se répand en récriminations contre le peintre et demande que le tableau soit retouché pour ôter l'embonpoint de la promise. La première rencontre des époux a lieu à Lyon le 10 décembre 1600. Vers 9 heures du soir, le roi frappe à la porte de la chambre royale. En voyant son mari, la Médicis s'agenouille. Le roi la relève et commence à se déshabiller. Le rapport ne dure que dix minutes. Le lendemain, Henri ne se prive pas de commenter: la reine est molle, fade, grasse, niaise et malhabile. Ils auront quand même trois fils et deux filles en l'espace de neuf ans. Des contacts effet mère.

### MÂLE ? AH OUI !

Le 26 septembre 1601 à Fontainebleau, toute la cour assiste à l'accouchement de Marie de Médicis et il y a foule, près de deux cents personnes, dans la chambre où vient de naître le futur Louis XIII, au point que la reine peut à peine respirer. Il s'agit de s'assurer qu'il n'y a pas substitution d'un mâle à une femelle.

## PRIS EN FRINGANT DES LITS

Trois mois après le décès de Gabrielle d'Estrées, Henri IV écrit: « Mon cœur ne songe qu'à vos charmes; Vous êtes mon unique amour. » Le poème s'adresse à Henriette d'Entragues, la nouvelle élue, fille d'une ancienne maîtresse de Charles IX, « pimbêche et rusée femelle », selon Sully. Elle monnaye chèrement ses grâces: cent mille écus et le marquisat de Verneuil. Puis elle fait monter les enchères. Après une promenade polissonne en forêt, le roi lui rédige naïvement une promesse de mariage: « Nous, Henri Quatrième, par la grâce de Dieu roi de France et de Navarre, promettons et jurons devant Dieu, en foi et parole de roi, au sieur d'Entragues, que nous donnant pour compagne sa fille, au cas que dans six mois elle devienne grosse et qu'elle accouche d'un fils, alors et à l'instant nous la prendrons à femme et légitime épouse. »

Mais la raison d'État l'emporte : le roi épouse Marie de Médicis. Commence alors l'inévitable chantage. Forte de sa promesse de mariage, Henriette exige d'être installée au Louvre, aux côtés de « la Florentine ». Henri la présente à la nouvelle reine : « Celle-ci a été ma maîtresse, elle veut être, Madame, votre particulière servante. » Henriette refuse de se prosterner devant « la grosse banquière » et le roi doit l'y contraindre. Les deux femmes, qui se détestent, accouchent à un mois d'intervalle. Puis viennent d'autres enfants d'Henriette qui se croit tout permis. En 1602, elle ourdit un complot avec l'Espagne pour qu'à la mort d'Henri IV, le Dauphin soit écarté au profit de son propre fils. À la surprise de tous, Henri pardonne. « Le roi est complètement enchaîné par cette femme », dit un témoin. Il faut attendre la rencontre d'une jeunesse de quinze ans, Jacqueline de Bueil, pour que notre obsédé compulsif se lasse de la rouée Henriette. Il a toujours fait preuve de con passion.

> *« Quand un monsieur vous a tout donné, la moindre des choses, c'est de lui rendre la monnaie de sa pièce. »*
>
> Nadine de Rothschild

## EXCÈS DE VITS TESTS

Pour devenir la maîtresse d'Henri IV, qui a cinquante et un ans, Jacqueline de Bueil exige que le roi la marie à un gentilhomme de bonne famille. On choisit le comte de Césy, « bon musicien, joueur de luth, mais piètre de tout le reste ». Le soir même du mariage, l'époux est prié de s'éclipser. Puis Jacqueline de Bueil se fait nommer comtesse de Moret et reçoit une bourse importante. « Celle-ci est une rufiane », maugrée Marie de Médicis qui attend son quatrième enfant.

Mais la Bueil ne peut se passer d'autres galants avec lesquels elle court les rues de Paris, précédée de pages portant flambeau. Comme à son habitude, et parce qu'elle lui a donné un fils qu'il a légitimé, le roi pardonne jusqu'à ce qu'elle le trompe avec le prince de Joinville et quelques autres.

## BISSE TROP

Charles de Gontaut, duc de Biron, est un ami très proche d'Henri IV. Il a combattu à ses côtés à Arques et à Ivry, au siège de Paris et à d'autres batailles où il a reçu trente-deux blessures. Il a été fait maréchal et pair de France, gouverneur de Bourgogne. Mais il est orgueilleux et ambitieux. Les honneurs qui lui ont été accordés ne lui suffisent pas. Follement dépensier, il lui faut aussi plus d'argent. Alors il trahit son royal ami. Il se vend au roi d'Espagne et au duc de Savoie qui cherchent à déstabiliser le royaume. La trahison est découverte mais le roi pardonne. Biron récidive et commet l'imprudence d'envoyer des courriers compromettants qui sont interceptés. Henri IV accepterait de pardonner une nouvelle fois en échange d'aveux. Biron refuse et ne manifeste pas le moindre regret. Le 27 juillet 1602, il passe en jugement. Condamné à mort, il est conduit dans la cour de la Bastille, où il se répand en imprécations contre le roi. On lui met un bandeau sur les yeux qu'il arrache. Il est décapité d'un coup d'épée, « si destrement qu'à peine vit-on passer le coup ».

### ÇA VA ÊTRE COTON

Le père Coton, jésuite, est à la fois un prédicateur éloquent et un homme courtois. Ce qui lui vaut la faveur d'Henri IV qui en fait son confesseur en 1608. Il est si bien écouté par le roi que la cour murmure que le souverain a « du Coton plein les oreilles ». Comme il conseille à Henri IV de ne plus blasphémer en jurant à tout propos, le roi remplace son habituel jarnidieu, « je renie Dieu » par jarnicoton, « je renie Coton ».

## ALIX AU PAYS DES MERVEILLES

Voilà que les filles vont pouvoir étudier dans des écoles publiques, quelle que soit leur origine! L'idée provoque de vives oppositions mais son initiatrice n'est pas du genre à baisser les bras. Alix Le Clerc, née à Remiremont dans les Vosges en 1576, refuse les offres de mariage (« j'avais aversion à la domination d'un mari ») et accepte les idées farfelues qui lui viennent à l'esprit: « Il faut que je vous dise pourquoi j'ai décidé de coucher seule. Une nuit, étant couchée tout habillée avec une fille, tout à coup, une puanteur infernale me surprit, avec tant de véhémence que je fus contrainte de quitter le lit. Néanmoins, la fille n'en sentit rien. Il me tomba en imagination sur l'heure que Notre Seigneur voulait que je couchasse seule. » Des revenants prétendent l'épouvanter : « La première année que je demeurais à Nancy, m'étant levée une nuit et voulant descendre un escalier près de ma chambre, il faisait clair de lune, j'aperçus un fantôme noir en forme d'homme. D'abord je frémis un peu de crainte, mais aussitôt je me rassurai par le signe de la croix et me résolus de passer outre, et lui mettant la main sur la tête au nom de Jésus-Christ, il s'enfuit. » C'est une révélation qui l'invite à fonder l'Institut Notre-Dame pour l'instruction des jeunes filles pauvres. Elle se bat contre sa famille, le qu'en-dira-t-on et les autorités religieuses. Mais avec le soutien de son énergique curé, Pierre Fourier, elle ouvre des écoles partout en France. Alix Le Clerc est d'autant plus rationnelle qu'elle ne craint pas l'inexpliqué. Allez comprendre !

## PRÉLAT C'EST

La désignation des prélats laisse à désirer. En 1604, Henri IV nomme évêque de Lodève Charles de Lévis, fils du duc de Ventadour, qui n'a que quatre ans. En 1607, le roi intervient pour faire désigner évêque de Metz son bâtard Henri de Verneuil, fils d'Henriette d'Entragues, âgé de six ans. L'enfant est élu par le chapitre de la ville mais le pape refuse de le nommer. Le pontife offre néanmoins au gamin une importante pension sur les revenus du diocèse et adresse une lettre « d'accession » selon laquelle, à la première vacance épiscopale, l'enfant en serait pourvu sans besoin d'une élection. Henri de Verneuil sera évêque de Metz à dix ans et demi. Si jeunes et déjà mitromanes !

## LES LETTRES DE MON MALIN

Henri IV ayant reçu plusieurs courriers dénonçant des activités de sorcellerie en Béarn, il nomme deux commissaires pour « purger le pays de tous les sorciers et sorcières sous l'emprise de démons ». La mission commence à Bayonne le 2 juillet 1609. Quatre à cinq cents témoins sont entendus, quatre-vingts personnes, y compris des enfants et des prêtres, sont torturées et exécutées en quatre mois. Le commissaire Rostéguy de Lancre en profite pour dénoncer les bains de mer à Biarritz, « ce mélange de grandes filles et de jeunes pêcheurs qu'on voit à la côte en mandille (fine jaquette), et tout nus en dessous, se pêle-mêlant dans la mer. » Et bain dites donc !

## LÀ, GANG RÈGNE

Au cœur de Paris existe un cul-de-sac où se rassemblent tous les exclus, la cour des Miracles sur laquelle règne un roi, le Grand Coesre, entouré de ses lieutenants, les *cagous*, des gueux remarqués pour leur force physique ou leur ingéniosité. Ils délèguent leurs mendiants en guenilles à travers la ville, chacun ayant sa spécialité, les *piètres* contrefont les boiteux, les *sabouleux* les épileptiques avec du savon qu'ils font mousser dans leur bouche, les *narquois* des soldats estropiés, les *francsmitoux* des malades de la peau avec leurs plaies faussement purulentes. Un jeune garçon de neuf ans, craignant que son père lui donne le fouet, s'enfuit avec un petit mercier qui l'introduit dans sa bande et lui apprend à tromper « les gentilshommes et damoiselles ». Sous le nom de Maître Pechon de Ruby, c'est-à-dire en argot « enfant éveillé », il en tire par la suite un livre, *la Vie généreuse des matois, gueux, bohémiens et cagous*, où il donne des conseils sur les techniques de vol et un utile dictionnaire des mots d'argot pour traduire le langage de l'écorcheur qui s'apprête à vous repasser. Pas si bête.

## TOUBIBS OR NOT TOUBIBS ?

Les médecins de cette fin du XVI^e^ siècle s'intéressent décidément à tout, mais pas toujours très rationnellement. Léonardo Botallo, par exemple, chirurgien et praticien pendant vingt ans de la famille royale, est captivé par la circulation sanguine. Il en tire une conclusion hâtive en faveur de la saignée : « Le sang dans le corps humain est comme l'eau d'une bonne fontaine, plus on en tire, plus il s'en trouve. » De son côté, le protestant Julien Le Paulmier, membre de la faculté de médecine de Paris, retiré en Normandie, ne jure que par le cidre, la panacée. On se met donc à prescrire

> *« Les médecins sont tous des assassins. Pourquoi croyez-vous qu'ils portent des gants ? Pour des raisons sanitaires ? Non, pour les empreintes digitales. »*
> Jackie Mason

du cidre pour donner du lait aux nourrices, pour soigner « l'humeur mélancolique » et pour le cœur. Mais des collègues de la faculté prétendent au contraire que le cidre donne la lèpre! En tout cas, un médecin de Saint-Lô, Jean Marquier, est unanimement apprécié de tous ses patients de Saint-Lô, ravagée par des épidémies à répétition. Il guérit plus que quiconque. De quoi exciter la haine des autres médecins de la région qui l'accusent en 1601 de magie. Après un procès de six jours, dont les attendus comptent pas moins de six cent quatre-vingt-onze pages, le médecin et sa fille sont bannis. En attendant les défunts de série.

## ALTÈRE ÉGAUX

Depuis le Moyen Âge, puisque les lépreux se voyaient interdire de nombreux métiers susceptibles de transmettre leur maladie, agriculteurs, commerçants ou médecins par exemple, ils se faisaient souvent charpentiers, bûcherons ou vanniers. Ils n'avaient pas de nom, on les appelait les *cagous*. Ils vivaient hors des villes et des villages, ils devaient porter des signes distinctifs, un tissu rouge et une patte de canard cousue sur leur vêtement. Mais avec les guerres de Religion et les difficultés économiques, voilà que des gens sains deviennent charpentiers. Dans la région de Toulouse, à Lectoure et Saint-Clar, ils sont mis au ban de la société comme s'ils étaient également lépreux.

## VIL ARRÊT DE JOYEUSES

En un temps où le mariage est considéré comme indissoluble jusqu'à la mort des époux, comment obtenir une séparation de corps? C'est simple, grâce aux tribunaux de l'impuissance qui apparaissent au XVe siècle, fleurissent au XVIe et perdurent jusqu'au XVIIe. Lors de ces procès intentés par leurs femmes, les maris soupçonnés d'impuissance doivent honorer leur épouse devant experts et témoins. Un marquis qui « ne fait que dormir au lit » doit se soumettre à une démonstration publique, avec la belle-mère au premier rang. On organise des paris: bandera, bandera pas?

> *« Je suis pour l'égalité des sexes. Je prendrai moi-même les mesures. »*
>
> Thierry Le Luron

Les spectateurs qui ne peuvent entrer, tant on se presse dans la chambre, s'agglutinent aux fenêtres en ricanant. Le marquis, après un début prometteur, passe de vit à très plat et il est déclaré impuissant. Sa femme peut divorcer. Lui-même se remarie quelques années plus tard et devient père de sept enfants. Selon que vous serez puissant et mesurable…

## CHICHIS IMPÉRATRICES

En réaction aux méthodes rustres d'Henri IV, des femmes de l'aristocratie mettent à la mode la préciosité et créent des salons littéraires où elles reçoivent dans les ruelles, des espaces entre le lit et la cloison de leur chambre. Les plus connus sont ceux de madame de La Fayette, de la marquise de Rambouillet et de mademoiselle de Scudéry, qui écrit des romans-fleuves. Pour être admis, il faut être reconnu pour ses traits d'esprit, son langage châtié et sa culture. Mais ce courant mondain a ses excès. Le langage devient filandreux; pour évoquer le charme d'une jeune fille, on dira « ses blonds cheveux étaient les rets où toutes les plus belles libertés venaient se rendre captives » et pour exprimer on ne sait trop quoi : « Devais-je sucer le lait de votre cruauté, et porter ma bouche auprès de ces mamelles pour en tirer aliment à mes regrets. » Le galant n'en attend pas nécessairement une conclusion, l'essentiel des relations se menant ailleurs.

> « La carte du Tendre a été remplacée par la carte de crédit. Ça fait gagner du temps. »
> José Artur

Mais il fut un cas où ladite conclusion tarda par trop. La fille de madame de Rambouillet, la spirituelle Julie d'Angennes, se fit courtiser dans les règles du salon dès 1631 par le duc Charles de Montausier, fameux pour son courage à la guerre, autre activité à la mode. De 1633 à 1641, il composa pour la belle un recueil de poèmes, *la Guirlande de Julie*, où il la comparait à toutes les fleurs de la création (« Fille du bel astre du jour, je nais de sa seule lumière… »). La belle résista comme il se devait et le beau ne s'impatienta pas trop, moins en tout cas que l'assistance qui finit par piaffer en termes choisis. Le roi lui-même s'émut et il fallut que les tourtereaux s'épousent. Ce fut en 1645, après quatorze ans de déclarations. Ils ont évité la rupture par contentement mutuel.

## QU'EURENT PAR-DESSUS TÊTE

Le 9 juin 1606, Henri IV et la reine Marie de Médicis quittent Saint-Germain-en-Laye pour regagner Paris. À Neuilly, il leur faut traverser la Seine sur un bac. Comme ils n'ont pas le courage de descendre de leur carrosse, les chevaux tirent la voiture sur le bac qui s'éloigne de la rive. C'est alors que les deux derniers chevaux tombent à l'eau, entraînant le carrosse. Le mémorialiste Pierre de L'Estoile raconte : « Le roi et la reine faillirent être noyés, principalement la reine qui but plus qu'elle ne voulait et, sans un valet de pied nommé La Châtaigneraie, qui la prit par les cheveux, elle courait risque inévitable de sa vie. » Lorsque le couple royal est à l'évidence hors de danger, plusieurs courtisans se jettent à l'eau pour faire mine d'intervenir. De l'audace, toujours de l'eau tasse.

## PRINCESSE DE L'EMBALLE

Vendredi 16 janvier 1609, au Louvre. Comme à son habitude, Henri IV arpente à grands pas la galerie du Bord-de-l'Eau. C'est sa façon de réfléchir ; c'est aussi un bon moyen d'évacuer sa colère après une nouvelle chamaillerie avec Marie de Médicis à propos d'une récente conquête du roi. Paraît alors Charlotte de Montmorency, quatorze ans, d'illustre famille puisque son grand-père, le connétable Anne de Montmorency, était un ami intime de François I^er^.

Le Vert-Galant, cinquante-cinq ans mais toujours prêt à s'emballer, tombe en arrêt. Pour disposer de la jeune beauté, il la marie à un prince du sang, Henri de Condé, vingt ans, qui ne risque pas de le gêner car il n'aime que les garçons. Les noces ont lieu le 17 mai 1609. Mais Condé, premier prince du sang, a sa fierté. Il supporte mal que le vieux roi, déguisé en valet ou en fauconnier, vienne roucouler sous les fenêtres de sa femme. Condé quitte la cour, entraînant Charlotte à Bruxelles, alors sous domination de l'Espagne, la grande ennemie de la France malgré la paix de Vervins. Charlotte y joue les prisonnières, appelant à l'aide son barbon si énamouré qu'il dépérit : « Je déchois si fort de mes mélancolies que je n'ai plus que les os et la peau. » Le 1er avril 1610, le roi a une vive altercation avec l'ambassadeur d'Espagne qui constate : « Ce roi risquera tout pour ses amours. » Le 11, il menace de déclencher une guerre. Le monde est atterré : une guerre européenne pour récupérer une maîtresse ! Henri IV convoque son armée pour le 19 mai. Le 14, il est assassiné.

## ILS SONT TOUJOURS ENTRE DEVINS

Marie de Médicis doit attendre le 13 mai 1610 pour être sacrée à Saint-Denis. Il lui a fallu batailler dix ans auprès de son mari pour obtenir un privilège qu'avait eu Catherine de Médicis. Le roi lui a opposé des raisons financières, mais elle réplique que les dépenses ont été encore plus considérables avec ses maîtresses. Comme le roi s'apprête à partir en guerre, il accepte de nommer sa femme régente provisoire, mais lui adjoint un conseil de quinze ministres. Marie, obstinée, revient à la charge : pour agir en vraie régente, il lui faut être couronnée. D'autant, et elle ne le dit pas, que sa voyante préférée, la religieuse florentine Passitéa, lui a annoncé depuis Sienne que son mari ne vivrait pas au-delà de ses cinquante-huit ans. De son côté, le roi confie à Sully : « Hé, mon ami, que ce sacre me déplaît ! Je ne sais ce que c'est, mais le cœur me dit qu'il m'arrivera quelque malheur. » Il finit cependant par céder. La cérémonie est somptueuse et Marie arbore sur sa couronne l'un des plus beaux diamants du monde, le Sancy, de 35 carats. Le lendemain, Henri IV est assassiné.

### C'est excellence !

Un incident trouble la cérémonie du sacre de la reine. Le représentant de la République de Venise salue l'ambassadeur d'Espagne d'un « Bonjour monsieur l'Ambassadeur ». Celui-ci répond d'un grand coup de chapeau en plein visage car il n'accepte que le titre « d'Excellence ». Les deux hommes en viennent aux mains et il faut envoyer une escouade de gardes pour les séparer.

## GARDE ET NIA

Avec les préparatifs de guerre, les rumeurs se multiplient de complot et de préparation d'assassinat. Vers la fin janvier 1610, Ravaillac, venu d'Angoulême, se présente au Louvre « et veut entrer à toute force dans la chambre du roi, prétendant qu'il a des choses à dire qu'il ne peut dire qu'à lui-même », note le capitaine des gardes. Le roi est prévenu et se contente d'affirmer: « Ce sont des métarulatiques (sic) qui ont l'esprit troublé. Qu'on le fasse fouiller et, si on ne lui trouve rien, qu'on le chasse. » Tard dans la soirée du sacre, le jeune duc de Vendôme informe le roi que le médecin La Brosse lui conseille de « se garder de la journée du lendemain », et que s'il la passe, il vivra vingt-cinq ans de plus. « C'est un fou! », réplique le roi.

Le lendemain, Henri IV a mal à la tête. Un garde lui conseille d'aller faire un tour. « Tu as raison! », répond le roi qui commande son carrosse pour aller voir Sully, souffrant. Mais il hésite jusqu'au bout: « Irai-je? Irai-je pas? » Vitry, capitaine des gardes, veut l'accompagner. Henri refuse: « Je me garderai bien encore tout seul! » Sans escorte, le roi s'installe au fond du carrosse, accompagné simplement de quelques grands seigneurs.

> *« Le week-end en famille est une tradition plus tenace que la poule au pot. »*
>
> Michel Audiard

Le temps est radieux en ce 14 mai 1610, vers les 4 heures de l'après-midi, et la ville est toute décorée à l'occasion du sacre. Pour mieux voir, le roi fait lever les rideaux de cuir des portières. Ravaillac, vêtu d'un pourpoint vert à la flamande, un couteau caché sous son chapeau, suit la voiture jusqu'à l'étroite rue de la Ferronnerie, profite d'un encombrement au niveau de l'auberge à l'enseigne du Cœur couronné percé d'une flèche, saute sur un rayon d'une roue du carrosse d'Henri IV et de la main gauche plonge deux fois sa lame dans la poitrine. « Le roi est mort! »

# LOUIS XIII

## (1610 – 1643)

Louis XIII mérite mieux que l'image d'un souverain mélancolique dominé par son Premier ministre, le tout-puissant cardinal de Richelieu. Guerrier fougueux, amoureux passionné de ses compagnons mais faisant passer au premier plan la raison d'État quand ils trahissent, Louis XIII édifie une monarchie « absolue » au service de la grandeur de la France, sans la sexualité compulsive de son prédécesseur, sans la mégalomanie envahissante de son successeur.

L'improbable couple Louis XIII-Richelieu parvient à réduire la volonté d'indépendance des protestants, à mater les conspirations des Grands menés par Gaston, frère du roi, à s'imposer face à l'Espagne pour la suprématie en Europe. Louis XIII met à l'écart sa mère, Marie de Médicis, une femme impérieuse mais d'intelligence limitée. Il garde un œil soupçonneux sur son épouse Anne d'Autriche, restée longtemps plus espagnole que française, à qui il fait un enfant au bout de vingt ans. Luttant contre une tuberculose intestinale qui le torture, Louis XIII a su « pouvoir ce que l'on veut et vouloir ce qu'il faut » pour « rester maître de la boutique ».

## COUPÉ DES CHEVAUX EN QUATRE

N'en a-t-on pas trop fait pour le supplice du régicide Ravaillac ? Après les tortures de la question au cours de laquelle il maintient avoir agi seul, et l'arrêt de mort rendu le 27 mai 1610 par la Grande Chambre criminelle, Ravaillac est conduit en tombereau place de Grève, sous les cris de haine de la foule. Les bourreaux lui placent dans la main une réplique du fatal couteau et lui brûlent l'avant-bras jusqu'au coude avant de le calciner complètement avec du soufre et de la poix. Puis on lui plaque un fer rouge sur le buste et les cuisses avant de lui arracher les tétins à la tenaille. Sur les plaies, on verse du plomb et du soufre fondus jusqu'à ce que l'on voie les os apparaître. Le supplicié implore grâce. La foule refuse avec véhémence. Deux prêtres lui donnent l'absolution pendant que les spectateurs exigent d'écourter les prières. On étend Ravaillac sur une claie, on encorde des chevaux à ses membres et on fouette les bêtes qui, à chaque ruade, font craquer les os. Très vite, les animaux sont épuisés. Des gens se précipitent pour les aider en tirant sur les cordes. Une demi-heure plus tard, les membres n'étant toujours pas disjoints, un assistant du bourreau parachève l'opération avec son glaive. Ravaillac expire enfin, après deux heures de supplice. Le bourreau veut jeter les restes au bûcher, mais la foule se précipite pour s'emparer des morceaux. On a même vu une femme en dévorer un.

## ENCORE DES ALLUMÉS !

Au XVII^e^ siècle, on croit ferme au diable, plus encore qu'au Moyen Âge, et les bûchers de sorcellerie fonctionnent à plein. Le 30 avril 1611, Louis Gaufridi, curé des Accoules à Marseille, est accusé d'avoir noué un pacte avec Lucifer, de s'être donné à lui en échange « d'être en réputation parmi le monde et de jouir de quelques filles ou femmes ». Il avoue même avoir signé une promesse écrite et reconnaît en avoir tiré mille conquêtes féminines rien qu'en leur soufflant dans les narines ! Il est condamné à « être mené par tous les lieux et carrefours de la ville d'Aix, puis à être brûlé tout vif sur un bûcher ». Trois mille personnes assistent au supplice.

## VANINI SI TU M'OUBLIES

Julio Cesare Vanini, originaire d'Italie, gagne à être connu pour deux raisons. La première, parce qu'il propose des idées neuves sur la nature, l'homme et Dieu. La seconde, parce qu'il est proche du courant libertin qui se développe au XVII^e siècle contre les dogmatismes religieux, catholique ou protestant.

Libre-penseur, il affirme que les croyances, religieuses et autres, seraient un moyen de dominer le monde. Son livre, *Merveilleux secrets de la nature*, est jeté au feu. Vanini se réfugie à Toulouse, où il s'adonne à sa deuxième passion, le libertinage, surtout avec de jeunes hommes. Mais ce qui est reconnu à la cour n'est guère accepté du peuple. Vanini est arrêté en 1618 pour athéisme et mœurs contre nature. Il marche au supplice en disant: « Allons allègrement mourir en philosophe, il n'y a ni Dieu ni diable! »

## À VIAU LOT

Théophile de Viau, originaire de Gascogne, est un des grands poètes du siècle, toujours prêt à remettre les normes et les règles en question: « Je veux faire des vers qui ne soient pas contraints, Chercher des lieux secrets où rien ne me déplaise. » Les religieux le vouent aux gémonies pour « athéisme » et « mœurs indignes ».

Le père François Garasse, un jésuite virulent, reprend tous les poèmes de Théophile de Viau, dont beaucoup sont dédiés à des dames, pour y dénicher les allusions à l'homosexualité. Il ne manque pas d'en trouver, notamment un vers qui fera florès sous la plume de Rostand dans *Cyrano de Bergerac*, à propos d'un « poignard dans le corps de son maître »: « Il en rougit le traître! » Le poète est condamné à faire amende honorable pieds nus devant Notre-Dame avant d'être brûlé vif. Mais Viau a le temps de se cacher et il n'est brûlé qu'en effigie. Arrêté alors qu'il tente de fuir en Angleterre, il est emprisonné deux ans à la Bastille. Une levée d'opinion d'écrivains de l'époque lui évite la peine de mort, commuée en exil perpétuel. Miné par sa détention, il meurt à trente-six ans, en 1626.

## JE M'EN PORTE PARENTS

Louis a dû assumer toute son enfance les manques et les maladresses de ses parents. De son père d'abord, le bon roi Henri, dont il est orphelin à neuf ans et qui fait jouer son fils avec ses bâtards, allant jusqu'à trouver l'un de ceux-ci plus beau que son légitime héritier. Au moins Henri aime-t-il vraiment Louis, même s'il lui fait régulièrement donner le fouet quand il « fait l'opiniâtre » avec sa nourrice, la brave « maman Doudoune » qui pue, avec sa gouvernante, la délicieuse Mamanga qui sent la violette, ou lorsqu'il refuse de prendre les potions de l'excellent médecin quinquagénaire Jean Héroard. Louis aime vraiment son père car celui-ci le fait souvent jouer, rit et le chatouille au lit, lui offre des petits chiens, un singe et un caméléon, lui fait confectionner un petit carrosse vert.

> « Le premier gouvernement que j'ai contesté ? Ma mère ! »
>
> Guy Bedos

Mais le qualificatif de « maman » va aux deux servantes, pas à la vraie mère, la grosse Marie de Médicis, fière et hautaine, imposante et autoritaire, se vautrant dans le luxe avec sa sœur de lait Léonora Concini, totalement dénuée d'amour maternel pour son aîné. Elle n'a d'affection que pour le cadet, Gaston, plus séduisant et fantasque, porté sur la gaudriole et le jeu. Sans doute reporte-t-elle sur Louis son rejet d'Henri qui ne cesse de la tromper, lui imposant ses maîtresses qu'il installe dans des appartements du Louvre jouxtant les siens. Les scènes sont fréquentes dans le couple, les injures et les invectives fusent entre la reine et les « putains » du roi. Rien qui soit propice à pousser Louis au mariage ou aux aventures féminines. Pas de quoi non plus l'inciter à la sociabilité, d'autant qu'un pénible bégaiement lui interdit d'achever ses propos et le couvre de confusion ou de rage. De coi, je m'emmêle !

## SEUL AVEC LUYNES

C'est avec les jeunes soldats du corps de garde que le dauphin Louis fait ses premières armes, et c'est avec l'un d'eux, Descluzeaux, son « mignon », qu'il connaît les premiers émois amoureux. Pendant que Marie de Médicis assume la régence

**LA CROSSE TÊTE**

**En 1615, Marie de Médicis, régente du royaume, désigne Henri de Lorraine à la tête de la puissante abbaye du Mont-Saint-Michel. Le fils du duc de Guise est âgé d'un an et quatre mois !**

qui est prévue jusqu'en 1614, à la majorité de Louis, le jeune roi se passionne pour la fauconnerie. Le beau Charles de Luynes, alors âgé d'une vingtaine d'années, est chargé du cabinet des oiseaux. Louis XIII, qui n'aime pas l'affluence des courtisans, se réfugie dans ce cabinet et passe de longues heures seul avec de Luynes. Les deux hommes, surtout le roi, tombent sous le charme l'un de l'autre. Leur attachement passionné va durer jusqu'à la mort, en 1621, du favori devenu duc de Luynes, pair et connétable de France. De Luynes a son logement au Louvre, juste au-dessus de l'appartement du roi avec lequel il communique par un escalier intérieur.

Des pamphlets populaires parlent de « mariage » entre les deux hommes. Il n'empêche, bien des pères connaissant les inclinations du roi poussent leurs fils. Le vieux et fier maréchal de Souvré, par exemple, prend ombrage quand son jeune fils ne semble pas plaire. Richelieu jouera « des inclinations particulières du roi » en lui choisissant des amis à sa convenance.

## MARI TENU

La reine régente Marie de Médicis, poussée par le parti dévot et Concini, veut tourner la page de la politique d'Henri IV à l'égard de l'Espagne. Elle décide de marier son fils à l'infante Anne d'Autriche, et sa fille Elisabeth à l'infant Philippe, futur Philippe IV d'Espagne. La cérémonie du mariage de Louis XIII a lieu le 25 novembre 1615 à Bordeaux. Les deux époux viennent d'avoir quinze ans. Louis « fut mis au lit auprès de la reine sa femme, en présence de la reine mère ; à dix heures un quart, il revient après avoir fait deux fois, et il y paraissait le guillery (sexe) rouge ».

En réalité, le mariage n'est sans doute pas consommé. Quatre ans plus tard, toujours rien. Pour animer le roi à l'égard de son épouse, la reine mère a l'idée de lui faire assister à la nuit de noces du duc d'Elbeuf avec mademoiselle de Vendôme, fille d'Henri IV et de Gabrielle d'Estrées. Les ébats ont lieu le 23 janvier 1619 au

Louvre, et ils sont ardents et répétés. À leur terme, la Vendôme dit au roi : « Sire, faites la même chose avec la reine, et vous ferez bien. » Deux jours plus tard, le 25 janvier, l'idée semble avoir germé, mais il faut que de Luynes parlemente longuement avec le roi. Celui-ci est encore réticent. Alors de Luynes déshabille son compagnon, le prend dans ses bras et va le déposer dans le lit de la reine « où il s'efforce deux fois comme l'on dit », note Héroard.

## TACHE D'ANCRE

Marie de Médicis est venue d'Italie avec sa sœur de lait, Leonora Galigaï, fille d'une blanchisseuse qui lui avait servi de nourrice. Marie ne peut se séparer de l'intelligente et ambitieuse Leonora qui lui sert de coiffeuse, de femme de chambre et de confidente. Léonora se marie avec un arriviste sans scrupule, Concino Concini, qui se donne le titre de comte della Penna (de la Plume). Concini fait des grâces aux favorites d'Henri IV, se fait accepter des gentilshommes français par son humeur agréable en société et son goût du jeu. Lorsque Marie devient régente, les faveurs pleuvent sur le couple. La Concine, comme on disait, laide et hystérique mais subtile et astucieuse, s'attribue un appartement au Louvre, juste au-dessus de celui de la reine, et se fait offrir un magnifique hôtel particulier dans Paris. Les deux femmes, aussi superstitieuses l'une que l'autre, s'entourent d'astrologues, de nécromanciens, d'exorcistes et de médecins charlatans.

De son côté, Concini, qui souffre d'une descente d'organe qui limite ses activités sexuelles, compense par une ambition démesurée. Il devient marquis d'Ancre, en Picardie, « l'Ancre et la Plume se mariant bien », dit-il, puis premier gentilhomme de la Chambre, surintendant de la maison de la reine, enfin maréchal de France sans rien entendre au métier des armes. Il fait chasser les anciens ministres d'Henri IV, qualifiés de « barbons », il en fait nommer de nouveaux, comme Richelieu, il s'efforce d'écarter les grands du royaume, y compris de Luynes. Il veut en fait régner seul. Maladroit et bouffi d'orgueil, il se

> *« Une vache... ça bouffe deux fois au lieu de réfléchir. On devrait prendre exemple, les hommes ! »*
>
> Frédéric Dard

croit tout permis à l'égard du jeune roi qu'il sous-estime. Au Grand Conseil, il s'assied à la place du souverain ; quand il croise celui-ci, il daigne à peine ôter son chapeau. Louis XIII ne supporte pas que quiconque porte atteinte à la majesté royale. Le lundi 24 avril 1617, il fait assassiner Concini à l'entrée du Louvre par Vitry, son capitaine des gardes du corps. Le roi, qui n'a pas encore seize ans, peut affirmer : « À cette heure, je suis roi. »

## CE CAS M'ISOLE DE FORCE

Ni Marie de Médicis ni les Concini n'imaginaient un tel acte d'autorité du jeune Louis. Apprenant l'assassinat de Concini, Marie de Médicis fait les cent pas dans sa chambre, tout échevelée. Elle comprend qu'elle va être évincée du pouvoir. Elle prévient le roi qu'elle souhaite lui parler. Celui-ci lui fait répondre qu'il la verra une autre fois et qu'en attendant, elle reste dans sa chambre. Obstinée, la reine mère envoie tour à tour plusieurs messagers, son premier écuyer, la princesse de Conti, madame de Guercheville, sa dame d'honneur, qui guette le passage du roi dans une galerie. Pour toute réponse, Louis ordonne que sa mère soit enfermée dans ses appartements, plusieurs portes murées et douze gardes à la seule entrée qui reste. Le 3 mai, elle est envoyée en exil à Blois. C'est tout juste si son fils, vêtu d'un pourpoint blanc et de chausses rouges, accepte de la saluer. Marie s'éloigne, accompagnée de l'évêque de Luçon, Richelieu, qui a obtenu de la suivre.

Quant à Leonora Galigaï, elle aurait dû suivre ses intuitions qui la poussaient à regagner l'Italie fortune faite. Quand elle apprend la mort de son époux, elle ne verse aucune larme mais se précipite sur ses bijoux qu'elle cache dans son

### CADEAU EMPOISONNÉ

Pour combler de Luynes, qui est « les délices et l'âme du roi », Louis XIII lui fait épouser en 1617 une jeune fille d'ancienne noblesse, Marie de Rohan-Montbazon, dix-sept ans, vive et enjouée. Mais elle prend presque aussitôt pour amant le vieux duc de Chevreuse avec qui elle se remarie au décès de Charles de Luynes. Louis XIII ne tarde pas à regretter le choix de la Rohan, car sous le nom illustre de duchesse de Chevreuse, elle va passer son temps à comploter.

lit avant de s'y coucher nue. Des gardes se présentent, lèvent les draps, la prennent au corps et récupèrent les joyaux, dont plusieurs de la couronne. Elle est conduite à la Bastille le 28 avril, transférée le 11 mai à la Conciergerie, condamnée le 8 juillet comme sorcière et décapitée le jour même. Son courage fait l'admiration, mais sa mort n'entraîne chez sa grande amie Marie que « quelque déplaisir »!

## SANS EN BLOIS

Marie de Médicis a du mal à supporter son éloignement de la cour. Le duc d'Épernon, ancien mignon d'Henri III, jaloux de l'influence de De Luynes, prend contact avec elle et organise son évasion de Blois, que le roi, trop confiant, n'a pas pris la précaution de faire garder nuit et jour. Deux grandes échelles sont plaquées contre les murs du château. Le 22 février 1619, sur les 6 heures du matin, la grosse reine mère trousse sa robe autour de sa ceinture, y accroche son inséparable cassette de bijoux et, aidée du secrétaire du duc d'Épernon, enjambe une fenêtre donnant sur la terrasse ouest du château, descend par la première échelle, refuse la seconde, se laisse glisser sur 40 mètres le long d'un éboulis du mur de soutènement, arrive dans la rue, passe le pont de la Loire et rejoint un carrosse où l'attend le duc d'Épernon. Elle se réfugie au château d'Angoulême, fief du duc, et organise incontinent un soulèvement de plusieurs grands contre le roi son fils. Le conflit est sur le point de se déclencher lorsque de Luynes a l'idée de faire appel à Richelieu, alors en résidence surveillée à Avignon, pour entamer des négociations avec la reine mère et éviter la guerre civile. Après plusieurs semaines de tractations, Richelieu parvient à un accord. C'est la fin de la première guerre entre la mère et le fils. Marie de Médicis peut revenir à la cour et obtient le règlement de ses dettes par le trésor royal.

## FIDÈLE CASE TROP

Mis en avant par la reine mère qui croit en faire son obligé, Richelieu devient cardinal en 1622. « Nous sommes cardinal! » lui annonce son valet Desbournais. Il peut donc abandonner son évêché crotté de Luçon. Le nouveau cardinal a trente-sept ans,

> « *Les hémorroïdes gagnent du terrain, les chercheurs se grattent la tête.* »
> **Jean-Marie Bigard**

il est d'une inquiétante maigreur, cheveux et barbe noirs, petites lèvres dures et regard perçant. Il alterne les emportements violents, les larmes et les phases dépressives, et il est sujet depuis son enfance aux fièvres, aux migraines et aux insomnies, la « porte de derrière » assiégée d'hémorroïdes. Son intelligence fascine et inquiète. Mais la reine mère ne se méfie pas et fait entrer son protégé au conseil royal en avril 1624.

Quatre mois plus tard, le roi le nomme chef du Conseil et par la suite « principal ministre ». Louis XIII, qui n'a encore que vingt-deux ans, sent qu'il a besoin d'être épaulé dans la gestion des affaires de l'État. Il partage les trois projets de Richelieu : éviter un État protestant au sein du royaume, faire rentrer les grands nobles dans l'obéissance au roi, réduire la puissance de la maison d'Autriche, au grand dam du parti dévot. Quand Richelieu et Louis XIII travaillent à une alliance avec l'Angleterre protestante, Marie comprend que sa politique de rapprochement avec l'Espagne est renversée, qu'elle ne compte plus dans le jeu du pouvoir. Flouée par le cardinal, elle décide de le mettre à terre. Elle n'a toujours rien compris.

## L'ÂME À DRAGUE

En mai 1625, la charmante Henriette, troisième fille d'Henri IV et sœur de Louis XIII, épouse par procuration Charles Ier, roi d'Angleterre. Le flamboyant duc de Buckingham, que l'on écrit alors en français Bouquinquan, favori successivement de Jacques Ier, dont il était « le chien esclave », puis de Charles Ier, devenu immensément riche, imbu de sa personne, fier de sa barbiche blonde et de ses manières, féru d'aventures galantes et d'intrigues politiques, vient à Paris pour y chercher la princesse française et la conduire en Angleterre. Mais son orgueil est tel qu'il s'est mis en tête de séduire la reine Anne d'Autriche délaissée par Louis XIII. Alors que la jeune mariée est conduite vers Boulogne, la cour fait halte à Amiens. Avec l'aide de la duchesse de Chevreuse, dame d'honneur de la reine et perpétuelle intrigante, Buckingham retient Anne dans une pièce et l'entreprend avec tant d'insistance qu'elle est contrainte d'appeler au secours. Il lui a chanté les hauts ferrets?

## CHALAIS DE NAÎT CÉCITÉ

Malgré Richelieu et Louis XIII, qui travaillent à créer une monarchie absolue, la cour est un foyer d'intrigues et de dissensions qui risquent à tout moment de remettre en question les intérêts du pays.

La reine mère, Marie de Médicis, ne rêve que de se venger du cardinal qui l'a mise à l'écart. La reine Anne d'Autriche n'a pas coupé ses liens avec l'Espagne devenue l'ennemie. La surintendante de sa maison, la duchesse de Chevreuse, est une intrigante sans scrupule qui ne cesse de jeter de l'huile sur le feu. Gaston, frère cadet du roi, dénommé « Monsieur », le préféré de sa mère, rêve de se débarrasser de l'encombrant ministre et de supplanter son frère qui n'a toujours pas d'enfant. Pourquoi même ne pas remplacer Louis XIII sur le trône? Ce projet est partagé par les Vendôme, fils naturels d'Henri IV, et par plusieurs grandes familles qui aimeraient retrouver leur liberté de mouvement.

Au printemps 1626, tout ce beau monde organise une conjuration pour assassiner Richelieu. La duchesse de Chevreuse et Monsieur convainquent le comte de Chalais, un fameux duelliste, de se charger de la besogne. Mais le cardinal dispose d'un excellent réseau d'informateurs. Chalais est arrêté le 8 juillet. Gaston s'empresse de désavouer son complice et va même jusqu'à charger la reine. Monsieur, frère du roi, est intouchable, comme la duchesse de Chevreuse, mariée à un pair de France. Le roi demande à Anne d'Autriche une explication dont il faut bien se contenter. Reste l'imprudent Chalais qui est condamné à mort pour crime de lèse-majesté. Son exécution, le 19 août 1626, est un désastre car sa famille, croyant bien faire, a pris le bourreau en otage. Le juge remplace alors l'exécuteur par un condamné à mort qui, muni d'une hache de tonnelier, s'y reprend à trente-six fois pour détacher la tête du corps.

## RÈGLEMENT DE COMTES

Le cardinal a bien prévenu: ce sera la peine de mort pour les contrevenants à l'interdiction du duel. Mais certains grands seigneurs pensent qu'il n'osera pas sévir ou que le roi pardonnera. François de Montmorency-Bouteville, membre de l'illustre lignage des Montmorency, est un enragé violent et hautain. Après s'être battu en duel contre le comte de Pontgibaud, il tue le marquis de Portes en 1625 puis le comte de Thorigny en 1626. C'est sa vingt et unième violation de l'interdiction des duels édictée par Richelieu. Il se réfugie à Bruxelles. En 1627, il est amnistié par Louis XIII à condition de ne plus reparaître à la cour ni à Paris. Pour Bouteville le trublion, c'est une insulte à son honneur et il jure de se battre en plein jour dans Paris, sur la place Royale, actuelle place des Vosges. Le lundi 10 mai 1627, avec son ami Des Chapelles, il provoque plusieurs seigneurs. Après en avoir tué un et gravement blessé un autre, les deux comparses se sauvent en direction de Nancy. Ils sont arrêtés en chemin, jetés en prison, jugés et exécutés en place de Grève le 22 juin 1627.

## UNE COMMUNAUTÉ RÉDUITE AUX AGUETS

Grâce à l'édit de Nantes, certaines places fortifiées protestantes sont devenues des îlots de résistance au pouvoir royal et risquent de former un État dans l'État. Ni Richelieu ni Louis XIII ne sont prêts à l'accepter. Le port de La Rochelle par exemple agit de plus en plus comme un bastion huguenot indépendant, riche de son commerce avec l'Europe du Nord et le Canada, fier de ses libertés communales, en relation constante avec l'Angleterre, qui lui fournit des aides financières et un soutien militaire. Les Rochelais se croient invulnérables grâce à l'aide anglaise. D'ailleurs, le duc de Buckingham appareille en juillet 1627 avec 120 vaisseaux et 8 000 hommes pour rejoindre La Rochelle. Le 20 juillet, les escadres de Buckingham débarquent sur l'île de Ré. La réaction française est immédiate. Louis XIII étant malade, c'est Richelieu qui rassemble en hâte 20 000 hommes et organise le blocus terrestre de la ville. Les Rochelais ne s'inquiètent toujours pas puisqu'ils sont ravitaillés par mer. Le roi arrive sur le front le 12 septembre. Un audacieux coup de main permet de reprendre l'île de Ré. Buckingham est contraint de rentrer en Angleterre. C'est alors que le roi et le cardinal ont l'idée de bloquer le chenal d'accès au port pour parachever le siège. Des navires chargés de pierres y sont coulés, d'énormes pieux sont fichés face à la mer. Richelieu, qui a revêtu une cuirasse sur son habit de soie rouge, dirige lui-même les opérations. Le siège s'éternise, la famine gagne en ville.

Le 28 septembre 1628, une flotte de secours anglaise apparaît. Le 3 octobre, elle se met en ligne de bataille. Mais la tempête se lève et les navires sont repoussés au large puis s'en vont. La Rochelle, dirigée par son maire, Jean Guiton, qui a promis « d'enfoncer un poignard dans le sein de quiconque parlerait de capituler », est exsangue. N'y survivent que 4 000 personnes sur 20 000 habitants. Le 30 octobre, les représentants de la ville se jettent aux pieds du roi. Dans les jours qui suivent, la tempête balaie la digue artificielle, ce qui aurait permis le ravitaillement des assiégés.

### CRISE EN THÈME

**Dans les premiers jours de 1630, deux médecins du roi, les sieurs Duval et Senelle, versés dans l'astrologie, prédisent que Louis XIII trépassera avant la fin de l'année : « Le roi sera mort avant que le soleil soit sorti du signe de l'écrevisse. » Le fâcheux pronostic vient aux oreilles du souverain, qui se ronge les sangs jusqu'à la date fatidique du 31 décembre. La Saint-Sylvestre s'étant passée sans encombre, les deux apprentis devins sont accusés d'avoir tenu « des propos téméraires et sinistres ». Jugés, ils sont condamnés aux galères perpétuelles en octobre 1631.**

## À TOUT À LEURRE

L'ascension de Richelieu et sa nouvelle richesse (il se fait construire le Palais-Cardinal qui deviendra le Palais-Royal) exaspèrent les nobles, et surtout la reine mère. Pour protéger son ministre périodiquement menacé par des complots, Louis XIII lui attribue une garde personnelle et permanente de cinquante mousquetaires qui l'accompagnent jusque dans le Louvre. Le roi, qui a fait de Son Éminence son principal ministre, lui témoigne régulièrement sa totale confiance. Lorsque celle-ci faiblit, Richelieu n'hésite

« *Tous les sots sont périlleux.* »
**Jacques Deval**

pas à proposer sa démission pour raison de santé, ce qui a le don d'inquiéter le roi : « Je n'ai jamais trouvé personne qui me servît à mon gré comme vous. C'est ce qui me fait désirer et vous prier de ne point vous retirer. Je vous protégerai contre qui que ce soit et ne vous abandonnerai jamais. »

Marie de Médicis ne décolère pas. Au Conseil, elle n'adresse plus la parole à Richelieu et ne lui concède pas même un regard. Elle passe à l'attaque le dimanche 10 novembre 1630. Elle convoque le cardinal pour lui signifier sa défiance puis s'adresse au roi sur le thème : « C'est lui ou moi ! » Le 11 au matin, elle fait venir son fils au palais du Luxembourg pour « enfoncer le clou ». Aussitôt son fils entré dans son bureau, elle en fait fermer toutes les portes. Mais il en est une, dérobée, qu'elle a oubliée. Richelieu passe par là et pénètre dans le cabinet de la reine mère au moment où celle-ci somme Louis de choisir. La grosse Médicis en furie traite Richelieu de tous les noms. Celui-ci se contente de baiser un pan de sa robe et de se retirer. Le roi ne dit rien. La reine triomphe et la nouvelle de la disgrâce du cardinal se répand comme une traînée de poudre. De nombreux courtisans se réjouissent ouvertement et se précipitent auprès de Marie pour la féliciter. Richelieu commence à préparer ses bagages pour aller se réfugier au Havre quand un émissaire du roi lui demande de le rejoindre dans son petit pavillon de chasse de Versailles. En ce lieu discret, Louis XIII lui affirme qu'il est « plus obligé à son État » qu'à sa mère, et le maintient dans ses fonctions. Ce fut bien une « journée des Dupes ».

## BASTA LUEGO

La situation pourrait en rester là pour la reine mère si Gaston, son fils préféré, ne tenait à faire des siennes. Avec une suite de gentilshommes armés, il se présente au palais du cardinal pour une véritable déclaration de guerre, puis il va retrouver maman Marie avant de partir vers Orléans d'où il envisage de lancer une nouvelle guerre civile. Louis convoque la reine mère à Compiègne pour connaître son opinion. Elle reste sur sa position, ce sera elle ou Richelieu. Le 22 février 1631, le Conseil est réuni sans Marie. Richelieu propose sa démission qui est refusée. Louis XIII assigne sa mère à résidence à Moulins. Marie tergiverse, prétend ne pas vouloir quitter Compiègne puis s'évade vers les Flandres. Le 18 juillet, elle trouve asile aux Pays-Bas dominés par l'Espagne. Elle cherche aussitôt à rameuter contre la France ses trois gendres, le roi d'Espagne Philippe IV, le duc de Savoie Victor-Amédée et le roi d'Angleterre Charles Ier. Mais ces souverains ne sont pas pressés de partager la vindicte de la Médicis. Pendant ce temps, Louis XIII lève une armée contre Gaston, qui est contraint à l'exil à Nancy puis à Bruxelles, auprès de sa mère.

## GASTON LES GAFFES

Monsieur a épousé, sous la pression de son frère, la richissime duchesse de Montpensier pour faire entrer sa fortune dans la famille royale. La duchesse est morte dès 1627 des suites d'un accouchement.

Veuf au bout d'un an, et contraint à l'exil, Gaston a l'idée provocatrice d'épouser en 1632 la jeune Marguerite, sœur du duc de Lorraine, allié des Habsbourg en guerre contre la France! Le parlement de Paris annule ce mariage. Qu'à cela ne tienne, Gaston conclut avec les Espagnols un plan de campagne contre la France qui sera attaquée par le nord-est et par le sud. Sur ce dernier front, il obtient le concours du duc Henri II de Montmorency, gouverneur du Languedoc. C'est un fiasco des deux côtés. Sur la frontière de l'est, les Espagnols sont arrêtés et la Lorraine est conquise par les troupes de Richelieu. Au sud, Montmorency est battu à Castelnaudary. Il a la tête tranchée le 30 octobre 1632 dans la cour de l'hôtel de ville de Toulouse. Fidèle à son habitude, Gaston abandonne ses partisans vaincus et négocie à son seul avantage un traité où il est rétabli dans ses charges et ses dignités.

> *« J'parle pas aux cons, ça les instruit. »*
>
> Michel Audiard

## LUBIECÉPHALE

Outre son Palais-Cardinal, futur Palais-Royal, Richelieu a acquis le château de Limours, au sud-ouest de Paris, le château de

### POMPEUX L'AIR

Au faîte du pouvoir, Richelieu arbore un luxe propre à impressionner le peuple. Mais n'en rajoute-t-il pas un peu ? Lorsqu'il se déplace pour surveiller les affaires du royaume ou mener des opérations militaires, il dispose d'une litière, d'un carrosse personnel, de deux autres pour ses secrétaires et ses médecins, six charrettes pour ses bagages, un fourgon pour ses ustensiles de cuisine, et de nombreux chevaux et mulets. Quand il emprunte la voie fluviale, sa préférée car plus confortable, c'est tout un train de bateaux complété par une flottille d'avant et d'arrière-garde.

Rueil, près de Saint-Germain, et divers domaines et terres. Pour magnifier ses origines familiales, il fait bâtir un somptueux palais sur sa terre de Richelieu, au sud-ouest de Tours. Il n'en reste hélas rien puisqu'il a été détruit pierre à pierre par un marchand de biens en 1805. Tout y était double, des appartements pour le cardinal, les mêmes dans l'autre aile pour le roi, des portraits du souverain et ceux de son ministre, des statues des deux. À proximité du château, il fait bâtir une ville neuve et close. Les travaux démarrent en 1632 et s'achèvent en 1642. Richelieu y passe trois jours au début du chantier pour veiller aux plans. Puis il n'y revient pas. Il a mieux à faire.

## CARTE GRISE

François Le Clerc, sieur du Tremblay, est mieux connu sous le nom du père Joseph, l'éminence grise de Richelieu, grise car il porte la bure grise des Capucins, qui tranche avec le rouge du cardinal. Joseph est entré dans cet ordre en 1599, pour se purifier d'une possession diabolique dont il se croyait atteint. Les guerres de Religion n'étaient pas éloignées. Sa carrière d'homme d'État commence au service de Richelieu en 1624. Le cardinal profite à plein des réseaux capucins du père Joseph en Europe pour se tenir informé de la situation internationale.

Homme d'Église, de guerre et de pouvoir, confident religieux et conseiller du cardinal ministre, son « âme damnée », disent ses détracteurs, mystique sincère selon d'autres, le père Joseph traite d'égal à égal avec le ministre, qu'il n'hésite pas à qualifier de « poule mouillée » quand celui-ci traverse une phase dépressive.

Habile diplomate, Joseph convainc Louis XIII, en 1637, de placer la France sous la protection de la Vierge, il discute stratégie avec les généraux, il fait preuve d'un esprit rationnel sans faille. Sauf quand il s'agit d'argent. Pour renflouer les caisses et financer les guerres contre les Habsbourg, il s'engoue d'un capucin défroqué devenu luthérien, un nommé Pigard, qui se prétend alchimiste. En présence du roi, de Richelieu et de Joseph, Pigard fait la démonstration de transmuer des balles de mousquet en lingots d'or. Le plomb restant du plomb, Richelieu fait condamner l'escroc à mort sous l'inculpation de magie et fausse monnaie.

## IMPIE DE NONNES

Le père Joseph et Richelieu lui-même interviennent en 1633 dans une affaire qui secoue la ville de Loudun, au sud de la Loire, proche du château de Richelieu. Le curé de Loudun est Urbain Grandier qui a multiplié les maladresses à l'égard du cardinal. En 1630, il s'est opposé au démantèlement des fortifications de la ville et au transfert de fonctions administratives à la ville nouvelle de Richelieu. Lorsqu'en 1633 Grandier est compromis dans une histoire de possession au couvent des Ursulines de Loudun, il ne risque pas de rencontrer la mansuétude du cardinal. Deux religieuses, et bientôt dix-sept, puis des habitantes de la cité, accusent le curé de harcèlement et d'envoûtement. La prieure Jeanne des Anges est formelle: c'est le trop beau Grandier qui a rendu ses filles hors d'elles, à courir égarées dans les couloirs. Lors des séances d'exorcisme, les démons invoqués désignent eux-mêmes Grandier. En juillet 1634, un tribunal d'exception est constitué. Le 18 août, sur les accusations réitérées des religieuses, Grandier monte sur le bûcher, sans avoir rien avoué.

## LA VICTOIRE EN TRENTE ANS

Le 19 mai 1635, le héraut d'armes Gratiollet, en cotte violette aux armes de France et de Navarre, précédé du trompette ordinaire du roi, porte à Bruxelles la déclaration de guerre de Louis XIII à l'Espagne. Le prétexte est l'arrestation de l'archevêque de Trêves, allié de la France. La cause réelle est la volonté de mettre un terme à l'encerclement du pays par les Habsbourg. La France

> *« La raison d'État, c'est des tas de raisons. »*
> **Coluche**

se trouve donc engagée directement dans la guerre de Trente Ans commencée en 1618 en Europe centrale entre les protestants de Bohême et l'empereur catholique d'Allemagne, prolongée par l'intervention du roi d'Espagne contre ses anciennes possessions des Provinces-Unies calvinistes (les Pays-Bas actuels), aggravée par les offensives du roi du Danemark, Christian IV, puis du roi de Suède Gustave Adolphe, auxquels l'Espagne oppose ses troupes menées par un redoutable chef de guerre, le Tchèque Albert Wallenstein. Toute l'Europe centrale s'en trouve à feu et à sang.

C'est dans ce guêpier que la France s'engage en 1635, malgré les appréhensions de Richelieu et par la volonté du roi épris de gloire militaire. Comme toute guerre engagée avec panache, celle-ci déclenche, pendant treize ans, un engrenage de menaces et de catastrophes, une crise économique, une forte augmentation des impôts, des révoltes de va-nu-pieds et de croquants, une peste généralisée à tout le territoire, et fait naître un État administratif de plus en plus autoritaire. Mais elle aura raison de la toute-puissance espagnole et de l'Allemagne, qui sortira morcelée des traités de Westphalie en 1648. Un succès damné.

## L'ALARME À L'ŒIL

L'opinion publique est injuste. Alors que Richelieu était réticent à s'engager dans le conflit, c'est à lui que l'on reproche l'échec de la guerre éclair de 1635 et surtout les défaites de 1636. Le 4 août, les Espagnols franchissent la Somme, le 15 ils prennent Corbie, dernier verrou sur la route de Paris. La panique gagne la capitale, qui se déchaîne contre le cardinal. On lui reproche trois mouches sur son visage, preuve de coquetterie, alors que ce sont des emplâtres pour traiter trois furoncles, on le hue dans la rue, on s'assemble pour l'injurier devant son palais. Pour montrer sa détermination, Richelieu s'affiche sans escorte dans les rues. Gaston et ses amis cherchent à en profiter et tendent une embuscade. Il est convenu que les conjurés tueront le ministre sur un clignement d'œil de Gaston. Mais celui-ci ne donne pas à temps le signal et Richelieu a le temps de s'éclipser. De son côté, le roi déclare la patrie en danger, organise une levée de volontaires, ordonne que chaque possesseur de carrosse cède un cheval et un laquais pour les envoyer au front, fait détruire les ponts sur l'Oise. Roye est reprise le 14 novembre. Paris est sauvé. Richelieu aussi.

### UN VIEUX COMTE À RÉGLER

Lorsque Corneille fait jouer *le Cid* en 1636, il a oublié un détail : sa pièce ne parle que de l'Espagne, l'histoire se déroule à Séville, Chimène et Rodrigue sont de purs Ibères épris d'honneur. Mais la France est en pleine guerre avec l'Espagne. De quoi déclencher pendant un an de violentes querelles et d'innombrables pamphlets. Corneille ne doit son salut qu'à l'intervention de Richelieu.

## DAMES PIS PIS

Marie de Médicis de son exil et Anne d'Autriche à Paris continuent leurs manœuvres et leurs maladresses. Pour retrouver le pouvoir, la première signe un accord avec le roi d'Espagne : « Il était convenu entre eux que le roi d'Espagne ne ferait ni paix ni trêve avec la France sans obtenir un établissement pour la reine mère dans le royaume. » Anne d'Autriche, restée espagnole de cœur, déteste Richelieu et refuse toutes les tentatives d'accommodement. Elle multiplie les correspondances avec un ancien ambassadeur d'Espagne en France, avec la cour de Madrid, avec le duc de Lorraine, et conserve une étroite relation avec la duchesse de Chevreuse, qui entend regrouper derrière elle tous les ennemis de la France. La reine est à l'évidence coupable d'intelligence avec l'ennemi à qui elle révèle les tractations secrètes de son mari. Ses courriers sont « providentiellement » interceptés par les hommes du cardinal.

Informé, le roi décide de passer à l'action. En août 1637, une perquisition est menée et la reine ne peut qu'avouer. « Il y a plus, Madame », lui répète le garde des Sceaux chargé de l'interroger, et qui la pousse à tout découvrir. Acculée, la reine en est réduite à demander le soutien du cardinal qui a beau jeu de se montrer clément. Mais le roi exige qu'elle signe un papier récapitulant ses aveux. Elle y déclare forfait.

## CINQ-MARS ET ÇA REPART

En 1638, Louis XIII supporte de moins en moins l'omnipotence de Richelieu, sans pour autant pouvoir se passer de lui. Le cardinal s'inquiète des sautes d'humeur du roi et tente de l'occuper en lui choisissant un nouveau compagnon.

Son choix se porte sur Henri d'Effiat, marquis de Cinq-Mars. Il le promeut commandant d'une compagnie de gardes du roi, sûr que celui-ci remarquera le jeune homme de dix-huit ans au regard troublant. Cinq-Mars est rapidement promu grand-maître de la garde-robe, premier écuyer puis grand écuyer de France. Mais le favori est d'humeur légère, multiplie les frasques parisiennes et s'affiche avec la courtisane Marion Delorme. Il ne supporte pas les crises de jalousie de son royal amant ni les réprimandes du cardinal. Il devient insolent. Richelieu comprend son erreur quand Cinq-Mars réclame la main de Marie de Gonzague-Nevers qui ferait de lui un duc et pair. Richelieu refuse.

Touché dans son orgueil, Cinq-Mars constitue un noyau de conspirateurs avec de Thou et l'inévitable Gaston d'Orléans. En 1642, les conjurés préparent un assassinat à l'occasion du départ du cardinal sur le front espagnol. Mais Richelieu est si malade, atteint d'un abcès qui lui paralyse le bras, que les comploteurs remettent leur projet, pensant qu'il va mourir. Le 3 juin, le roi renouvelle sa confiance à Richelieu : « Quelque faux bruit qu'on fasse courir, je vous aime plus que jamais. » Le 11 juin, Richelieu obtient la preuve de la trahison de Cinq-Mars, qui a commis la maladresse de proposer par écrit un traité à l'Espagne. Le favori est jugé avec son complice de Thou et décapité à Lyon le 12 septembre 1642. Gaston, une fois encore épargné, est mis à l'écart. La raison d'État a prédominé sur les sentiments.

---

*« De nos jours, on n'ose plus dire les choses telles qu'elles sont. Ainsi, on ne dit plus aveugle, mais non-voyant ; on ne dit plus sourd, mais malentendant ; on ne dit plus pédé mais non merci ! »*

Les Nuls

---

## LA GLOIRE DE MA PAIRE

Le couple royal est stérile depuis plus de vingt ans lorsque le 5 septembre 1638, au château de Saint-Germain-en-Laye, naît un héritier au trône, Louis, qualifié de Dieudonné. La conception a profité d'une nuit d'orage, le 5 décembre 1637, qui a contraint Louis XIII à trouver refuge au Louvre, dans la chambre de sa femme car ses appartements ne sont pas préparés. Son confesseur fait prévenir tous les couvents de la capitale de prier sans discontinuer jusqu'à l'aube.

Le jour de l'accouchement, le travail est difficile. Le roi prévient les assistants : « Qu'on sauve l'enfant. Vous aurez lieu de vous consoler de la mère. » Les deux sont préservés. Anne d'Autriche, âgée de trente-huit ans, en est métamorphosée. Elle est désormais totalement reine et, dans l'intérêt de ses enfants (un deuxième fils, Philippe, naît en septembre 1640), elle se rapproche du cardinal et adopte une position résolument française. Mais les mauvaises langues jasent : Louis ne serait pas du roi ! Et d'égrener une liste de pères possibles, Richelieu lui-même, le capitaine des gardes Guitaut, un Mortemart, et pourquoi pas Antoine de Bourbon, bâtard d'Henri IV ? Allez savoir qui amène au fils.

## SOTS L'Y LIESSE

Après tant de tentatives d'assassinat, Richelieu meurt d'une pleurésie dans son lit le 4 décembre 1642, à l'âge de cinquante-huit ans. Le roi, lui-même très malade, se contente de dire : « Il est mort un grand politique ! » Dans son testament, le cardinal lègue au roi son Palais-Cardinal. Aussitôt le corps enseveli, le roi fait supprimer l'inscription en lettres d'or « Palais-Cardinal » au-dessus de la porte et la remplace par « Palais-Royal ».

L'annonce de la disparition du cardinal déclenche un peu partout une explosion de liesse. Les courtisans se précipitent chez Gaston d'Orléans, persuadés qu'il ne tardera pas à rentrer en grâce. Ils rêvent aussi de prendre la place des ministres du cardinal, les Bouthillier, Séguier, Sublet de Noyers et ce cardinal étranger de quarante ans, Mazarin, qui n'a pas de fonction officielle mais que Richelieu appréciait. Leur disgrâce ne fait de doute pour personne. La surprise est donc totale lorsque, le 5 décembre, le souverain annonce deux décisions : la poursuite de la politique de Richelieu et la nomination de Mazarin comme ministre d'État. Il fait aussi paraître une déclaration concernant Gaston : « Il n'y a jamais eu fils de France qui ait reçu de si grands bienfaits du roi son frère, et qui les ait moins reconnus. » Gaston est privé « de la régence pendant la minorité de nos enfants au cas où Dieu nous appelle à Lui. » Juste une question de mois.

## DIRECTION GÉNÈRE RÂLE

À quarante ans, Louis XIII semble un vieillard. Il ne peut même plus se consacrer à ses occupations favorites, la cuisine (c'était un virtuose de l'omelette), la pâtisserie (ah ! ses tartes à la pomme et au coing), le travail de la forge, l'impression de livres et bien sûr la chasse. Lorsqu'il se retire dans le pavillon qu'il s'est fait construire à Versailles, c'est pour fuir les mondanités des courtisans et pour dîner simplement sur l'herbe avec des repas froids. Le reste du temps, il le passe au château de Saint-Germain-en-Laye. Le 16 février 1643, son état de santé empire. Il souffre de dysenterie et d'accès de fièvre qui le retiennent au lit. La cour guette le moindre signe d'agonie. Les médecins se surpassent : tisanes, potions sirupeuses, rhubarbe, qui achèvent de détraquer son système digestif. Et les incontournables saignées qui aggravent son anémie. Plusieurs fois, le roi retrouve un peu d'énergie pour refuser les traitements assassins que le corps médical veut lui imposer. Il parvient à désigner sa femme régente, mais sous le contrôle d'un conseil qui comprend Mazarin. Seule fausse note au moment du grand passage, le jeudi de l'Ascension 14 mai 1643, un éclat de rire dans la foule qui se presse.

> « Il le sait bien, le chef d'orchestre, qu'il finira dans la fosse ! »
> Michel Galabru

## EFFETS PÈRES VERTS

L'Académie française, fondée par Richelieu en 1635, élabore un dictionnaire qui entreprend de définir le bon usage du français. Ses doctes lettrés éliminent tous les mots populaires jugés vulgaires. Les termes liés aux travaux agricoles sont ignorés.

En revanche, le domaine de la chasse, sport noble, est riche de plus de cinq cents mots. Il y a quarante mots pour les bijoux, mais seulement quatre pour les récipients de cuisine. Des mots très évocateurs disparaissent : « anublir », pour se couvrir de nuages, « aparler », pour adresser la parole à quelqu'un, « soleiller », pour prendre le soleil…

Pire encore, l'Académie décide d'imposer une orthographe unique du français. Jusqu'alors, chacun écrivait comme il voulait, et personne n'y trouvait à redire. L'Académie se penche donc sur chaque mot pour en fixer l'orthographe afin de « distinguer les gens de lettres d'avec les ignorans » (telle est l'orthographe alors imposée par l'Académie. Le mot « ignorant », comme le mot « enfant », ne prendra officiellement un « t » qu'en 1835). Les « immortels » consacrent enfin des séances entières à fixer la prononciation quand l'usage est varié. Seule est retenue l'élocution des salons parisiens, jugée plus séante que la gutturalité rurale.

## PROFITE RÔLE

**Le croira-t-on, une femme monte sur scène pour jouer un rôle féminin. Alors qu'il est d'usage que les personnages féminins soient joués par des hommes, voilà que Marie Venier monte sur la scène de l'Hôtel d'Argent, un théâtre irrégulier et illégal à deux pas de la place de Grève, puis à l'Hôtel de Bourgogne, à Paris, aux côtés de son mari, Mathieu Lefebvre, dit Laporte. Elle interprète des farces et des tragédies, et rencontre un indéniable succès. Mais elle ne peut pas encore obtenir un Molière !**

*« Pourquoi les académiciens se disent-ils immortels,*
*alors qu'ils ne dépassent jamais la quarantaine ? »*

Alphonse Allais

# LUI-MÊME

## (1643 – 1715)

Fils de Louis XIII et de l'Espagnole Anne d'Autriche, Louis XIV naît le 5 septembre 1638 à 11 heures du matin. Sa venue a été attendue plus de vingt ans, si bien qu'on le dénomme Dieudonné et que l'on s'interroge parfois sur l'identité de son père. Comme il est d'usage alors, on consulte un astrologue de renom, Campanella, que l'Inquisition a tenu enfermé vingt-sept ans. Celui-ci affirme que « cet enfant sera sensuel comme Henri IV et extrêmement orgueilleux. Il régnera longtemps mais avec dureté. » À sa mort, le 1er septembre 1715, à l'âge de soixante-dix-sept ans, Louis XIV aura régné soixante-treize ans sur un des plus grands pays d'Europe, peuplé de vingt millions d'habitants. Quand il succède à Louis XIII, le 14 mai 1643, l'enfant-roi n'a pas cinq ans. C'est sa mère, devenue régente, et son Premier ministre, le cardinal Jules Mazarin, parrain de Louis, qui gouvernent. Mais dès l'été 1643, les intrigues, étouffées d'une poigne de fer par Richelieu, reprennent. L'objectif est d'écarter Mazarin, de profiter de la fragilité du pouvoir en période de régence, et de restituer aux Grands la direction effective du pouvoir. L'agitation est à son paroxysme entre 1648 et 1652, avec deux Frondes successives, des parlements puis des princes. Une fois le pouvoir royal rétabli, Louis XIV tire de cette expérience une méfiance à l'égard des Grands qu'il veut dompter et l'exigence d'une obéissance stricte de tous ses sujets. Dès 1655, il affirme : « L'État, c'est moi. »

Avant de mourir, le 10 mars 1661, Mazarin a eu le temps de former le jeune roi à son métier et de le marier, en juin 1660, à l'infante Marie-Thérèse, fille du roi d'Espagne Philippe IV, pour assurer la paix. Le lendemain de la disparition du cardinal, Louis XIV se veut le maître absolu. Pour contrôler son monde, il organise un univers clos à Versailles, où il s'affirme comme « le Roi-Soleil ». Mais la monarchie absolue a ses zones d'ombre : les guerres, la misère, les persécutions religieuses. Louis XIV déclenche une série de conflits : guerre de Dévolution contre l'Espagne (1667-1668), occupation de la Lorraine (1670), guerre contre la Hollande, occupation du Luxembourg (1684), guerre contre la Ligue d'Augsbourg (1688-1697) et dévastation du Palatinat sur ordre de Louvois, guerre de la Succession d'Espagne (1701-1714). Dans sa volonté hégémonique, Louis XIV réussit à unir toute l'Europe contre lui. Ces guerres conduisent à un alourdissement colossal des taxes qui provoque des révoltes, d'autant que de mauvaises récoltes et un hiver redoutable en 1709 génèrent une grave crise économique. Louis XIV ne perd pas de vue pour autant son grand projet d'éradication des hérésies. Il organise des dragonnades pour décourager les protestants puis abroge l'édit de Nantes en octobre 1685, poussant à l'exil toute une population active et créative. Pensant être ainsi en règle avec Dieu, il meurt en 1715, ayant perdu ses fils et ses petits-fils, n'ayant plus pour successeur que son arrière-petit-fils Louis XV, âgé de cinq ans.

*« Sur le plus haut trône du monde, on n'est jamais assis que sur son cul. »*

Michel de Montaigne

## ... Ça fait date ...

**1643** • Mort de Louis XIII.
Règne de Louis XIV sous la régence d'Anne d'Autriche.
- Victoire du duc d'Enghien, futur Grand Condé, à Rocroi contre les Espagnols.

**1648** • Journée des Barricades à Paris. Début de la Fronde parlementaire.
- Traités de Westphalie mettant fin à la guerre de Trente Ans.

**1651-1653** • Fronde des princes.

**1654** • Sacre de Louis XIV à Reims.

**1659** • Paix des Pyrénées entre la France et l'Espagne. Le Roussillon et l'Artois reviennent à la France.

**1660** • Louis XIV épouse l'infante Marie-Thérèse d'Autriche, fille du roi d'Espagne.

**1661** • Mort de Mazarin.
- Arrestation du surintendant Fouquet. Colbert devient contrôleur général des Finances.

**1666** • Mort de la reine mère Anne d'Autriche.

**1668** • Traité d'Aix-la-Chapelle avec l'Espagne. La France garde plusieurs places fortes dans les Flandres.

**1672** • La France déclare la guerre à la Hollande. C'est le début d'une coalition européenne contre la France.

**1678** • Traité de Nimègue avec la Hollande.
- Vauban est nommé commissaire général des fortifications.

**1679** • Affaire des Poisons impliquant madame de Montespan.

**1681** • Début des persécutions, les dragonnades, contre les protestants.

**1682** • Cavelier de La Salle prend possession, au nom du roi, de la Louisiane.

**1683** • Mort de la reine Marie-Thérèse d'Autriche.
- Mariage secret de Louis XIV avec madame de Maintenon.
- Mort de Colbert.

**1685** • Révocation de l'édit de Nantes.
- Louvois succède à son père, Michel Le Tellier, comme secrétaire d'État à la Guerre.

**1689** • Louis XIV déclare la guerre à l'Espagne. L'Angleterre déclare la guerre à la France.

**1700** • Le duc d'Anjou, petit-fils de Louis XIV, devient roi d'Espagne sous le nom de Philippe V.

**1702** • Déclaration de guerre à la France par l'Angleterre, la Hollande, l'Allemagne, le Danemark, la Prusse...

**1710** • L'abbaye de Port-Royal est rasée sur ordre de Louis XIV.
- Naissance de Louis, duc d'Anjou, futur Louis XV.

**1712** • Renonciation de Philippe V d'Espagne, petit-fils de Louis XIV, à la couronne de France.

**1713** • Paix d'Utrecht entre la France, l'Angleterre et les Pays-Bas.

**1715 (1er SEPTEMBRE)** • Mort de Louis XIV à Versailles.

QUI EST QUI ? QUI EST QUI

**Anne d'Autriche (1601-1666)** • Fille de Philippe III d'Espagne, femme de Louis XIII, mère de Louis XIV.

**Bossuet Jacques Bénigne (1627-1704)** • Évêque de Meaux, auteur de célèbres *Oraisons funèbres*.

**Colbert Jean-Baptiste (1619-1683)** • Contrôleur général des Finances et secrétaire d'État, partisan du protectionnisme et du rôle de l'État dans l'économie (manufactures).

**Condé (Louis II, dit le Grand) (1621-1686)** • Vainqueur des Espagnols à Rocroi, chef de la Fronde des princes.

**Fénelon François (1651-1715)** • Évêque de Cambrai, rival de Bossuet.

**Fouquet Nicolas (1615-1680)** • Surintendant des Finances, condamné à la prison à vie.

**La Vallière Louise, duchesse de (1644-1710)** • Favorite de Louis XIV dont elle eut quatre enfants.

**Le Brun Charles (1619-1690)** • Peintre du plafond de la galerie des Glaces.

**Le Nôtre André (1613-1700)** • Jardinier du roi, créateur du parc de Versailles.

**Le Vau Louis (1612-1670)** • Architecte de Vaux-le-Vicomte et de la façade côté jardins de Versailles (remaniée par Hardouin-Mansart).

**Louis XIV (1638-1715)** • Fils de Louis XIII et d'Anne d'Autriche, roi de France de 1643 à sa mort.

**Louvois François Michel Le Tellier, marquis de (1639-1691)** • Secrétaire d'État à la Guerre, responsable des dragonnades et de la dévastation du Palatinat.

**Maintenon Mme de (Françoise d'Aubigné) (1635-1719)** • Mariée secrètement au roi.

**Mansart Jules Hardouin (1646-1708)** • Architecte de Versailles, Marly, le Grand Trianon, le dôme des Invalides, l'actuelle place Vendôme.

**Marie-Thérèse d'Autriche (1638-1683)** • Fille de Philippe IV d'Espagne, femme de Louis XIV, reine de France.

**Mazarin Jules (1602-1661)** • Cardinal, successeur de Richelieu comme principal ministre aux côtés de la régente Anne d'Autriche.

**Montespan Marquise de (1640-1707)** • Favorite de Louis XIV dont elle eut huit enfants.

**Philippe V (1683-1746)** • Petit-fils de Louis XIV, roi d'Espagne de 1700 à 1746.

**Turenne Henri de (1611-1675)** • Maréchal de France.

**Vauban Sébastien (1633-1707)** • Maréchal de France, commissaire général des fortifications.

# MAZARIN

## (1602 – 1661)

Le 18 mai 1643, quatre jours après la mort de son époux Louis XIII, l'entêtée et colérique Anne d'Autriche fait casser le testament du défunt qui limitait ses pouvoirs de régente. À la surprise générale, elle garde l'habile Mazarin au poste de Premier ministre. Ensemble, ils préparent les décisions, l'un parlant un mélange d'italien et de français, l'autre un mélange d'espagnol et de français. Mais à la faveur de la transition du pouvoir, les parlementaires veulent contrôler la monarchie, et les Grands recouvrer leurs prérogatives rognées sous Richelieu.
En 1648, une fronde parlementaire déclenche un mouvement de contestation à Paris puis dans les grandes villes de province.
Dans la nuit du 5 au 6 janvier 1649, la famille royale fuit Paris et se réfugie à Saint-Germain-en-Laye. L'année suivante, ce sont les princes qui mènent la rébellion. Mazarin est contraint à l'exil mais il dirige en secret la reprise en main par la régente. L'ordre rétabli, Louis XIV, devenu majeur à quatorze ans en 1651, est sacré à Reims le 7 juin 1654.

*« Il savait sa généalogie, il connaissait ses aïeux sur le bout des doigts ; mais il n'était pas sûr de son père. »*

Jules Renard

## BIEN COIFFÉ

Jules Mazarin naît en Italie le 14 juillet 1602, doté de deux dents et coiffé. De tels signes ne peuvent qu'annoncer un destin exceptionnel. Issu d'un milieu modeste, élève brillant du collège jésuite de Rome, il gagne son argent de poche au jeu, passe sous la protection de la puissante famille des Colonna, suit en Espagne son bienfaiteur devenu cardinal, rentre à Rome au service du pape, obtient en 1630 l'arrêt d'une guerre en lançant son cheval au galop entre les deux armées et en criant, chapeau levé : « Paix ! Paix ! »

Négociateur hors pair, il est remarqué par Richelieu qui le convainc de venir en France en 1639. Richelieu lui obtient le chapeau de cardinal en décembre 1641, alors que Mazarin n'est pas prêtre. Un jour à la cour, alors qu'il est assis à une table de jeu, Mazarin gagne une si grosse somme d'argent que la reine elle-même vient assister à la partie. Il joue alors quitte ou double, gagne, assure que c'est la présence de la reine qui l'a fait gagner, lui offre la moitié de ses gains. Un geste propre à s'en faire une amie. Le 5 décembre 1642, sur la recommandation de Richelieu à son lit de mort, Mazarin est nommé principal ministre par Louis XIII. Anne d'Autriche, devenue régente, le maintient à ce poste, d'autant que les mauvaises langues prétendent qu'une relation intime s'est établie entre la reine et le cardinal.

## OUI, ROCROI

En mai 1643, sur son lit de mort, Louis XIII voit en songe le jeune duc d'Enghien, vingt et un ans, futur Grand Condé, remporter une magnifique victoire contre les Espagnols. Une semaine plus tard, le 19 mai, à Rocroi, située à l'entrée des Ardennes, Condé attaque l'armée réputée invincible du général de Mello et du vieux comte de Fuentes, quatre-vingt-trois ans, qui se fait porter en litière à la tête de ses troupes. Les Espagnols sont défaits par une série d'attaques surprises de la cavalerie légère.

À la suite de cette victoire inattendue s'ouvre en 1644 le congrès de Westphalie pour tenter de mettre un terme à la guerre de Trente Ans qui dure depuis 1618 et dans laquelle la France s'est engagée en 1635. Les négociations s'éternisent, contraignant Mazarin à adresser en janvier 1646 à ses ambassadeurs un mémoire pour faire accélérer les choses. Il propose que la France abandonne la Catalogne aux Espagnols en échange des Pays-Bas (la Belgique actuelle et le Luxembourg). Il espère ainsi repousser la frontière nord de la France et protéger Paris. Mais c'est une double maladresse, car les Catalans qui se sont librement donnés au roi de France se sentent trahis, et les Hollandais, alliés de la France, ne veulent en aucun cas l'avoir comme voisine. Si bien que les traités signés le 24 octobre 1648 amènent une paix partielle mais ne résolvent rien sur le long terme. Ce n'est qu'une trêve de plaisanterie ?

## L'IMPORTANT, C'EST LA POSE

Louis XIII à peine inhumé, les opposants au défunt roi se regroupent pour comploter. Ils constituent le 27 mai 1643 ce que l'on appelle la « cabale des Importants », car ils sont tous imbus de leur personne et ne manquent pas de dire, quand ils quittent une réunion, qu'ils s'en vont « pour des affaires d'importance ». On y retrouve la duchesse de Chevreuse, l'éternelle passionnée d'intrigues, tout juste rentrée d'exil, François de Vendôme, duc de Beaufort, petit-fils d'Henri IV, surnommé « le roi des Halles » car il est populaire auprès des Parisiens malgré ses airs hautains, et un certain nombre de ducs et de marquis. Ils projettent d'assassiner Mazarin et de le remplacer par Augustin Potier de Blancmesnil, évêque très dévot de Beauvais, « plus idiot que tous les idiots de votre connaissance », précise le futur cardinal de Retz. Beaufort désigne pour l'attentat François le Dangereux et les deux frères Campion. Mais quand on est « important », on se vante. L'un des conjurés annonce le complot à l'un, qui en parle à un autre, qui en touche un mot à la régente. Le 2 septembre, Beaufort est arrêté et la duchesse de Chevreuse doit de nouveau quitter la cour.

## TIERS Y LA FRONDE

Le parlement de Paris tente de mettre un frein au pouvoir arbitraire que Mazarin, à la suite de Richelieu, essaie d'imposer. Le 10 juillet 1648, les parlementaires votent une résolution en 27 articles qui revendiquent les « libertés essentielles » et affirment qu'aucun impôt ne doit être levé sans leur assentiment.

Le mouvement est mené par Pierre Broussel, populaire dans la population, « un bonhomme vieilli avec plus de réputation d'intégrité que de capacité », dit Paul de Gondi, futur cardinal de Retz, qui le manipule en sous-main.

Face à cette fronde, la régente choisit l'affrontement maladroit. Elle s'emporte avec fureur et menace en plein Parlement: « Je sais bien qu'il y a du bruit dans la ville. Mais vous m'en répondrez, Messieurs du parlement, vous, vos femmes et vos enfants. » Broussel est arrêté le 26 août. Le lendemain, 1 200 barricades hérissent Paris. Sur les conseils de Mazarin, la reine fait libérer Broussel le 28 août et accepte les 27 articles. Une monarchie constitutionnelle devient possible. Les barricades sont démantelées. Mais la famille royale n'est plus en sécurité. Dans la nuit du 5 au 6 janvier 1649, elle fuit Paris et se réfugie à Saint-Germain-en-Laye, dans un château désert, alors qu'il gèle à pierre fendre.

## SIGNÉ FURAX

La première Fronde s'achève sur la paix de Rueil le 1er avril 1649. Les révoltés sont amnistiés mais le Parlement renonce à ses revendications politiques.

> *« Ça devient difficile d'être de gauche, surtout quand on n'est pas de droite. »*
>
> Guy Bedos

Le 18 août 1649, la famille royale et Mazarin regagnent Paris. C'est alors que le prince de Condé, qui a contribué à mater la Fronde parisienne, s'en prend à Mazarin qu'il traite de « faquin écarlate » car le ministre ne lui a pas attribué le poste d'amiral. Le 18 janvier 1650, accompagné de son frère, le prince de Conti, et de son beau-frère, le duc de Longueville, gouverneur de Normandie, il se rend au Palais-Royal pour faire un scandale au Conseil. Sur un signe de Mazarin, la reine fait appeler la garde et arrêter les princes, qui sont internés à Vincennes puis au Havre. Le cardinal pense ainsi ramener définitivement l'ordre dans le royaume. Mais c'est le contraire qui se produit. Aussitôt avertis, les partisans de Condé prennent la fuite et organisent la résistance. Le Parlement, agité par Paul de Gondi, coadjuteur de Paris, exige la libération des prisonniers et l'exil de Mazarin. Le cardinal doit fuir à l'étranger, Condé et Conti sont relâchés. Il était temps. Conti, fou d'amour pour sa sœur, ne supportait plus d'en être séparé, au point de se blesser au front volontairement d'un coup de chandelier.

> **LIBELLES LUS**
>
> Des libelles contre le cardinal fleurissent dans la capitale. Ce sont les « mazarinades », d'un goût rarement exquis. Mazarin gouvernerait avec son sexe plus qu'avec sa tête : « Mon maître messire Jules a acquis son autorité par l'effet de ses testicules. » La reine, si entichée de son Italien, n'est pas épargnée : « Peuple, n'en doutez plus, il est vrai qu'il la fout, Et que c'est par ce trou que Jules nous canarde. »

## CHAPEAU !

Paul de Gondi est un ambitieux intrigant qui a une obsession : le chapeau de cardinal. Mais Mazarin lui refuse la barrette de cardinal. L'incorrigible Gondi entraîne alors dans sa sédition l'oncle du roi, Gaston d'Orléans, le frère perpétuellement rebelle de Louis XIII. Il ameute les Parisiens qu'il mène au Palais-Royal, jusque dans la chambre du jeune Louis XIV, âgé de quatorze ans, pour s'assurer qu'il n'a pas fui. Les troubles apaisés, le désormais cardinal de Retz (il reçoit le chapeau en janvier 1652) continue à fanfaronner.

Louis XIV, qui n'a pas pardonné l'humiliation du Palais-Royal, lui fixe une audience le 16 décembre 1652. Malgré les mises en garde de ses amis, le cardinal s'y rend sans méfiance. Le roi le reçoit très aimablement un peu avant 11 heures dans l'appartement de la reine, lui parle en riant d'une comédie qu'il a vue, dit quelques mots en sortant à Villequier, capitaine des gardes, et s'en va assister à la messe. Le cardinal, qui ne s'est rendu compte de rien, est encore dans l'antichambre quand le capitaine lui notifie son arrestation. Il est incarcéré à Vincennes puis transféré au château de Nantes d'où il s'évade le 8 août 1654. Insaisissable, c'est toujours ce Gondi !

> *« Le jour où tu t'ramènes, j'arrête de boire, promis. »*
>
> Renaud

## FAIT CONDÉ

Auréolé de nombreuses victoires, à commencer par Rocroi en 1643, le prince de Condé se juge invulnérable. Il poursuit donc la lutte armée de la Fronde et engage des combats contre les troupes de Louis XIV jusque dans le faubourg Saint-Antoine à Paris, les 1er et 2 juillet 1652. Acculé aux portes de la capitale par Turenne, il est sauvé in extremis par la fière et disgracieuse duchesse de Montpensier, dite la Grande Mademoiselle, fille de Gaston d'Orléans, « première princesse du sang », qui fait pointer les canons de la Bastille contre les troupes royales pour lui permettre de se réfugier en ville. Pour résister au siège, Condé recrute des ouvriers, petits artisans et gens du peuple qu'il finit par ne plus contrôler et qui pillent la capitale. Cette situation retourne la population contre la Fronde. Dans la nuit du 5 au 6 juillet, Condé doit fuir en hâte. Il aurait pu sans doute obtenir sa grâce, mais il préfère gagner la Flandre et proposer ses services aux Espagnols. Ses biens sont confisqués sur ordre du roi et il est condamné à mort par contumace.

## OH ! MES GARS TROIS

Avec d'Artagnan et ses mousquetaires, mieux vaut renoncer aux aventures pittoresques imaginées avec brio par Alexandre Dumas et situées par l'écrivain au début du règne de Louis XIII, dans une lutte continuelle contre le cardinal de Richelieu. Quand se déroulait l'histoire des ferrets de la reine, Charles de Batz (il n'adopta le nom de sa mère qu'à son entrée chez les mousquetaires) était encore un gamin. Il faut attendre 1646 pour voir scellée la carrière de d'Artagnan : il entre au service du cardinal Mazarin en qualité de « gentilhomme ordinaire » de Son Éminence, chargé de porter les dépêches et d'informer son maître. Richelieu est mort depuis quatre ans. Le courageux gascon reste fidèle à son Harpagon en robe rouge qui l'exploite. Une fidélité qui finit par payer : quand Mazarin retrouve le pouvoir après la fronde, l'ardent d'Artagnan obtient en 1658 le titre de sous-lieutenant des mousquetaires du roi. Comble d'honneur, Louis XIV lui-même l'élève au rang de… « capitaine des petits chiens courant le chevreuil » !

## LE GLAND FRISSON

En pleine agitation de la Fronde, dans le courant de l'été 1652, Pierre de La Porte, valet de chambre du jeune roi âgé de quatorze

> « On ferait moins de gosses, y aurait moins de pédophiles ! »
> **Jean-Marie Gourio**

ans, raconte : « Le jour de la Saint-Jean, le roi ayant dîné chez Son Éminence et étant demeuré avec lui jusques vers les sept heures du soir, il m'envoya dire qu'il se voulait baigner : son bain étant prêt, il arriva tout triste, et j'en connus le sujet sans qu'il fût nécessaire qu'il me le dît. La chose était si terrible qu'elle me mit dans la plus grande peine où j'aie jamais été, et je demeurai cinq jours à balancer si je la dirais à la reine. Mais considérant qu'il y allait de mon honneur et de ma conscience de ne pas prévenir par un avertissement de semblables accidents, je la lui dis enfin. Mais comme je ne lui nommai pas l'auteur de la chose, n'en ayant pas de certitude, cela fut cause de ma perte. » Anne d'Autriche comprend vite que « l'auteur de la chose » est son propre amant Mazarin. Elle n'en veut guère à celui-ci mais La Porte, qui n'a pas su se taire, est prié de quitter la cour. Pas question que l'on sache que Louis XIV a découvert le poteau rose.

## AINSI SOIENT TELLES

Le 21 septembre 1640, deux ans après la naissance de Louis XIV, Anne d'Autriche donne le jour au second fils de Louis XIII, Philippe, futur duc d'Orléans. L'enfant a trois ans quand son père meurt. C'est donc sa mère et Mazarin qui se chargent de son éducation. Pour que l'enfant ne soit pas en perpétuel conflit avec son frère, comme le fut Gaston d'Orléans, le couple a l'idée de faire de Philippe… une fille. Ils l'habillent en fille, le font jouer avec un garçon du même âge, François de Choisy, qu'ils contraignent à s'habiller aussi en fille : « J'avais les oreilles percées, des diamants, des mouches, et toutes les autres afféteries auxquelles on s'accoutume fort aisément, et dont on se défait fort difficilement », se souvient l'abbé de Choisy.

Philippe ne cherchera pas à rivaliser avec son frère, épousera docilement les femmes qu'on lui imposera, d'abord Henriette-Anne d'Angleterre, fille du roi Charles Ier, puis la princesse Palatine après la mort de la première en 1670. Il fait quatre enfants à Henriette et trois à la Palatine. Ne reculant devant aucune des ressources de la pédagogie, Mazarin confie l'adolescent à son neveu, Philippe Mancini, capitaine des mousquetaires, qui initie le frère du roi aux amours folles. La leçon est retenue et Monsieur, puisque tel est son titre, multipliera les amants.

## CHAUD DEVANT

« Au commencement du mois de mai de l'année 1655, un peu auparavant que d'aller à la guerre, l'on me donna avis que les chemises du roi étaient gâtées d'une matière qui donna soupçon de quelque mal », témoigne Antoine Vallot, le médecin du jeune roi de seize ans. L'adolescent a été dépucelé par madame de Beauvais un jour qu'il sortait du bain, mais il est difficile de parler de ce « mal le plus étrange du monde », la blennorragie, quand il s'agit du roi. Le brave docteur rejette aussi toute masturbation : « Le mal n'avait point pareillement été produit par des pollutions sales et déshonnêtes, puisque le roi vivait en une chasteté toute pure. »

> *« La différence qu'il y a entre une chaude-pisse et une hirondelle, c'est qu'on ne peut pas attraper une hirondelle. »*
>
> Frédéric Dard

Comment dès lors expliquer les écoulements purulents provenant de l'urètre ? La conclusion de Vallot est rassurante : il s'agit « de décharges arrivant presque à tous moments, liées à une faiblesse aux parties, augmentée pour avoir trop tôt monté à cheval ».

## EN TOUTES LETTRES

Le marquis de Sévigné, aux longs cheveux et au parfum musqué, rencontre en 1643 une mademoiselle Marie de Rabutin-Chantal, vive, intelligente, mutine, l'humeur enjouée, fort instruite, sachant danser la toute nouvelle danse à la mode, le menuet. Elle a aussi une jolie fortune, et lui, des dettes. Le 4 août 1644, le mariage est célébré à l'église Saint-Gervais. Le voyage de noces se déroule au château du marquis, aux Rochers près de Vitré, en Bretagne. La marquise est enchantée. Le couple a une fille et un fils. Ivre mort, un soir de janvier 1651, il toise le chevalier d'Albret qui le provoque en duel. Le 3 février, le marquis fait des moulinets face à son adversaire, tant et si bien qu'il s'embroche lui-même avant les premiers échanges. Il a vingt-sept ans.

## SAPHO L'FAIRE !

Christine, reine de Suède ne s'encombre pas des convenances. Fille de Gustave-Adolphe, elle fait venir Descartes à Stockholm et l'épuise en lui demandant des leçons de philosophie à 5 heures du matin dans le froid. Il en meurt au bout d'un an. Pour être libre et voyager, elle abdique en 1654, visite l'Europe, fait scandale à Anvers et Bruxelles pour ses relations lesbiennes, surprend en France en 1656 quand elle s'habille en homme, jure comme un charretier, s'affiche avec un amant. « Elle se plaisait fort à la cour de France », commente la Grande Mademoiselle. Christine vient de nouveau en France en 1657. Elle est reçue à Fontainebleau mais elle choque de nouveau la cour, cette fois pour avoir fait assassiner son écuyer Monaldeschi par trois de ses gardes dans la galerie des Cerfs. On lui fait remarquer qu'elle se trouve dans une résidence du roi de France. Elle répond qu'elle est « maîtresse de ses volontés pour rendre et faire justice à ses domestiques en tous lieux et en tous temps ».

### EN TOUTE MODESTE Y

**La mode pour les femmes de la noblesse est au corsage très décolleté, lacé sur le devant par un ruban de soie, et descendant légèrement sur la jupe. Ou plutôt sur les jupes, puisqu'il convient d'en porter trois superposées : la modeste au-dessus, la friponne dessous et la secrète au plus près du corps.**

## ÇA NE S'INFANTE PAS !

Mazarin veut une paix définitive avec l'Espagne. Il pense que le meilleur moyen est un mariage entre Louis XIV et l'infante Marie-Thérèse d'Espagne, tous deux nés en 1638. Dès 1656, Hugues de Lionne, chargé des Affaires étrangères, essaie d'aborder la question avec le ministre espagnol Luis de Haro. Puisque les réticences outre-Pyrénées persistent, Mazarin annonce que le roi épousera Marguerite de Savoie. Pour donner plus de crédibilité au stratagème, le cardinal entraîne toute la cour, Louis XIV en tête, jusqu'à Lyon pour une rencontre solennelle entre le roi et la princesse de Savoie, accompagnée de sa mère. Le jeune

Louis XIV, bien qu'amoureux de Marie Mancini, nièce de Mazarin, se fait empressé, disant que Marguerite a « la taille jolie, le teint olivâtre », et qu'il la trouve « fort à sa fantaisie ». Philippe IV prend peur; il envoie son émissaire, Antonio Pimentel, pour annoncer qu'il est d'accord pour offrir sa fille. Louis XIV devient aussitôt froid à l'égard de sa promise savoyarde. Marguerite est dépitée, sa mère folle de rage, « même on dit qu'elle s'en cogna la tête contre la muraille ».

## POIRE À L'AVENANT

Mazarin se rend en août 1659 à la frontière espagnole pour les négociations avec Luis de Haro y Sotomayor. La paix des Pyrénées est signée le 7 novembre. La France obtient le Roussillon, l'Artois et plusieurs places fortes dans l'actuel département du Nord (Avesnes par exemple). Les frontières du nord et des Pyrénées se trouvent établies. Les conditions du mariage de l'infante et de Louis XIV sont vite réglées, Marie-Thérèse renonçant à ses droits sur la couronne d'Espagne pour éviter une fusion des deux royaumes sous un monarque français. Mais le subtil Hugues de Lionne, collaborateur de Mazarin pour les affaires étrangères, introduit un mot que les diplomates espagnols ne repèrent pas: « moyennant ». « Moyennant le payement effectif fait à Sa Majesté Très-Chrétienne (Louis XIV) de cinq cent mille écus d'or, ladite Sérénissime Infante se tiendra pour contente. » Traduisons: l'infante devenue reine de France renonce à ses droits à la couronne d'Espagne à condition que la dot soit effectivement versée. Mazarin sait très bien que l'Espagne est ruinée et qu'elle ne pourra pas payer. Il sera possible alors de réclamer ladite couronne. Mais ce seront de nouvelles guerres.

### FESSES BOOK

Pour préparer le mariage de Louis XIV et de Marie-Thérèse d'Autriche, le 9 juin 1660, une rencontre est organisée à la frontière franco-espagnole entre la reine mère et sa future belle-fille. On offre un siège à l'infante, future reine de France. Mais doit-on l'asseoir côté espagnol ou côté français ? Après des palabres agitées, on parvient à un compromis : l'infante est assise une fesse côté espagnol et une fesse côté français. Qu'est-ce que ça peut fesse ?

# LE ROI-SOLEIL
## (1643 – 1715)

Roi secret et observateur, sachant parfaitement dissimuler, maniant bien le langage, à la différence de son père, mais peu cultivé et fuyant les livres, excellent danseur et bon chasseur, doté d'un appétit pantagruélique, courageux face à la douleur physique, Louis XIV aime le pouvoir et les femmes.

À la mort de Mazarin, il affirme vouloir gouverner sans Premier ministre. Il garde auprès de lui Jean-Baptiste Colbert, remarquable gestionnaire, qui conduit la plupart des grandes entreprises de la monarchie : développement des manufactures pour produire français, recrutement d'ouvriers spécialisés étrangers, essor de la marine, encouragement au commerce international, soutien à la création artistique et littéraire. Mais en 1672, Louis XIV nomme Louvois, fils de Le Tellier, ministre d'État chargé de la Guerre, et joue de sa rivalité avec Colbert. La Bastille, devenue prison d'État, et les galères rappellent leurs « devoirs » aux courtisans pas assez soumis, et aux gens du peuple qui renâclent en cette période de crise économique. Car dans la monarchie absolue voulue par Louis XIV, les Français ne sont que des « sujets ».

---

*« Je sais que je suis mythomane, Dieu me l'a déjà dit. »*

Vincent Haudiquet

---

## À VAUX LOT

Après la mort de Mazarin, le 9 mars 1661, Nicolas Fouquet (quarante-six ans) apparaît comme le premier conseiller du roi. Il a su gagner la confiance des grands financiers français et étrangers qui prêtent de l'argent au souverain. Le royaume s'en trouve endetté... et Fouquet enrichi. La devise de sa famille est: « *Quo non ascendam* » (« Jusqu'où ne monterai-je pas? »). Il se fait construire un somptueux château à Vaux-le-Vicomte, près de Melun, où il fait travailler l'architecte Le Vau, le peintre Le Brun et Le Nôtre pour les jardins.

Le soir du mercredi 17 août 1661, il organise une réception fastueuse en l'honneur du roi devant lequel il étale sa munificence. Louis XIV, d'humeur maussade, arrive à Vaux vers 18 heures, en compagnie de sa mère Anne d'Autriche et de six cents courtisans. Marie-Thérèse, enceinte, n'est pas là, mais mademoiselle de La Vallière, maîtresse du roi, est présente. Un « ambigu » est servi aux invités, c'est-à-dire un buffet rassemblant tous les types de plats, du salé au sucré, présentés dans des couverts en vermeil que le roi lui-même ne pourrait pas s'offrir. Après ce repas, on assiste dans les jardins à une comédie-ballet, *les Fâcheux* de Molière, sur une musique de Lully. À l'entracte, des valets déguisés en elfes proposent des confiseries. Un éblouissant feu d'artifice clôt le spectacle. *La Gazette* affirme que tout le monde est reparti ravi de « ce superbe régal ». Sauf le roi, humilié et jaloux, qui aurait envisagé de regagner son château de Fontainebleau avant la fin de la fête et qui n'en n'aurait été dissuadé que par sa mère. Il a pris un sacré coup d'envieux.

## FOU QU'EST

Dans les trois mois qui précèdent son arrestation, Fouquet multiplie les maladresses. Il consolide les fortifications de son domaine de Belle-Île, en prévision d'une fuite éventuelle. Il pourrait toujours s'y réfugier. Mais Colbert est avisé des travaux et en informe le roi, lui démontrant que cette précaution du surintendant des Finances est la preuve des détournements de fonds. Fouquet dispose d'appuis solides. Procureur général du Parlement, il a le soutien des magistrats de Paris. Louis XIV, par un tour de passe-passe, propose à Fouquet de renoncer à sa charge contre la promesse du poste de chancelier. Le surintendant accepte, vend sa charge de procureur en août et donne en remerciement un million de livres (environ dix millions de nos euros) au roi. Mais il n'est toujours pas chancelier.

Flairant un danger, Fouquet se rapproche de la favorite, mademoiselle de La Vallière. Mais celle-ci se trompe sur les prévenances du galant homme et se plaint auprès de son royal amant. Reste la reine mère, fidèle du surintendant qui finance en grande partie l'achèvement des travaux du Val-de-Grâce où Anne d'Autriche entend « n'épargner aucune dépense ». Fouquet a révélé au monarque les sommes qu'il a investies pour Anne. Lorsque la reine mère veut défendre son « mécène », le roi lui parle du Val-de-Grâce et lui révèle l'indiscrétion du financier. Fidèle à sa pratique de la dissimulation, Louis XIV se rend à Nantes sous prétexte des états provinciaux de Bretagne. Il y convoque Fouquet pour l'éloigner de Paris. Le 5 septembre 1661, le roi travaille avec lui au château de Nantes, comme si de rien n'était. Quand il sort du bureau, Fouquet est arrêté par le mousquetaire d'Artagnan. Un tribunal est constitué avec soin par Colbert en vue d'une condamnation à mort. Mais le procès ne se déroule pas conformément aux souhaits du roi. L'instruction relève bien une accumulation d'argent, mais moins que pour Mazarin, qui disposait à sa mort de trente-cinq millions de livres (environ trois cents millions d'euros dont il a légué une bonne partie au roi). Le jugement est rendu en décembre 1664 et ne reconnaît aucun crime. Un simple bannissement hors du royaume est prononcé. C'est un camouflet pour Louis XIV, qui aggrave la peine en détention perpétuelle à la forteresse de Pignerol, dans les Alpes.

## ÉCHANGE DE BONS POTS CÉDÉS

Après la chute de Fouquet, Jean-Baptiste Colbert connaît une ascension rapide : ministre d'État chargé de la Marine (1662), surintendant des Bâtiments royaux (1664), contrôleur général des Finances (1665), secrétaire d'État de la Maison du Roi (1669), contrôleur général des Postes. Travailleur acharné, discret, compétent et dévoué, il développe la marine, il favorise le commerce avec la création des Compagnies des Indes orientales et des Indes occidentales, il fait de la France une puissance industrielle grâce aux manufactures, il accélère la centralisation, réorganise l'Administration, favorise les savants en créant l'Académie des sciences en 1666. Mais il ne s'oublie pas puisqu'il réussit à accumuler une fortune colossale, ce dont il avait accusé Fouquet pour mieux l'éliminer! Comment s'y prend-il? Colbert joue sur les gratifications royales, des appointements anticipés pour des charges qui ne seront pas créées, des versements de salaires anciens prétendument non payés, des frais de mission fictifs. Il y ajoute des intérêts dans les manufactures et les grandes compagnies commerciales. Sans parler des interventions grassement rémunérées pour des particuliers auprès du roi. La monarchie absolue corrompt absolument.

## BASE COUR

Louis XIV entend affirmer sa majesté et se faire craindre de la cour. Il arbore une impressionnante perruque qui masque sa calvitie, il porte de hauts talons au point que nul ne connaît sa taille exacte. Les uns disent 1,62 mètre, les autres 1,84 mètre! Il impose un strict cérémonial et respecte les apparences de moralité: il rejoint chaque nuit dans sa chambre sa femme Marie-Thérèse avec qui il a un fils, le dauphin Louis, né en 1661, puis cinq enfants morts en bas âge. Louis XIV a aussi des maîtresses, deux surtout, la duchesse de La Vallière (de 1661 à 1667) et la marquise de Montespan (de 1667 à 1680). Ses favorites lui donnent plusieurs enfants, six pour La Vallière, huit avec la Montespan, élevés d'abord en toute discrétion, puis déclarés et légitimés. Pour célébrer la personne royale, Louis XIV se met en scène, commande d'innombrables œuvres d'art le représentant en empereur romain ou en costume de sacre, fait composer des musiques à sa gloire, rassemble les meilleurs talents littéraires et architecturaux.

## UN HOMME À TOUT FER

D'Artagnan, en bon Gascon, a mauvais caractère. Grognon et discutailleur, il n'hésite pas à référer de ses états d'âme aux ministres. Ainsi ce courrier adressé à Louvois : « Monseigneur, J'é reseu la lettre que vous m'avés fait l'onnur de m'écrire du 6e du moes, à laquelle je n'é rien à répondre. » Querelleur mais homme de confiance, c'est à lui et non au marquis de Gesvres, capitaine des gardes, que Louis XIV confie l'arrestation à Nantes, le 5 septembre 1661, du trop puissant Fouquet. D'Artagnan trouve la mort au siège de Maastricht le 25 juin 1673. Sa charge de capitaine des mousquetaires est aussitôt sollicitée par les piliers d'antichambres. L'un d'eux écrit à Louvois : « J'ai tant de besoin que le roi me fasse du bien. » Vous mendierez tant.

## FORT PAILLARD

Autre grand exclu du pouvoir autoritaire du jeune roi, le comte Roger de Bussy-Rabutin, maître de camp général de la cavalerie, couvert de gloire militaire. Confronté à de perpétuels soucis d'argent, Bussy est un hardi galant formé au badinage par son parrain, le duc de Bellegarde, mignon d'Henri III, puis par Marion de Lorme, « naturellement lascive ». Il sait dénicher les plaisirs, profitant de la civilité d'un mari qui sort de la chambre de son épouse quand le comte y entre, mais se contentant de « rabutiner » chastement avec sa cousine, la friponne marquise de Sévigné : « Nous nous entredisons des choses que nous ne disons pas ailleurs. »

Mais Bussy aime se vanter. Il écrit une *Histoire amoureuse des Gaules*, œuvre truffée de récits de parties fines, de sous-entendus gaillards et de médisances. L'ouvrage n'est pas destiné à la parution, mais Bussy en confie imprudemment le manuscrit à une dame de La Baume, « espionne, rediseuse, aimant à brouiller tout

### QU'EN A-T-ON À FOUTRE ?

Peu regardant sur les frasques de sa vie privée, Louis XIV est intransigeant sur celles de ses sujets : « Ce jourd'hui, premier de septembre 1662, fut brûlé en place de Grève à Paris, après avoir eu le poing coupé et esté étranglé, Claude Le Petit, advocat en Parlement, pour avoir fait un livre intitulé *le Bordel des muses*. Il était âgé de vingt et trois ans et fut fort regretté des honnêtes gens à cause de son bel esprit », rapporte un observateur. Car Le Petit a osé se moquer de la religion et des mœurs de la cour.

le monde, d'ailleurs infidèle et fourbe à ses amants qu'elle n'aimait que par lubricité et toujours plusieurs à la fois ». Elle s'empresse de le diffuser. Nombre de Grands, à commencer par le roi Louis XIV, se sentent visés. Le comte est embastillé treize mois puis exilé en 1666 dans son château de Bourgogne. Soucieux de rentrer en grâce, il lui faut, pendant des années, se plier « aux bassesses que la cour demande ». On ne badine pas avec le pouvoir.

## LES IDÉES NOIRES

Un mystère plane. Qui donc est la religieuse noire du couvent de Moret-sur-Loing, dont la pension est payée par le trésor royal et qui reçoit la visite de la reine lorsqu'elle réside au château de Fontainebleau ? La rumeur court : il s'agirait de la fille de Marie-Thérèse, née le 16 novembre 1664 et donnée pour morte le 26 décembre suivant. Les regards se tournent vers un serviteur négrillon de l'entourage de la reine. Mademoiselle de Montpensier raconte : « La reine accoucha à huit mois... La fille dont elle était accouchée ressemblait à un petit Maure que M. de Beaufort avait amené, qui était fort joli, qui était toujours avec la reine. On l'avait ôté, mais il n'était plus temps. La petite fille était horrible. » Bussy, dans son *Histoire amoureuse des Gaules*, attribue ce phénomène à un coup de colère de Marie-Thérèse enceinte lorsqu'elle apprend la liaison du roi avec La Vallière. On finit par adopter la version que si la reine a pu avoir un enfant noir, c'est que la liaison de son époux avec mademoiselle de La Vallière lui a donné des idées... noires.

> « Si la matière grise était rose, personne n'aurait plus d'idées noires. »
>
> Pierre Dac

## MARI TOURNE ELLE

Louis XIV a pour favorite mademoiselle de La Vallière lorsqu'à l'automne 1666, il rencontre Françoise-Athénaïs de Rochechouart de Mortemart, marquise de Montespan. « Surprenante beauté au port de déesse, aux cheveux blonds soyeux et frisés, au regard d'azur, à la bouche délicate, elle joignait l'esprit le plus vif et le mieux cultivé », remarque madame de Sévigné. Le roi est vite charmé. En mai 1667, il en fait sa maîtresse. La marquise est mariée à Louis-Henri de Pardaillan de Gondrin, joueur, buveur et grand trousseur de cotillons. Avoir sa femme dans le lit du roi est un honneur recherché. Toute la cour vient le féliciter de sa bonne fortune. Mais l'impétueux marquis de Montespan est un jaloux. Il chasse les courtisans, fait courir le bruit qu'il a contracté la syphilis que son épouse infidèle ne manquera pas de communiquer au roi, il se promène dans Saint-Germain avec un carrosse orné de cornes gigantesques, et il prend ostensiblement le deuil. Le roi le fait promptement enfermer à la prison de Fort-l'Évêque puis l'exile sur ses terres de Gascogne. Où il corne d'abondance?

## MONSIEUR EST SERVIE

Pendant ce temps, que fait le frère du roi, Philippe, dit Monsieur, que l'on appelle Madame? Il est marié le 31 mars 1661 à Henriette d'Angleterre, née en 1644, fille du roi Charles Ier d'Angleterre qui a été décapité. Henriette est ravissante et le roi ne se prive pas de lui faire la cour, mais peu importe à Monsieur, qui lui fait quand même quatre enfants. Madame, puisque tel est son titre, se plaît à la cour, mais elle déteste les amants de son mari qui ne manquent pas de lui décocher des vexations publiques. Le beau chevalier de Lorraine par exemple, dont Philippe est très épris, et qui se croit tout permis. Il glisse des allusions sur la relation du roi et d'Henriette; il initie le tout jeune fils légitimé de Louis XIV, Louis de Bourbon, âgé de treize ans, ce qui déplaît au roi; il tue un jeune marchand de gaufres qui se refuse à lui. Mais il est pardonné. Le bruit court qu'il est responsable de la mort d'Henriette, à vingt-six ans, le 30 juin 1670, après avoir bu une tasse de chicorée. Louis XIV exige ensuite de Monsieur qu'il épouse la princesse Palatine, que l'on appelle Monsieur et qui devient Madame en novembre 1671. À la différence d'Henriette, la Palatine, qui apprécie la choucroute et la bière, est dotée « d'une taille monstrueuse de grosseur », mais elle a de l'esprit et sait écrire, en témoignent ses soixante mille lettres. Il faut bien compenser!

> *« Une femme bien peut dire qu'elle s'est tapé tel ou tel, mais jamais qu'elle s'est tapé une choucroute. »*
> Françoise Sagan

## HORS EST SCHÉMA MON AMOUR

En mai 1664, les premières festivités sont données dans les jardins du château de Versailles, que Louis XIV envisage d'agrandir. Pour ces fêtes intitulées « les Plaisirs de l'Isle enchantée », offertes à mademoiselle de La Vallière, et qui durent huit jours, Molière fait représenter sa comédie *le Tartuffe*. Louis XIV applaudit mais les dévots rient jaune. L'archevêque de Paris, monseigneur de Péréfixe, obtient que la pièce soit interdite de représentations publiques. Pour mieux discréditer l'auteur, une cabale prétend que Molière est coupable d'inceste. Amant de Madeleine Béjart, Molière a épousé la sœur de celle-ci, Armande. Les langues de vipères, menées par le comédien Montfleury, affirment qu'Armande n'est pas la sœur mais la fille de Madeleine, née de son union avec Molière. C'est bien fâcheux.

## CONTRE PAIX

Louis XIV veut être un héros de guerre. En 1667, prétextant que la dot de sa belle-fille n'a pas été réglée par l'Espagne, il engage la guerre de Dévolution. Il réclame une grande partie des Pays-Bas espagnols (l'actuelle Belgique) et il entre en Flandre. Lille, dont le siège est réalisé par Vauban, se rend. Le roi de France réussit surtout à unir contre lui trois puissances, la Hollande, l'Angleterre et la Suède. En 1672, assisté de ses généraux Turenne, Condé et Luxembourg, il envahit la Hollande. Mais il a oublié que les Pays-Bas sont très bas. Le jeune Guillaume d'Orange, vingt-deux ans, qui dirige les armées hollandaises, fait ouvrir les écluses. Amsterdam devient une île et les Français sont bloqués dans leur progression.

Le maréchal de Luxembourg commet alors l'inexcusable. Il organise la destruction de deux bourgs, Bodegrave et Swammerdam :

### À QUEUE COCO

On marie la fille de Monsieur, Marie-Louise d'Orléans, avec Charles II d'Espagne, dit l'Ensorcelé car on attribue à un envoûtement sa débilité physique et mentale. Marie-Louise a beau crier et pleurer, elle doit se rendre à la cour d'Espagne, où on lui rend la vie impossible. Sa *camerera mayor*, la duchesse de Terranova, étrangle ses deux perroquets ramenés de France parce qu'ils parlent français.

« Allez mes enfants, pillez, tuez, violez, brûlez, et s'il se peut faire quelque chose de plus violent et de plus exécrable, n'y manquez pas. » Les atrocités commises glacent l'Europe d'effroi. Les Français s'acquièrent durablement la réputation de « barbares » et se trouvent confrontés à une coalition qui englobe maintenant l'Espagne, les Lorrains et les princes allemands. Il faut signer le traité de Nimègue le 10 août 1678. La France obtient quand même la Franche-Comté et Valenciennes.

## BIENVENUE AU CLUB

Le roi veut distraire sa cour: « Avouez que vous vous ennuyez à Paris », leur dit-il. Noble intention. En avril 1670, il emmène donc tout son monde, quelques centaines de personnes, en voyage organisé à travers des campagnes dévastées, pour visiter les places fortes du Nord récemment reprises aux Espagnols et ravagées par la guerre. Mademoiselle de Montpensier se plaint: « Le temps était effroyable. On fit un très mauvais dîner, il n'y avait point de poisson ni même de beurre frais. Le pain n'était pas cuit... À la fin de la journée, le roi se plaignait de la longueur et des mauvais chemins. Comme nous fûmes proches de Landrecies, à une heure de nuit, la rivière était en crue. J'étais en inquiétude pour mes femmes et mes filles qui étaient dans mon carrosse avec mes pierreries. On retourna au grand chemin et on trouva une méchante maison dans un pré... Il fallut dormir à dix ou douze femmes dans une chambre avec le roi et Monsieur, la reine, madame de La Vallière et madame de Montespan... » Ce tour opéra tort.

## RAPT US

Enlever la reine et son fils en l'absence de Louis XIV retenu à la guerre, soulever Paris et la Normandie, renverser le roi, instaurer une république inspirée des Pays-Bas, tel est, en 1674, le projet fou de trois personnes: le chevalier de Rohan Guémenée, le sieur de La Tréaumont, gentilhomme normand, et un Hollandais, Van den Enden, philosophe utopiste âgé de soixante-treize ans, installé à Paris depuis trois ans. Mais les comploteurs manquent de discrétion. Ils écrivent à droite et à gauche pour obtenir des soutiens, font passer des messages codés dans des gazettes. Les conjurés sont arrêtés en septembre 1674 et interrogés par La Reynie, lieutenant général de police. Pour sa défense, Rohan reproche à Louis XIV de ne pas lui avoir accordé de charges importantes. Les accusés, qui n'ont pas de défenseurs, sont condamnés à avoir la tête tranchée devant la Bastille.

## BONNETS ROUGES ET BLEUS BONNETS

En juillet 1675, les Bretons se révoltent contre une série de taxes que Louis XIV impose pour financer sa guerre contre la Hollande. Ceux que l'on appelle les Bonnets rouges, car ils sont coiffés de bonnets rouges (ou bleus suivant les régions) en signe de reconnaissance, protestent notamment contre le papier timbré rendu obligatoire pour les actes authentiques, contre les taxes sur le sel (la gabelle), le tabac et les objets en étain. Les meneurs sont souvent des femmes qui ne supportent pas les nouvelles mesures réduisant leurs droits traditionnels, leur refusant par exemple de choisir elles-mêmes leurs époux. Des châteaux sont pillés. La répression est impitoyable.

La marquise de Sévigné, qui se rend dans son château des Rochers, près de Vitré, tâte de l'humour pour constater qu'« on ne laisse pas de pendre ces Bas-Bretons. Elle précise : « On a pris soixante bourgeois, on commence demain à les pendre. Cette province est un bel exemple pour les autres, et surtout de respecter les gouverneurs. » Et la marquise de Sévigné de conclure : « À force d'avoir pendu, on n'en pendit plus. Je trouve tout fort bon, pourvu que les quatre mille hommes de guerre qui sont à Rennes ne m'empêchent point de me promener dans mes bois. » Vive les droits de l'orme !

## OCCUPE-TOI D'HOMÉLIE

Il est une distraction prisée de l'aristocratie : les prêches dans les églises. Sont à la mode ceux de Bossuet, surtout ses oraisons funèbres, ceux de Fénelon, sauf quand il critique l'absolutisme, et par-dessus tout les sermons du jésuite Louis Bourdaloue que l'on se précipite pour entendre : « Les laquais y étaient dès mercredi (pour garder les places deux jours à l'avance) et la presse était à mourir », constate madame de Sévigné. Le prédicateur parle haut et clair, les yeux fermés, si longtemps, parfois des heures, qu'il faut prendre la précaution de se munir d'une espèce de pot de chambre au col oblong, le bourdaloue, et d'un gâteau bourratif, à base de frangipane, la tarte bourdaloue.

## DE DOUTE ÉVIDENCE

En 1667, les restes de Descartes sont rapatriés en France pour qu'il soit inhumé solennellement en l'église Sainte-Geneviève à Paris. Au moment où le chancelier de l'université s'apprête à prononcer l'oraison funèbre, arrive un ordre royal portant défense de formuler un quelconque éloge. Les Jésuites sont intervenus auprès de Louis XIV car ils s'opposent au rationalisme cartésien. Quatre ans plus tard, la Sorbonne promulgue une condamnation officielle des ouvrages du philosophe. Tout professeur qui ferait référence à Descartes serait exclu. Il faut s'en tenir à Aristote. Est-ce bien raisonnable?

### À TOUT SAIGNEUR, TOUT DONNEUR

Le 15 juin 1667, le médecin Jean-Baptiste Denis entreprend de soigner un jeune homme de seize ans atteint de dépression et de langueur. Il lui injecte par voie veineuse 300 grammes de sang d'agneau. Il récidive peu après sur un homme de quarante-cinq ans, en bonne santé mais un peu déséquilibré, cette fois avec du sang de veau. La veuve porte plainte et, le 17 avril 1668, le Parlement interdit toute transfusion chez l'homme. Incompatibilité d'humeurs ?

## LA MARÉE ÉTAIT EN NOIR

La bonne cuisine est appréciée chez les gentilshommes qui ont tous dans leur bibliothèque l'ouvrage de François-Pierre de La Varenne, *le Cuisinier françois*, qui établit les recettes du bœuf mode, des œufs à la neige, de la sauce hollandaise et du bouquet garni. La Varenne remplace le saindoux par du beurre, propose des cuissons « au bleu » et crée la béchamel. Inspiré par ce gastronome d'exception, François Vatel, chef pâtissier et maître d'hôtel de Fouquet puis du Grand Condé, fait des réceptions et des grands repas réussis une affaire d'honneur.

En avril 1671, le prince organise au château de Chantilly une fête somptueuse en l'honneur du roi. Le soir du jeudi 23 avril, des centaines de courtisans se pressent. Il y en a plus que prévu et le rôti manque. Vatel, qui n'a pas dormi depuis une semaine pour préparer le banquet, se sent déshonoré. Condé le rassure. Mais le lendemain, qui est un vendredi, jour maigre, Vatel veut servir des soles, turbots et barbues. Au matin à 8 heures, la pêche en provenance de Dieppe et de Boulogne n'est pas arrivée. Vatel monte dans sa chambre et se jette sur son épée qu'il a calée dans la porte. Juste au moment où la marée arrive.

## UN HOMME À FABLES

Immortel auteur des *Fables* morales et des *Contes* lestes, Jean de La Fontaine a habité jusqu'en 1676 l'hôtel particulier d'époque Renaissance acheté par ses parents à Château-Thierry, au pied du château fort. La demeure, classée monument historique, est devenue un musée. Mais au XIX^e siècle, les édiles de la cité jugent utile de détruire le monumental portail d'entrée et la tourelle du cabinet de travail de l'écrivain pour… élargir la rue. Dans le même esprit civique d'améliorer la circulation, la ville a installé dans les années 1960 un parking au pied des fortifications, rare exemple de murailles mérovingiennes. N'étant plus soutenu par son talus originel, tout un pan s'est effondré, manquant emporter le reste de la maison de Jean de La Fontaine.

## LA SALLE S'Y FIE

Originaire de Rouen, Cavelier de La Salle (1643-1687) débarque à Montréal en 1667, explore les Grands Lacs des États-Unis en 1669 puis en 1678, descend le fleuve Mississippi en 1682 et prend possession de vastes territoires qu'il baptise Louisiane en l'honneur de Louis XIV. Le roi répond que cette découverte est « fort inutile et qu'il faut dans la suite empêcher de pareilles découvertes ». Il faudra une nouvelle guerre contre l'Espagne en 1683 et le besoin de couper son approvisionnement en argent mexicain pour que Louis XIV comprenne l'intérêt de la Louisiane. La Salle a fait Cavelier seul.

## ARSENIC ET VIEILLES DENTELLES

Au soir du 29 juin 1670, Henriette d'Angleterre, vingt-six ans, femme de Monsieur, meurt. Pendant plusieurs jours, elle s'est plainte de douleurs au ventre et d'une grande fatigue. Sans doute une péritonite. Mais pour son entourage, pas de doute, elle a été assassinée. Et on désigne le coupable, le chevalier de Lorraine, amant de son mari. Car le Tout-Paris d'alors est obsédé de magie, de poisons et de sciences occultes. Ces rumeurs trouvent leur confirmation dans l'arrestation et l'exécution, en 1676, d'une femme de haut rang, Marie-Madeleine d'Aubray, marquise de Brinvilliers, quarante-six ans. Violée à sept ans par un domestique, soupçonnée à dix ans d'inceste avec ses frères, épouse du marquis de Brinvilliers, mère de sept enfants, elle a effectivement empoisonné son père, puis ses deux frères qui risquaient de la dénoncer.

L'année suivante, le lieutenant de police de Paris, La Reynie, remonte une filière d'empoisonneurs distribuant des « poudres de succession » et en fait incarcérer une centaine. Personne n'est donc étonné lorsque la police arrête, le 12 mars 1679, une certaine Catherine Deshayes, dite « La Voisin ». Elle a été dénoncée par Marie Bosse, qui fournit des poisons aux épouses de membres du Parlement voulant empoisonner leur mari. Mais voilà que La Voisin parle. Elle cite des noms, madame de Vivonne, belle-sœur de la Montespan, la duchesse de Bouillon et sa sœur, la comtesse de Soissons, nièce de Mazarin, la comtesse de Polignac, le maréchal de Luxembourg, et même Jean Racine. Une chambre ardente est constituée pour instruire le procès qui dure trois ans. Les langues se délient. La fille de La Voisin raconte que madame de Montespan a participé à une messe noire au cours de laquelle un nouveau-né a été sacrifié au diable sur son corps nu. Elle aurait aussi acheté des philtres d'amour pour retrouver la faveur du roi, et des poisons pour se débarrasser d'une rivale, la Fontanges. Quand il apprend que la mère de plusieurs de ses enfants est compromise, Louis XIV fait clore la procédure. Mais la chambre ardente a eu le temps de prononcer 442 jugements, dont 36 condamnations à mort de comparses secondaires. La Voisin est brûlée vive en place de Grève le 22 février 1680, l'instruction est close au plus vite et madame de Montespan peut rester à la cour. En 1709, les dossiers de la chambre ardente sont brûlés un à un par le roi lui-même pour que l'affaire tombe dans « un éternel oubli ». Il ignore que La Reynie les a répertoriés et tous résumés.

## LA LOUVE DANS LA BERGERIE

En 1674, la marquise de Montespan triomphe. Elle a supplanté Louise de La Vallière dans le lit du roi et sa rivale vient de se retirer dans un couvent. Mère de sept enfants du roi, dont six légitimés, elle joue les étourdies, se permet des scènes lorsque son amant s'intéresse à d'autres, ose les caprices, dépense sans compter, organise autour d'elle une cour que fréquentent les ministres et les créateurs comme La Fontaine et Molière. Trop sûre d'elle, malgré un embonpoint croissant, elle fait entrer à son service Françoise d'Aubigné, veuve du poète handicapé Scarron, avec la charge de gouvernante des bâtards royaux. Pas de danger, pense-t-elle, en cette année 1669, la veuve Scarron, religieuse et moraliste, a déjà trente-quatre ans.

Mais le roi aime rendre visite à ses enfants adultérins et se plaît en la compagnie de la gouvernante. Une amitié se crée, grâce à laquelle Françoise d'Aubigné achète en 1674 le château et le titre de Maintenon. En 1675, le roi et elle ont leur première relation. Quand La Montespan s'en rend compte, en 1677, elle cherche à s'appuyer sur le duc de La Rochefoucauld, très proche du roi, et sur Louvois qu'elle « met dans ses intérêts » pour tenter de discréditer la nouvelle favorite. Trop tard.

> *« La connerie se cultive, et certains ont la main verte. »*
>
> Anonyme

# VICE ET VERSAILLES

Louis XIV choisit de fixer sa cour à Versailles. Il transforme donc le petit château de chasse de son père, fait aménager les jardins par Le Nôtre, demande à Le Vau de créer un palais digne de sa puissance, dont les appartements et les pièces d'apparat sont décorés par Le Brun. Le nouveau château n'est prêt qu'en 1673, mais il faut attendre 1682 pour que la cour puisse vraiment s'y installer, au milieu des échafaudages et des gravats. Pour améliorer les choses, Louis XIV prévoit de nouveaux agrandissements, pendant que Colbert, qui meurt l'année suivante au bord de la disgrâce, se demande comment financer la mégalomanie de son maître. D'autant que le roi décide de faire édifier un Trianon de marbre dans le parc, et un autre château pour les intimes à Marly. Tout un système de cour se met en place, avec son étiquette et ses rites, avec ses rivalités pour des miettes de pouvoir, des postes ou de l'argent, avec ses histoires d'alcôves, avec ses réseaux d'espions, ses délations et ses trahisons. Un microcosme figé dans les ors et la végétation domestiquée des parcs, coupé des réalités du monde.

*« Il faut prendre l'argent là où il se trouve, c'est-à-dire chez les pauvres. Bon d'accord, ils n'ont pas beaucoup d'argent, mais il y a beaucoup de pauvres. »*

Alphonse Allais

## TERRAIN À REVENDRE

Louis XIII avait à Versailles un simple pavillon de chasse entouré de forêts où galoper. Il aimait y méditer mais il ne s'y serait pas installé. Car il savait que l'endroit était insalubre. La petite élévation où prend place le château est entourée de nombreux marécages qui génèrent une humidité perpétuelle, tandis que les grandes étendues d'eau stagnante font le bonheur des moustiques porteurs de la malaria. Louis XIV est convaincu qu'il fera plier la nature. Il fait entreprendre d'énormes travaux d'assèchement. Robert Challes, écrivain du roi, déplore les conditions de vie des terrassiers sur place : « Le jardin n'est qu'une espèce de sable mouvant, et les ouvriers qui travaillent au remuement des terres et qui font les chemins ont eux-mêmes jusques aux genoux les eaux du terrain. » Des milliers en meurent. Un jour de 1668, une pauvre femme qui a perdu son fils pendant les travaux, et que le fisc veut taxer, se présente à Versailles pour demander d'être exemptée. On lui répond en riant. Alors elle injurie le roi, le traitant de « putassier » et de « tyran ». Elle est condamnée à être fouettée puis envoyée dans un asile d'aliénés. Qui sont les aliénés ?

« Le monde est tellement fou que j'ai fini en psychiatrie. »

Jean Cocteau

## LE MANÈGE EN CHANTIER

Les travaux d'agrandissement du château de Versailles commencent en octobre 1668 sous la direction de Le Vau. Le souverain veut y loger sa famille, les détenteurs de grands offices et certains courtisans. Mais le chantier devient si pharaonique que le palais, « encore rempli de maçons », n'est « inauguré » que le 6 mai 1682. Le roi veut y rassembler toute sa cour. Des défauts de conception ne tardent pas à apparaître. « L'autre jour, monsieur de Berni passa par une fenêtre, croyant passer par une porte, et tomba du premier étage sur un petit garçon qui fut blessé », raconte madame de Sévigné. Avec six mille personnes vivant dans le château et ses dépendances, se loger est une vraie foire d'empoigne : « Le roi a donné à M. de Vaudémont le logement qu'avait madame la duchesse de Ventadour avant que madame de La Motte fût morte », signale le marquis de Dangeau en 1709.

## DES DÉPENSES EN CASCADES

Louis XIV exige que l'on multiplie dans les jardins de Versailles fontaines et jets d'eau. Mais le terrain manque de cours d'eau. Riquet, créateur du canal du Midi, propose d'amener les eaux de la Loire à Versailles, un projet irréalisable que Colbert a la sagesse de ne pas retenir. En 1681, le jeune entrepreneur liégeois Arnold de Ville parvient à convaincre le roi d'installer une machine pour pomper les eaux de la Seine et les faire monter jusqu'en haut du coteau de Marly. Le chantier, commencé en 1681 et achevé en 1684, requiert 1 800 ouvriers et 100 000 tonnes de bois. Il coûte 5,5 millions de livres (environ 80 millions de nos euros).

En 1684, Louis XIV demande qu'on lui amène une rivière « par le chemin des airs », pour impressionner les visiteurs. L'ambitieux Louvois, à l'éternel sourire insinuant, qui a pris la surintendance des Bâtiments, promet de détourner l'Eure sur les arches d'un monumental aqueduc sur le modèle du pont du Gard, long de 80 kilomètres et passant à Maintenon, en l'honneur de la marquise. Contre l'avis de Vauban, qui explique qu'un canal enterré serait infiniment moins coûteux, en argent et en hommes, les travaux débutent en 1686. Ils sont abandonnés trois ans plus tard, faute d'argent. Trente mille hommes y ont travaillé, dont de nombreux soldats réquisitionnés par Louvois, dix mille sont morts de la malaria et du scorbut dans cette zone alors insalubre.

## EN RITE ROI

Le cérémonial de la cour précise en détail les marques d'honneur que les courtisans se disputent: avoir le tabouret devant la reine, se faire ouvrir deux battants de porte plutôt qu'un, être reconduit après une audience, voir le roi se lever de son siège pour recevoir, entrer en carrosse dans la cour de la résidence royale, « être servi par un maître d'hôtel du roi, le bâton à la main », être admis dans le carrosse royal, « baiser les princesses », avoir « la main droite », c'est-à-dire que l'on vous fasse passer sur le côté droit, disposer d'une chaise à dossier, d'un pliant ou d'un tabouret… Et bien sûr obtenir le fameux « à Marly » qui marque la faveur d'être reçu en ce château réservé aux intimes. Ces questions d'étiquette peuvent donner lieu à des bagarres, voire à des procès. En 1694, le maréchal de Luxembourg exige de disposer du second siège, comme les pairs et ducs, et non du dix-huitième qui lui est attribué en tant que maréchal. Il argue du fait que son duché, érigé pour lui en 1662, date en fait de 1581. Pour en décider, il intente un procès devant le Parlement.

> *« C'est un excellent courtisan. Quand le roi pète, il respire à fond. »*
>
> Jean Cau

## BLUFF GROS ZÈLE

Alexandre Bontemps, premier valet de chambre du roi, a « droit aux entrées par les derrières » (sic), c'est-à-dire qu'il peut approcher facilement l'auguste souverain. Il est aussi l'intendant de Versailles. Et ce n'est pas un mince travail. Comme premier valet, il assiste au laborieux cérémonial du coucher, quand l'officier du Gobelet, également goûteur par peur du poison, apporte la collation de nuit du roi, trois pains, deux bouteilles de vin, une d'eau, sept serviettes et trois assiettes. La nuit, Bontemps dort dans la chambre du roi. Le matin, il est là pour le lever, quand le premier médecin et le premier chirurgien entrent et que le roi est frotté pour faire disparaître ses fréquentes sueurs nocturnes, quand on lui fait la barbe une fois tous les deux jours. Puis les intimes profitent des Grandes entrées avant que les « personnes distinguées » soient admises au Grand lever.

Plus secrètement, Bontemps joue l'entremetteur entre le roi et ses innombrables conquêtes faciles qu'il s'agit de cacher ou de caser. C'est ainsi qu'il marie la fille d'une passade du roi, la femme de chambre de madame de Montespan, avec un baron de La Queue, ça ne s'invente pas. Intendant des domaines royaux, il attribue les logements aux courtisans qui ne manquent pas de récriminer, il dirige les « garçons bleus » chargés de tout observer à la cour et de tout rapporter. Il intervient aussi lorsqu'on lui rapporte que l'évêque de Noyon a pissé du haut de la tribune de la chapelle royale sur le marbre du rez-de-chaussée du saint lieu. Il lui a transmis un ordre de mixtion?

## L'ANNONCE FAITE À MARI

Les courtisans les plus habiles font des faux pas. En 1683, après la mort de sa femme et de sa dernière maîtresse, la duchesse de Fontanges, Louis XIV est fermement décidé à épouser la marquise de Maintenon, qui saura au moins lui faire la conversation. Pour tester l'accueil qui pourrait être fait à ce mariage, il prend Louvois à part et lui soumet l'idée comme si elle était loin d'être résolue. « Ah! Sire, s'écrie le ministre, le plus grand roi du monde, couvert de gloire, épouser la veuve Scarron! Voulez-vous vous déshonorer? » Le mariage sera secret, mais la Maintenon, à qui le roi a tout raconté, devient l'ennemie mortelle de Louvois.

## VERSION PALATINE

Élisabeth Charlotte de Bavière (1652-1722), princesse Palatine, femme de Monsieur, frère du roi, déteste la Maintenon. Elle le dit tout net dans ses lettres, la Maintenon est une « ripopée », « une vieille conne », « une vieille bique », « la guenon », « la vieille ordure ». Avec son franc-parler habituel, elle qualifie le comte de Toulouse, fils du roi et de la Montespan, de « chiure de souris ». Elle n'est pas plus tendre avec mademoiselle de Blois, fille de la Montespan, devenue sa belle-fille par son mariage avec son fils Philippe d'Orléans: « Ma belle-fille ressemble à un cul comme deux gouttes d'eau. » Attachée à son Palatinat d'origine, elle est horrifiée par les dévastations systématiques menées par les armées françaises. Protestante convertie, elle déteste l'atmosphère dévote de la cour et n'approuve pas la révocation de l'édit de Nantes. Elle ignore que sa correspondance est décachetée par le cabinet noir et transmise au roi son beau-frère.

## TOUS SEINS L'OUVERTURE

À Versailles, le roi exige que les femmes portent des décolletés qui leur découvrent largement la poitrine. En plein hiver, les fluxions de poitrine et autres pleurésies mortelles se multiplient, sans émouvoir autrement le souverain. Seule ou presque, la princesse Palatine ose tenir tête: « Il fait un tel froid ici qu'on ne sait que faire. Hier, le roi m'a tancée vertement de ce que j'avais mis une écharpe: "On n'a jamais été à la procession en écharpe, dit-il. – Cela se peut, répondis-je, mais il n'a jamais fait aussi froid qu'il fait. – Autrefois, dit le roi, vous n'en mettiez pas. – Autrefois, répliquai-je, j'étais plus jeune. – Il y en a de plus vieilles que vous, dit-il, qui ne mettent pas d'écharpe. – C'est que, répondis-je, ces vieilles-là aiment mieux se geler que de mettre quelque chose, et moi, j'aime mieux être mal mise et ne me pas morfondre la poitrine." À quoi il ne répondit rien » (lettre du 3 février 1695). Sans broncher!

## LE DESSOUS DES CARTES

Pendant que le peuple meurt de faim, on joue gros à Versailles, devenu un tripot. On joue à la bassette, au lansquenet, au pharaon, au hoca, des jeux de cartes ou de dés avec enjeux et mises de plus en plus élevés. La marquise de Sévigné, de passage à la cour, raconte : « Je fus samedi à Versailles avec les Villars. À 3 heures, le roi, la reine, Monsieur, Madame, tout ce qu'il y a de princes et de princesses, madame de Montespan, toute sa suite, tous les courtisans, toutes les dames, enfin ce qui s'appelle la cour de France, se trouve dans ce bel appartement du roi que vous connaissez. Un jeu fixe tout. Le roi est auprès de madame de Montespan qui tient la carte. Mille louis sont répandus sur le tapis. » Les écus valsent, les nobles se ruinent, à la satisfaction du roi qui les tient. On a vu des joueurs perdre en une nuit jusqu'à sept cent mille écus (cinq millions d'euros) sous des cris et des bordées d'injures. Des princes trichent, d'autres volent des bourses qui traînent, la plupart contactent des usuriers puis finissent pas s'humilier devant le roi pour qu'il leur accorde une gratification. Ils iront tous au pas radis.

> *« Ce n'est pas parce qu'il a les yeux en billes de Loto qu'il va toucher le gros lot. »*
> Marcel Bigeard

## YES, AÏE CANNE

Jean-Baptiste Lully est né à Florence en 1632. Il arrive à Paris pour servir de valet de chambre à la Grande Mademoiselle. Comme il n'a pas grand-chose à faire, il perfectionne son éducation musicale. Installé à la cour, il crée un petit orchestre de violons, compose

## ALEA JACTE À L'AISE

« Il arriva un soir que Racine était entre le roi et madame de Maintenon, chez elle. La conversation tomba sur les théâtres de Paris, puis sur la comédie. Racine expliqua que, faute d'auteurs et de bonnes pièces nouvelles, les comédiens en donnaient d'anciennes et, entre autres, ces pièces de Scarron qui ne valaient rien et qui rebutaient tout le monde. À ce mot, la veuve rougit, non pas de la réputation du cul-de-jatte attaqué, mais d'entendre prononcer son nom, et devant le successeur… Oncques depuis le roi ni madame de Maintenon ne parlèrent à Racine, ni même le regardèrent » (*Mémoires* de Saint-Simon, 1696). Il aurait mieux fait de s'Esther.

et devient en 1661 surintendant de la musique. Il collabore avec Molière pour créer des comédies-ballets, avant de se brouiller avec lui en 1672, obtient le privilège du « théâtre en musique », crée l'opéra à la française, et se constitue une jolie fortune.

Mais Lully a mauvais caractère. Lors d'une représentation en présence du roi, il dirige son orchestre avec sa canne, comme à son habitude, veut relancer le tempo, projette de grands moulinets du lourd bâton dont il s'assène violemment un coup sur la jambe. On transporte le compositeur chez lui, mais il continue à s'agiter. La plaie ouverte s'infecte, la gangrène se répand et il meurt à Paris le 22 mars 1687, à cinquante-quatre ans. Depuis lors, la canne est remplacée par une baguette, plus maniable.

## MAISON GLOSE

L'Académie française travaille, depuis sa création en 1634, à élaborer son dictionnaire qui n'avance guère. L'un des académiciens, Antoine Furetière, s'agace de cette lenteur et de l'approche très partielle des mots, car les « immortels » refusent de s'intéresser aux termes scientifiques et techniques, jugés triviaux. Furetière publie en 1684 son propre *Dictionnaire*. Pour une fois réactifs, les académiciens excluent leur collègue. Mais le roi refuse de nommer un remplaçant du vivant de Furetière. Les membres de

*« Je voudrais connaître la musique dont la queue de mon chien bat la mesure. »*

Yvan Audouard

l'auguste assemblée se décident enfin à accélérer leur ouvrage dont la première édition paraît en août 1694, soixante ans après ses débuts.

## LE COUP DE BOULLE

André-Charles Boulle (1642-1732) est le maître ébéniste de Louis XIV, qui le protège et le fait loger au Louvre. Il développe une technique de marqueterie avec incrustations de cuivre, d'étain, d'écaille… Grand collectionneur de peintures, il dépense tout et doit compter sur le roi pour éponger quelques dettes. Comment aurait-il pu penser que l'un de ses bureaux plats serait vendu aux enchères en 2014 près de quatre millions d'euros? La magnifique collection de tableaux pour laquelle il s'était ruiné comprenait des Rubens, des Van Dyck, des Le Brun et des Mignard. Le 30 août 1720, un jaloux mit le feu à l'appartement de Boulle dont toutes les œuvres furent consumées. Ça me donne les Boulle!

## EN REVENANT DE NANTES

En 1681, Louvois félicite chaudement l'intendant du Poitou, René de Marillac, qui vient d'expérimenter une nouvelle stratégie pour persécuter les protestants: les dragonnades. Le ministre lui a envoyé un régiment de dragons que l'intendant loge chez l'habitant, mais uniquement chez les protestants. Les soldats ont toute permission de piller, de brutaliser, de violer leurs hôtes. En quelques mois, les curés enregistrent trente-huit mille conversions. Ceux qui ne veulent pas abjurer s'enfuient vers l'Angleterre ou la Hollande. En 1685, Louvois dépêche de nouvelles compagnies de dragons dans diverses provinces du Sud, en Languedoc, dans la vallée du Rhône et en Dauphiné. Toute la France finit par être touchée par les dragonnades, au point que Louis XIV se persuade que « des millions d'âmes égarées sont revenues au sein de l'Église ». Reste à interdire en droit la religion réformée.

Le 18 octobre 1685, l'édit de Nantes est révoqué, les temples doivent être démolis, les pasteurs chassés, les écoles protestantes fermées, les enfants baptisés. Vauban a beau mettre en garde contre un départ massif des protestants qui ruinerait l'économie et provoquerait un désastre moral, nul ne l'écoute. Bien au contraire, les courtisans se réjouissent. Madame de Sévigné écrit : « Vous avez su sans doute l'édit par lequel le roi révoque celui de Nantes ; rien n'est si beau que ce qu'il contient, et jamais aucun roi n'a fait et ne fera rien de plus mémorable. » Trois cent mille exilés, issus de la bourgeoisie laborieuse, vont faire la fortune de Londres, Berlin, Genève ou Amsterdam. Allons enfants de l'apatride.

## L'ABBÉ DES TRÈS PASSÉS

Après la révocation de l'édit de Nantes, Louis XIV pense avoir rétabli l'unité de la religion en son royaume. À quelques exceptions près. Dans la région montagneuse des Cévennes, sévit le trop zélé abbé du Chayla, inspecteur des missions. Sa tâche consiste à ancrer les nouveaux convertis dans la religion catholique. Amateur de la manière forte, il envoie aux galères ceux qu'il pense insuffisamment convaincus, et il fait pendre sans autre forme de procès ceux qu'il juge irrécupérables. Il est assassiné de 52 coups de sabre dans sa maison du Pont-de-Montvert en juillet 1702. C'est le signal du déclenchement de la révolte des paysans fidèles à leur foi dans les Cévennes et le bas Languedoc. Pour se reconnaître, ceux-ci portent des chemises blanches, d'où leur nom de « camisards ». Le roi, qui croyait le protestantisme éradiqué, doit envoyer une armée, dirigée par le maréchal de Montrevel, qui pratique là encore une politique de terreur. Les troupes rasent 450 villages et tuent parfois tous leurs habitants. En 1913, des nostalgiques des dragonnades déposent une demande de béatification de l'abbé du Chayla comme martyr !

## LE GROUPUSCULE DE DIEU

Le jansénisme s'est développé autour de l'abbaye des bénédictines de Port-Royal, dans la vallée de Chevreuse, à partir de la réforme menée par la mère Angélique Arnauld dès 1609. Cette rénovation trouve ensuite ses références théologiques dans l'œuvre de Corneille Jansen, *l'Augustinus*, publié en Belgique en 1640. Sous l'influence de l'abbé Saint-Cyran, directeur de conscience de l'abbaye, et d'un groupe de laïcs, les Solitaires, Port-Royal s'implante à Paris et devient le centre d'un mouvement qui inquiète les autorités. Car en mettant en avant les droits de la conscience individuelle, le jansénisme se trouve confronté à l'ordre politique absolutiste qui n'admet aucune discussion. Richelieu a fait arrêter Saint-Cyran dès 1638. Mais le flambeau est repris par Antoine Arnauld, frère d'Angélique, dit le Grand Arnauld, accusé d'hérésie mais soutenu par un savant d'exception, Blaise Pascal, qui écrit *les Provinciales* en 1656-1657.

Port-Royal devient donc un abcès de fixation des mécontents du système monarchique, financiers, magistrats et notables. En 1679, Louis XIV interdit au monastère de recevoir de nouvelles novices, en 1709, il fait expulser les religieuses, en 1710, il ordonne la destruction des bâtiments. Comble d'acharnement, en 1711, les dépouilles des religieuses enterrées à Port-Royal sont exhumées et jetées dans une fosse commune, pendant que les fondations de l'édifice sont extirpées à l'explosif.

## À TOUTE VAPEUR

Apprenant que le temple protestant de Blois, sa ville natale, a été rasé, Denis Papin (1647-1712) se réfugie en Allemagne, où le prince de Hesse lui fait attribuer une chaire de mathématiques à l'université de Marburg. Il est en effet déjà célèbre pour avoir, avec le soutien de Colbert, créé en 1681 une pompe à vide et un appareil pour « faire cuire toutes sortes de viandes en fort peu de temps et à peu de frais », la première Cocotte-Minute. C'est donc en Allemagne et non en France, à partir de 1688, qu'il travaille à l'invention de sa machine à vapeur. Encore un brevet passé à l'étranger !

## PACHA ENTRE NOUS

Colbert meurt en semi-disgrâce le 6 septembre 1683 pour avoir regretté que le souverain ait préféré la gloire par les armes au développement du commerce et de l'industrie. Son rival, l'implacable Louvois, qui est dans les bonnes grâces de madame de Maintenon, prend sa place comme surintendant des Bâtiments et poursuit son activité à la tête des armées. C'est lui qui organise la première dévastation du Palatinat en 1688. Louvois, au bord de la disgrâce, meurt le 16 juillet 1691. Le roi est désormais seul au gouvernement à avoir une expérience des affaires. Mais il reste obsédé par son principe du « diviser pour régner ».

En 1692, il a dans l'idée de rétablir sur son trône Jacques II Stuart, son cousin, chassé d'Angleterre par Guillaume d'Orange. Une flotte est rassemblée sous le commandement, en principe, de l'amiral Tourville. En principe, car le roi confie les mêmes responsabilités de commandement à Jacques II, au marquis de Bonrepaus et au vieux maréchal de Bellefonds. Plus personne ne sait qui dirige. À la date prévue pour l'appareillage, rien n'est prêt, les renforts attendus n'arrivent pas. Pourtant, le roi adresse à Tourville une missive affirmant qu'aucun retard ne serait toléré : « Sa Majesté veut qu'il combatte en quelque nombre qu'ils soient, et s'il a du désavantage, Sa Majesté se remet à lui de sauver l'armée le mieux qu'il pourra. » Le 2 juin 1692, la bataille navale s'engage à La Hougue, au large du Cotentin, contre les navires anglo-hollandais. Les quinze vaisseaux de ligne français, dont *le Soleil royal,* sont incendiés. La marine anglaise domine désormais les mers.

## LA PAROLE EST À LA DÉFENSE

« Ville fortifiée par Vauban, ville imprenable ; ville assiégée par Vauban, ville prise. » Contrairement à tous les généraux de cour qui « ont les pieds chauds et raisonnent en chambre à leur aise », Sébastien Le Prestre de Vauban le râleur évite Versailles et passe sa vie sur les routes, de son Morvan natal aux frontières du nord, des rives de l'Atlantique aux sommets de Provence, malgré son « grand rhume » et ses rhumatismes. Concepteur de génie des fortifications adaptées aux règles nouvelles de la guerre, il protège les frontières d'une « ceinture de fer » de places fortes. Soucieux de la vie des hommes lorsqu'il mène un siège, économe des deniers publics, il ose affirmer ses opinions au roi et affronter le redoutable Louvois, son ministre « de tutelle ». « Je préfère la vérité, quoique mal polie, à une lâche complaisance », dit-il. Vauban ne devient maréchal qu'en 1703, à l'âge de soixante-treize ans, et donc sur le départ, quand on est sûr qu'il ne dérangera plus avec sa liberté de parole. « Je ne crains ni le roi, ni vous, ni tout le genre humain ensemble », a-t-il écrit à Louvois. En 1706, il a le front de publier un mémoire sur *la Dîme royale* où il ne propose rien moins que de taxer les riches, notamment les privilégiés. Le roi ordonne une information judiciaire qui n'a pas le temps d'aboutir puisque Vauban meurt le 30 mars 1707.

## FAUT RÈGNE AU FILS

Alors que la guerre a repris depuis 1688, que la crise économique sévit à partir de 1693 du fait de mauvaises conditions climatiques, que des émeutes populaires éclatent, que les pauvres meurent de faim, Louis XIV n'en poursuit pas moins sa politique belliqueuse et provocatrice à l'international, au point de se mettre encore une fois toute l'Europe à dos. L'étincelle d'un nouveau conflit vient d'Espagne où règne l'épileptique Charles II, sans héritier, que l'on donne mourant depuis deux décennies. Il y a deux prétendants crédibles à sa succession : Philippe d'Anjou, dix-sept ans, petit-fils de Louis XIV, réclame la couronne que revendique aussi un Habsbourg, soutenu par l'Autriche, l'Angleterre, les Provinces-Unies, le Portugal, la Prusse et la Savoie. Charles II à l'agonie rédige un testament en faveur de Philippe d'Anjou. Il meurt le 1er novembre 1700. Le 10, Louis XIV prend la décision d'accepter le testament au nom de son petit-fils. « Quelle joie, s'exclame l'ambassadeur d'Espagne, il n'y a plus de Pyrénées. » Le duc d'Anjou, devenu Philippe V, gagne l'Espagne. Deux Bourbons à la tête de deux puissances, c'en est trop pour les pays d'Europe opposés à Louis XIV. Ainsi commence la guerre de la Succession d'Espagne qui s'éternise de 1701 à 1714.

## SOTS D'HOMMES, ÉGAUX MORTS

Les défaites se suivent, l'argent manque, le royaume est menacé. L'armée manque de stratèges car le roi fait confiance à des courtisans comme le maréchal-duc de Villeroy, qui accumule les désastres mais « se montre magnifique » à la cour. Le 13 août 1704, l'Anglais John Churchill, duc de Marlborough, bat les Français à Blenheim et contraint la France à quitter l'Allemagne. Il domine encore les Français à Malplaquet, près de Bavay dans le Nord, en septembre 1709, mais au prix de tant de morts (22 000 contre 10 000 côté français) que le maréchal de Villars écrit au roi : « Si

Dieu nous fait la grâce de perdre encore une pareille bataille, Votre Majesté peut compter que ses ennemis seront détruits. » Louis XIV en arrive à lancer un appel au peuple lu dans toutes les églises : « Aidez-moi ! » La population comprend qu'il faudra payer de nouveaux impôts. Louis XIV le va-t-en guerre doit consentir à la paix. Les Français ayant sauvé la mise par la victoire du maréchal de Villars à Denain en 1712, des traités avec les divers belligérants peuvent être signés à Utrecht en avril 1713. Philippe V reste roi d'Espagne mais renonce à ses droits sur la couronne de France. On en revient presque, quelques dizaines de milliers de morts en plus, à la case départ.

## LES PRINCES QU'ON SORT

À partir de 1711, des deuils successifs s'abattent sur la famille royale. Louis XIV perd coup sur coup son fils aîné (le 14 avril 1711), son petit-fils le duc de Bourgogne, le 18 février 1712, décédé six jours après son épouse, le second duc de Bretagne, le 8 mars. « Voilà trois dauphins, le grand-père, le père et le fils, et une dauphine, morts en moins d'un an », constate le marquis de Dangeau. Il ne reste comme successeur que l'arrière-petit-fils, le petit duc d'Anjou, né en février 1710. C'est dire que les rumeurs vont bon train qui accusent le duc Philippe d'Orléans, fils de Monsieur et de la Palatine, neveu de Louis XIV, qui pourrait bien monter sur le trône si le duc d'Anjou venait à passer. D'autant que le dernier petit-fils du roi, le duc de Berry, succombe le 4 mai 1714 des suites d'une chute de cheval. Mais là, difficile d'accuser Philippe !

### AUX À QUAI

La diplomatie du monarque, en sa soif de grandeur, se réduit souvent à des effets de cérémonial. En 1685, l'ambassadeur français au Siam, qui doit élever jusqu'au trône royal une lettre de Louis XIV posée sur une coupe fixée à un manche d'or, s'arrange pour ne pas hausser la coupe, ce qui oblige le grand Siamois à se pencher à mi-corps pour recueillir la précieuse missive. Grande victoire. En 1713, le duc d'Aumont, envoyé à Londres par Louis XIV, réclame vingt-six carrosses à six chevaux pour impressionner ses interlocuteurs. Il se plaint officiellement auprès du souverain anglais du brouillard qui risque de lui corrompre la voix.

## EX SES DENTS

Louis XIV a toujours eu de mauvaises dents. En 1680, toutes celles de sa mâchoire supérieure gauche ont déjà été arrachées. En 1685, un chirurgien maladroit se livre à l'extraction de dents cariées et perfore la mâchoire, occasionnant une carie de l'os. « Toutes les fois que le roi buvait ou se gargarisait, l'eau de sa bouche se portait dans le nez, d'où elle coulait comme d'une fontaine », précise Antoine Daquin qui tient le journal de santé du roi. En 1700, le roi n'a plus aucune dent. Qu'à cela ne tienne. Il avale sans les mâcher des morceaux de viande qu'il ne parvient pas à digérer et qui lui provoquent des gonflements et des flux de ventre. Sur le conseil des médecins, les cuisiniers lui servent en priorité des panades, des bouillies, de la gelée et des viandes fondantes, cuites une dizaine d'heures, qui évitent toute mastication. Pudiquement, on les baptise plats « à la royale », dont tous les courtisans prétendent se faire un régal. Tous des ex-crocs.

*« Ce qui est bien quand on est vieux, c'est qu'on peut chanter en se lavant les dents. »*

George Burns

## TRÈS À TABLE

Dans les dernières décennies de sa vie, Louis XIV souffre de goutte qui l'empêche parfois de marcher et de dormir, de coliques néphrétiques, de fièvres intermittentes paludéennes dues aux marais de Versailles, et d'un diabète sucré qui se transformera en gangrène.

Probablement encombré d'un ténia, Louis XIV est un très gros mangeur dont les indigestions fréquentes sont suivies de migraines. La Palatine relate : « J'ai vu souvent le roi manger quatre pleines assiettes de soupes diverses, un faisan entier, une perdrix, une grande assiette de salade (avec des concombres), deux tranches de jambon, du mouton au jus et à l'ail, une assiette de pâtisserie (il adore les meringues), et puis encore du fruit et des œufs durs. » Heureusement qu'il est sobre sur les vins et les liqueurs fortes ! Il faut donc régulièrement lui nettoyer le bas-ventre avec un clystère à la rhubarbe et lui faire ingurgiter un bouillon purgatif.

## LÀ, PUTRIDE EN DANGER

Le diabète dont souffre le roi depuis plusieurs années se transforme en gangrène du pied. Fagon, le médecin attitré, protégé de madame de Maintenon, ne détecte d'abord rien, juste un nouvel accès de goutte. Mais début août 1715, on remarque une petite noirceur au talon. Le médecin ne s'en inquiète pas trop et se contente de frotter la jambe avec des linges chauds. La situation ne s'améliore pas et l'on pratique des bains d'herbes aromatiques. Le 21 août se déroule une consultation de dix médecins, cinq de la cour et cinq de Paris. Ils se mettent d'accord pour des bains à Bourbon-L'Archambault. Deux cents chevaux sont réquisitionnés. Mais le roi se plaint de si vives douleurs qu'il se juge intransportable. Fagon lui fait alors prendre des boissons à base de quinquina et de lait de chèvre. Quand il se décide à ôter la jarretière du roi, il remarque enfin des taches noires qui ont envahi toute la jambe jusqu'au genou. C'est bien la gangrène. Mais personne n'ose amputer malgré l'avis du roi qui ordonne à son chirurgien Mareschal : « Coupez sans crainte. N'avez-vous pas là des rasoirs ? Coupez et ne craignez rien. » Louis XIV supporte en effet avec courage la douleur, mais les médecins présents n'osent toujours pas. Le roi se désole : « Ma plus grande peine est de voir que les médecins ni les chirurgiens n'ont pu encore trouver le moyen de me soulager un seul jour. » Il est vite trop tard. Louis XIV meurt septuagénaire le 1er septembre 1715.

*« J'ai soixante-dix ans ; ce n'est tout de même pas mal pour un homme de mon âge. »*
Sacha Guitry

# TOUT VA TRÈS BIEN, MADAME LA MARQUISE

(1715 – 1774)

À la mort de Louis XIV, le 1er septembre 1715, la France est ruinée par des guerres de plus en plus longues, devenues non seulement terrestres, mais aussi maritimes et économiques.
Les dépenses annuelles dépassent de 50 % les recettes, les intérêts de la dette ne peuvent plus être payés.
De nouveaux impôts écrasent les populations déjà meurtries par de mauvaises récoltes dues à une succession de rigueurs climatiques, comme le Grand hiver de 1709, tandis que les privilégiés parviennent pour l'essentiel à échapper à la pression fiscale.

Peu avant de mourir, le Roi-Soleil a mis en garde son successeur : « Ne suivez pas le mauvais exemple que je vous ai donné ; j'ai souvent entrepris la guerre trop légèrement et l'ai soutenue par vanité. » Les débuts du règne, sous la Régence, se présentent plutôt bien. La société est verrouillée, sans crainte de révoltes des Grands, comme sous la Fronde, ni d'émeutes du peuple épuisé. Le Régent Philippe d'Orléans, neveu de Louis XIV, parvient à redresser la situation économique grâce au banquier Law. Ouvert aux idées nouvelles, il laisse même espérer une libéralisation du régime.

Mais à la mort du Régent, en 1723, le trône est laissé à l'arrière-petit-fils de Louis XIV, un personnage sans envergure ni courage. Louis XV ne sera pas un homme de guerre, sauf celle, perdue, de Sept Ans : il sera pire. Nommé « le Bien-Aimé » à son avènement, il est très vite honni. Car il se désintéresse du « métier de roi », ne se passionne que pour les ragots rapportés par le service d'espionnage personnel qu'il a organisé au sein des cours étrangères et en France même, ne s'intéresse qu'à ses parties de chasse et aux battues de jeunes filles vierges, souvent des enfants, préalablement « vérifiées » par son valet. Velléitaire de l'autorité royale, sous la coupe de ministres et de maîtresses qu'il laisse gouverner, Louis XV tourne le dos au dialogue avec son peuple comme avec les élites et les parlements. Les jansénistes, trop « protestants », puis les Jésuites, trop indépendants, sont persécutés. En expulsant ces derniers en 1764, le roi désorganise le système scolaire qu'ils avaient mis en place. Le système monarchique se durcit, les mouvements populaires se multiplient, l'empire colonial en Inde comme aux Amériques est perdu. Selon le roi, c'est la responsabilité des autres : « Si j'ai fait des fautes, c'est pour n'avoir pas été secondé comme je l'aurais désiré. » Louis XV est inhumé clandestinement en 1774, dans le mépris de tous.

---

« Comment ? Il travaille ? Il n'a rien d'autre à faire ? »
Georges Courteline

---

## ... Ça fait date ...

**1715** • Le duc d'Orléans, régent, obtient les pleins pouvoirs.

**1716** • Law crée la Banque générale.

**1720** • Krach de la banque Law.

**1721** • Traité de paix entre la France et l'Espagne. Philippe V renonce au trône de France.

**1722** • Louis XV sacré à Reims. La cour se réinstalle à Versailles.

**1723** • Majorité de Louis XV. Le Régent abandonne ses fonctions.

**1725** • Louis XV épouse Marie Leszczynska.

**1733** • Louis XV déclare la guerre à l'Autriche.

**1735** • Fin de la guerre contre l'Autriche.

**1743** • Mort du cardinal de Fleury. Louis XV gouverne seul.
- L'Angleterre et l'Autriche alliées contre la France.

**1745** • Victoire française de Fontenoy contre les Anglais.

**1748** • Le traité d'Aix-la-Chapelle met fin à la guerre de la Succession d'Autriche.

**1750** • Premier tome de l'*Encyclopédie* dirigée par Diderot et d'Alembert.

**1754** • Naissance du duc de Berry, futur Louis XVI.
- Rousseau publie le *Discours sur l'origine et les fondements de l'inégalité.*

**1756** • Traité de Versailles entre la France et l'Autriche. Déclaration de guerre entre la France et l'Angleterre.

**1758** • Les Français sont chassés du Canada par les Anglais.

**1761** • Perte des territoires français en Inde.

**1763** • Traité de Paris qui met fin à la guerre de Sept Ans.

**1766** • La Lorraine est rattachée à la France après la mort du roi Stanislas.

**1768** • La Corse passe sous administration française.

**1770** • Mariage du dauphin Louis avec Marie-Antoinette d'Autriche.

**1773** • Fondation du Grand Orient de France.

**1774** • Mort de Louis XV à Versailles. Son petit-fils lui succède sous le nom de Louis XVI.

QUI EST QUI ?

**Alembert Jean Le Rond d' (1717-1783) •** Philosophe, collaborateur de *l'Encyclopédie.*

**Barry Jeanne Bécu, comtesse du (1743-1793) •** Maîtresse de Louis XV.

**Catherine II (1729-1796) •** Impératrice de Russie de 1762 à 1796.

**Diderot Denis (1713-1784) •** Écrivain et philosophe, directeur de *l'Encyclopédie.*

**Dubois Guillaume (1656-1723) •** Cardinal, Premier ministre du Régent.

**Fleury Cardinal (1653-1743) •** Principal ministre de Louis XV (1726-43).

**Frédéric II de Prusse (1712-1786) •** Roi de Prusse de 1740 à 1786.

**Gabriel Jacques-Ange (1698-1782) •** Architecte de l'École militaire, de la place de la Concorde et du Petit Trianon.

**Lavoisier Antoine Laurent de (1743-1794) •** Chimiste, il a découvert le rôle de l'oxygène et la composition de l'eau.

**Law John (1671-1729) •** Créateur de la Banque générale habilitée à émettre des billets.

**Leszczynska Marie (1703-1768) •** Épouse de Louis XV.

**Leszczynski Stanislas (1677-1766) •** Roi de Pologne puis duc de Lorraine.

**Louis XV (1710-1774) •** Arrière-petit-fils de Louis XIV, roi de France de 1715 à 1774.

**Marie-Antoinette d'Autriche (1755-1793) •** Fille de l'empereur François Ier d'Autriche et de l'impératrice Marie-Thérèse, elle épouse le futur Louis XVI en 1770.

**Marie-Thérèse d'Autriche (1717-1780) •** Impératrice du Saint Empire de 1740 à 1780, mère de Marie-Antoinette.

**Marivaux Pierre Carlet de Chamblain de (1688-1763) •** Écrivain, auteur du *Jeu de l'amour et du hasard...*

**Montesquieu Charles de Secondat, baron de La Brède et de (1689-1755) •** Écrivain, auteur des *Lettres persanes* et de *l'Esprit des lois.*

**Philippe d'Orléans (1674-1723) •** Fils de la Palatine, régent de 1715 à 1723.

**Philippe V (1683-1746) •** Petit-fils de Louis XIV, roi d'Espagne de 1700 à 1746.

**Pompadour Jeanne Antoinette Poisson, marquise de (1721-1764) •** Maîtresse de Louis XV.

**Rousseau Jean-Jacques (1712-1778) •** Écrivain et philosophe, auteur du *Discours sur l'origine de l'inégalité parmi les hommes*, du *Contrat social*, de *l'Émile* et des *Confessions.*

**Saint-Simon, duc de (1675-1755) •** Auteur de *Mémoires.*

**Voltaire François Marie Arouet, dit (1694-1778) •** Écrivain et homme de théâtre, auteur de *Zadig* et de *Candide.*

# LA RÉGENCE

Enrichi grâce au système de Law, ayant réussi à renflouer les caisses de l'État, le Régent peut se livrer en son Palais-Royal de Paris à de furieuses orgies, les « petits soupers », compensation aux sinistres dernières années à Versailles. Les débauches du Régent et de ses « roués », parmi lesquels le cardinal Dubois, remarquable politique, font l'objet de nombreux libelles. On parle même de pétaudière. Mais Philippe, en prince avisé, mène une politique nouvelle de paix avec Londres et Vienne. D'esprit plus ouvert que Louis XIV et que Louis XV, il libéralise l'expression intellectuelle et politique en autorisant des clubs de discussion comme celui de l'Entresol. La Régence s'achève le 16 février 1723, à la majorité de Louis XV, mais le duc d'Orléans continue à exercer la réalité du pouvoir jusqu'à sa mort, le 2 décembre 1723. Il laisse, après seulement huit ans de gouvernement, un royaume redevenu dynamique et une économie plus florissante.

« Quand j'ai des pensées obscènes, j'essaie de penser à autre chose... C'est pire. »

Almanach de *l'Os à moelle*

## STRICTE AUX SANGSUES

En 1712, Louis, duc de Bretagne, héritier du trône, et son frère, le duc d'Anjou, futur Louis XV, sont atteints de la variole, dite petite vérole. Les médecins décident d'opérer une saignée au duc de Bretagne, âgé de cinq ans. Il en meurt. Puis ils insistent pour saigner également le duc d'Anjou, qui n'a que deux ans. Celui-ci ne doit la vie sauve qu'à sa gouvernante, la duchesse Charlotte-Éléonore de Ventadour, qui leur retire l'enfant des bras et décide de le soigner elle-même. Il se remet très vite.

## UN PEU MON NEVEU

Le vieux Louis XIV n'aime guère son neveu Philippe d'Orléans, qui n'apprécie ni la chasse, ni l'équitation, ni la danse. Il en jalouse l'intelligence, l'appétit de la vie et la vigueur sexuelle. Il ne comprend pas l'ouverture aux idées nouvelles, le côté libre-penseur de son neveu. Dans son testament, le Roi-Soleil exige que ses bâtards, le duc du Maine et le comte de Toulouse, fils de la Montespan, élevés au rang de princes du sang et devenus héritiers possibles du trône, soient membres du conseil de régence. Il espère ainsi que le pouvoir du Régent sera limité et contrôlé par ses enfants illégitimes. Philippe d'Orléans fait casser ce testament par le Parlement qui le reconnaît comme seul régent. Ce qui met en rage les enfants illégitimes.

De son côté, Philippe V d'Espagne, petit-fils de Louis XIV, ne renonce pas à ses prétentions à la couronne de France malgré les accords d'Utrecht conclus en 1713. Les uns et les autres ourdissent un complot pour enlever le Régent. Le projet est mené par le prince de Cellamare, ambassadeur d'Espagne en France, par la duchesse du Maine, épouse du fils légitimé de Louis XIV, par le cardinal Melchior de Polignac, proche de la duchesse du Maine, et par le jeune duc de Richelieu, un écervelé surtout occupé de ses liaisons avec les princesses de la cour, dont la fille du Régent. Mais les conjurés, qui savent à peine écrire (le duc de Richelieu, pourtant élu à l'Académie française, ne connaît rien à l'orthographe), confient la rédaction de leurs missives secrètes à Jean Buvat, écrivain de la Bibliothèque du roi, qui, épouvanté, les transmet à l'abbé Dubois qui en informe le Régent. Le 9 décembre 1718, Cellamare est expulsé, le duc du Maine interné à la forteresse de Doullens, la duchesse exilée, le duc de Richelieu embastillé. Le Régent ne fait exécuter personne et octroie son pardon quelques mois plus tard. Fréquentant certaines maisons, il appréciait la tolérance.

## DES YEUX DE BREIZH

Le Régent fait preuve de moins de mansuétude à l'égard du marquis de Pontcallec et de trois de ses amis, accusés d'avoir voulu soulever la Bretagne au nom de la lutte contre les impôts et de la défense des libertés provinciales. Lorsque le nouveau gouverneur délégué par Paris, le maréchal de Montesquiou, se présente à Rennes devant trois cents gentilshommes, il ne daigne pas descendre de son carrosse et se contente de passer la tête par la portière. Le maréchal décide de lever les taxes par la force ; le parlement de Bretagne s'y oppose, plusieurs délégués sont exilés. En août 1718, le marquis de Pontcallec commence le recrutement de paysans et de contrebandiers pour mener la lutte armée. Mais il ne parvient à rassembler que deux cents personnes. Les Espagnols, qui espèrent toujours renverser le Régent et le remplacer par leur souverain Philippe V, envoient en Bretagne trois frégates avec deux mille hommes qui rembarquent dès qu'ils apprennent que les troupes françaises disposent sur place de quinze mille hommes. Le pauvre Pontcallec, dépassé par les événements, est arrêté le 28 décembre 1719. Il est décapité avec trois conjurés le 26 mars 1720 place du Bouffay, à Nantes.

## LES PETITS SOUPERS DU RÉGENT

Fin gourmet, le Régent n'apprécie pas les plats copieux et lourds en l'honneur sous Louis XIV. Passant lui-même aux fourneaux, il mijote une cuisine variée, faite de matelotes à la bonne franquette. Il sert aussi à ses convives du Palais-Royal des huîtres, des dindes truffées sauce champagne, des filets de lapereau à la Berry, des purées « prince de Soubise » et des morues à la crème du comte de Béchamel. Les « petits soupers » de Philippe commencent à 10 heures du soir et réunissent au maximum vingt convives, dits les « roués » car ils se vantent de mériter la roue, aristocrates, poètes et philosophes sceptiques, dames de la cour et grisettes de théâtre. Chacun se donne un nom qui brocarde la religion: madame de Parabère, amante en titre du Régent, se fait appeler sainte Nitouche, madame de Gacé, sainte Fringante, madame de Villefranche, sainte Facile, et la princesse de Rohan, sainte Accroupie, référence délicate à ses pratiques sexuelles. Parmi les hommes, le préféré du Régent est monsieur de Vendôme, grand prieur de France, car, depuis quarante ans, il « ne s'est couché qu'ivre et qu'il n'a cessé d'entretenir publiquement des maîtresses et de tenir des propos d'impiété ». L'abbé Dubois est aussi un fidèle. Quand un convive roule sous la table: « Allons, chapelain du diable, dit le Régent, récite les prières des morts pour celui-là. » Après des discussions lestes et antireligieuses, les repas se terminent en orgies à la lueur des bougies.

## UNE VERTU CARDINAL ?

Guillaume Dubois a connu une ascension rapide. Issu d'un milieu modeste de Brive-la-Gaillarde, très vite remarqué pour son intelligence au point d'être nommé précepteur du neveu du roi, chargé d'une mission diplomatique en Angleterre, il devient en 1715 conseiller dudit neveu devenu régent, puis son principal ministre. Habile négociateur, partisan de la paix, l'abbé Dubois, surnommé « l'abbé Friponneau » pour sa relation avec madame de Tencin, obtient en 1720 l'archevêché de Cambrai, rendu illustre par Fénelon. Mais Dubois n'est pas prêtre. Un prélat complaisant, monseigneur Tressan, évêque de Nantes, lui confère en une seule messe tous les ordres, le sous-diaconat, le diaconat, la prêtrise. Si bien que le 9 juin 1720, Dubois peut être sacré archevêque. Dès l'année suivante, il obtient le chapeau de cardinal. Comme le dit le duc de Mazarin: « Ce sacre va permettre à l'abbé de faire sa première communion. »

## LAW COST

Law (on dit Law, à l'anglaise, ou Lass à la française) est un grand bonhomme de 1 mètre 90, plein du charme écossais de ses origines. Il a près de cinquante ans en 1715. Condamné à mort outre-Manche pour avoir eu l'audace de tuer en duel l'amant du roi Guillaume III d'Angleterre, il fuit Londres pour Venise, où il fait fortune en lançant un emprunt d'État ouvrant droit à des billets de loterie. Mais cette aventure ne lui suffit pas. Pour libérer l'économie des paiements exclusifs par pièces sonnantes et trébuchantes, il a l'idée d'émettre des billets de banque gagés non sur des métaux précieux, or et argent, devenus rares, mais sur les propriétés immobilières et les revenus de l'État. Il décide d'aller en France soumettre son projet au Régent dont il connaît l'ouverture d'esprit.

Le Régent autorise Law en 1716 à créer la Banque générale. Pour garantir la valeur des billets, la banque rassemble une encaisse de métaux précieux propre à rassurer. Très vite, les crédits sont relancés, le commerce est activé, des compagnies sont créées pour favoriser le commerce avec les colonies en Inde et en Louisiane. En 1718, l'établissement devient Banque royale et Law surintendant général des Finances. Les Parisiens, attirés par les perspectives d'enrichissement rapide, se ruent dans les locaux installés par Law rue Quincampoix à Paris. Les actions émises à 500 livres valent rapidement 12 000 livres. Mais le Régent commet une erreur liée à la griserie de l'argent facile. Il émet plus de billets que l'encaisse, malgré les mises en garde de Law. L'inflation du papier-monnaie génère le doute, les princes de Condé et de Conti font monter les cours à 20 000 livres en 1720 puis se débarrassent de leurs actions contre de l'or qu'ils évacuent ostensiblement de la banque dans plusieurs fourgons. C'est la panique. Les guichets sont pris d'assaut par les petits déposants, dont certains meurent écrasés. Les cours s'effondrent, c'est la banqueroute et la ruine pour de nombreux rentiers. La dette de l'État, prise en charge indirectement par les épargnants de Law, a été épongée et l'activité économique a repris. Le Régent, qui a tiré l'oreille à Conti, continue à protéger Law, qui se réfugie à Venise où il meurt en 1729, mais c'en est fini pour des décennies de la confiance au papier-monnaie. Un chèque est-ce pire ?

## EXCÈS HOMME HAUT

Du 7 mai au 20 juin 1717, le tsar Pierre le Grand est à Paris. Au pouvoir depuis 1689, il a fait de la Russie une puissance européenne. Il souhaite se rapprocher de la France et s'inspirer de

Versailles pour aménager sa ville nouvelle de Saint-Pétersbourg. Muni d'un carnet, il note et dessine tout ce qui l'intéresse pour le reproduire dans son pays. Ce géant de 2 mètres, qui ne porte ni cravate (déformation du mot « croate »), ni manchettes, ni dentelles aux poignets, bouscule le protocole lorsqu'il prend le jeune roi de sept ans sous les deux bras, le porte au niveau de son visage et l'embrasse « ainsi en l'air ». Il choque aussi une cour encore guindée par son intempérance. Grand amateur des vins français, il se fait apporter, après un souper à Fontainebleau, quatre bouteilles de champagne qu'il boit dans la nuit avec deux compagnons. Le lendemain, il s'enivre tellement au déjeuner qu'il faut quatre hommes pour le porter à son carrosse. Sur la route de Paris, il s'oublie et se vide dans sa culotte. Il faut arrêter le carrosse et demander à deux paysannes de nettoyer le tsar ivre mort. À Versailles, il se fait présenter un escadron de filles légères qu'il refuse de payer, car il est pingre. Leur vengeance ne tarde pas, puisque le tsar ressent bientôt une furieuse chaude-pisse que le médecin appelé n'accepte de soigner que contre paiement préalable.

> « *Tout n'est pas cirrhose dans la vie.* »
>
> Frédéric Dard

## QUI NE DIT MAUX CONSENT

Le 25 mai 1720 se présente devant Marseille un navire, le *Grand Saint-Antoine*, en provenance d'Orient avec un précieux chargement de soieries destinées à la foire de Beaucaire en juillet. À bord, neuf matelots sont déjà morts de maladie et ont été jetés à la mer. Les médecins envoyés détectent une « fièvre maligne pestilentielle » et ordonnent la mise en quarantaine. Mais les armateurs obtiennent que le bateau puisse s'ancrer à l'île de Jarre. Puis ils évacuent en fraude une bonne partie de la cargaison. Des marins en profitent pour rester à terre. Le 13 juin, lors de l'examen d'un nouveau cadavre de marin, le chirurgien du port conclut à une mort « par vieillesse »! Le 20 juin, l'épidémie ravage le Vieux Port puis s'étend rapidement à toute la ville. Il y a 50 victimes par jour en juillet, 1 000 en septembre. Les cadavres jonchent les rues. La moitié de la population succombe, il y a 50 000 morts dans la ville. L'épidémie touche rapidement la Provence où elle fait 100 000 morts. L'armée établit un cordon sanitaire de plus de cent kilomètres qui évite une propagation à toute la France. L'État a su agir, à bubon escient.

## LE ROUÉ DU ROUÉ

Cartouche s'appelle en fait Louis Dominique Garthausen. Né en 1693 à Paris, coupeur de bourses dès l'âge de onze ans, indicateur pour le lieutenant de police d'Argenson, il crée une bande de voleurs qui compte plusieurs centaines de membres et est organisée sur le modèle militaire, avec tout un réseau d'informateurs et de receleurs. Séducteur, avec ses longs cheveux bruns et ses grands yeux noirs, il a la galanterie d'offrir une caisse de champagne à une duchesse qu'il voulait cambrioler et de remettre à une marquise chez qui il est entré par la cheminée « un laissez-passer pour exhiber aux voleurs la nuit ». Il se forge une réputation de voleur au grand cœur en restituant aux pauvres de la capitale une partie de son butin obtenu dans des attaques de carrosses entre Versailles et Paris. Mais son sentiment d'impunité lui fait commettre des maladresses. Il écrit un jour au Régent : « Au premier voleur du royaume, Cartouche, son confrère ». Le 16 mai 1721, Philippe d'Orléans ordonne son arrestation. La bande commence à se disperser et des proches le trahissent en échange de leur vie sauve. Il est arrêté au cabaret parisien Le Pistolet, le 14 octobre 1721. Torturé, il ne parle pas. Mais conduit place de Grève, il constate que sa bande n'est pas là pour le délivrer. Il demande alors à passer aux aveux, est ramené devant ses juges et dénonce plus de 350 personnes. Il est quand même reconduit place de Grève et roué vif le vendredi 28 novembre 1721.

## FEU ROUGE

Le 15 février 1723, le jour de ses treize ans, le roi Louis XV est proclamé majeur. Philippe d'Orléans reste à la tête des affaires du royaume, mais son fidèle Dubois meurt le 10 août. Philippe, qui est dans sa quarante-neuvième année, assume seul le gouvernement. Il a le teint de plus en plus rouge et la pupille agitée.

Le 2 décembre 1723, il s'entretient avec le duc de Saint-Simon qui se souvient: « Il était épaissi et appesanti depuis quelque temps, mais l'esprit net et le raisonnement tel qu'il l'eut toujours. » Fidèle à ses habitudes, avant d'aller voir le jeune roi, il décide de s'offrir du bon temps avec une de ses maîtresses, madame de Phalaris. Il plaisante avec elle dans le salon chamois lorsque brusquement, il s'effondre. La jeune femme sonne en vain, va chercher de l'aide, mais le Régent a donné congé à ses domestiques pour être libre. Madame de Phalaris met plus d'une demi-heure pour trouver le médecin Chirac. Philippe est soumis à une saignée, trop tard. L'apoplexie l'a tué. Pour une fois qu'une saignée aurait pu être utile!

*« Le bois de Boulogne est le seul endroit où, quand tu donnes un coup de pied dans un buisson, il te le rend. »*

Popeck

# LOUIS XV

## (1715 – 1774)

Né le 15 février 1710 à Versailles, roi à cinq ans, élevé par madame de Ventadour, « maman Ventadour », puis par le maréchal de Villeroy, coutumier des défaites militaires, et l'abbé de Fleury, Louis devient maître de la France à la suite d'une série de deuils: son père et sa mère sont morts en 1712 d'une rougeole à six jours de distance, son frère aîné est mort de la variole (dite petite vérole). Marié en 1725 à Marie Leszczynska, fille du roi de Pologne, qui lui donne dix enfants, l'indolent Louis XV se désintéresse du gouvernement, confié au cardinal de Fleury qui dirige intelligemment le pays jusqu'à sa mort en 1743. Louis préfère s'occuper de ses maîtresses et d'un harem de jeunes vierges installées dans son bordel privé du parc aux Cerfs, à Versailles. Amateur de secrets, voyeur des perversions des autres grâce au réseau d'espionnage qu'il a mis en place en France et à l'étranger, le roi « Très-Chrétien », de plus en plus pervers, mélancolique et paresseux, s'éteint de la « petite vérole » (mais chez un roi, rien n'est petit) à Versailles, le 10 mai 1774, après cinquante-neuf ans de règne.

## FEUILLE DE RUT

Avant de se livrer à corps perdu aux charmes féminins, Louis adolescent, sans père ni mère, éduqué par l'abbé de Fleury et formé au pouvoir par le Régent, pousse loin ses relations avec ses compagnons de jeux. Au point que l'on commence à s'inquiéter pour le suivi de la dynastie. On lui propose quelques-unes des plus belles femmes de la cour, mais rien n'y fait. En juillet 1724, lors d'un séjour à Chantilly, le duc de Bourbon lance une offensive affriolante avec une escouade de dix-sept jeunes femmes accortes. La marquise de La Vrillière, chargée de mener à bien l'opération, organise des escapades dans les buissons. Malgré tous les efforts de ces grâces, Louis reste de marbre. Alors La Vrillière, malgré son âge, prend les choses en main et se dévoue. Il semblerait qu'elle ait réussi puisqu'une chanson annonce…

« De dix-sept bêtes qu'il courut,
Quoique toutes fussent en rut,
Il n'a choisi qu'une grand-mère. »

## NOCES FERAS-TU ?

Fille du roi de Pologne Stanislas, Marie Leszczynska est du genre que l'on oublie. Lorsqu'en 1709 son père doit fuir Varsovie, un peu dans la précipitation, les bagages sont prêts quand une simple femme de ménage avise un tas de linge dans la cour. Elle va y jeter un œil et découvre la petite Marie qui attend sans rien dire. Par la suite, la princesse n'est qu'une pièce rapportée. Louis XV doit épouser l'infante d'Espagne, qui lui est promise depuis 1720, alors qu'il n'a que onze ans et elle trois.

> *« Dans un couple, l'un au moins doit être fidèle, de préférence l'autre. »*
> Marcel Achard

En 1725, Louis XV tombe malade. Le très borné duc de Bourbon, celui qui a contribué à la ruine de Law, principal ministre depuis la mort du Régent, craint que si le roi trépasse sans enfant, la couronne aille au fils du Régent. Puisque l'infante est trop jeune pour procréer, il s'arrange pour la renvoyer en Espagne, au risque de créer une crise diplomatique. Manipulé par sa maîtresse, la marquise de Prie, qui cherche une créature qu'elle pourrait dominer, il choisit pour future reine la princesse de Pologne. Âgée de vingt-deux ans, elle est susceptible de faire rapidement un enfant à Louis, quinze ans, avant qu'il ne meure. Cette union est désavantageuse pour la couronne, mais prolifique. « Douce et soumise », honorée avec régularité, la reine met au monde dix enfants en dix ans, de 1727 à 1737. Quand elle en a vraiment assez de passer sa vie en couches, Marie ferme la porte de sa chambre. Et le roi sans désir peut chasser d'autres proies.

## TEMPS ET PLUS

L'abbé Fleury se prénomme Hercule. C'est peut-être à son prénom qu'il doit son avancement. À vingt-quatre ans, il est aumônier de Marie-Thérèse, femme de Louis XIV, puis aumônier du roi et enfin précepteur du jeune Louis XV qui s'attache à lui. En 1726, Fleury obtient la disgrâce du duc de Bourbon et devient principal ministre de son ancien élève. Il se fait nommer cardinal la même année, alors qu'il a soixante-treize ans, et reste à la tête des affaires jusqu'en 1743, déchargeant Louis XV de tout travail et le laissant à son indolence. Attaché à la paix, il parvient non sans mal à calmer Philippe VI d'Espagne, ulcéré par le renvoi de sa fille, il préserve l'entente avec l'Angleterre et signe un traité d'alliance avec l'Autriche. À l'intérieur, il sait se faire obéir, dissimulant derrière son âge une autorité qui n'admet aucune réplique. Un jour que l'ambitieux Pierre de Bernis demande un poste au cardinal octogénaire, celui-ci répond: « Monsieur, tant que je vivrai, vous n'aurez point de bénéfices. » Le jeune abbé impertinent s'incline et réplique: « Eh bien, Monsieur, j'attendrai. » Et il doit encore attendre car Fleury meurt à quatre-vingt-dix ans, ce qui lui vaut le surnom de « Son Éternité ».

## PRIS EN TRAITE

Puisque de nombreux grands seigneurs vivent ouvertement leur sexualité homosexuelle, un commerce se met en place pour les fournir. Le nommé Benjamin Deschauffours tient ainsi une véritable agence de placement. On vient de tout Paris, et même de Londres et Venise, pour juger sur pièce et même essayer les titis parisiens délurés avant de les emmener après paiement. Les parents ne portent pas plainte, soit qu'ils reçoivent quelques pièces, soit qu'ils ne sont pas fâchés d'avoir une bouche de moins à nourrir. Jusqu'au jour où une famille d'horlogers dépose plainte auprès du lieutenant de police. L'enquête est vite bouclée, car les activités de la maison Deschauffours sont connues de tous, particulièrement de la police du quartier qui la fréquente. Deschauffours est condamné le 24 mai 1726 pour crime de sodomie et brûlé vif place de Grève. C'était à ses risques et puérils.

## PARTOUZE À LA FOIS

La bulle *Unigenitus* de 1713 a condamné les thèses jansénistes. Le roi de France est d'autant plus déterminé à appliquer cette décision papale que de nombreux parlementaires, qui contestent l'absolutisme, sont jansénistes. Mais le 1er mai 1727, le diacre Pâris, personnalité du jansénisme, bien connu pour sa charité, meurt et est inhumé au cimetière parisien de Saint-Médard. Le jour même de son enterrement, un miracle est signalé sur sa tombe. Une femme paralysée du bras est guérie. Dans les jours qui suivent, une foule de pèlerins se presse à Saint-Médard. Les guérisons se multiplient, des pèlerins entrent en convulsions, se roulent sur les tombes. Un rapport de police précise : « On y voit des jeunes filles assez jolies entre les bras des hommes qui peuvent contenter certaines passions, car elles sont deux ou trois heures la gorge et les seins découverts, les jupes basses, les jambes en l'air. » Le 27 janvier 1732, une ordonnance royale chasse les « convulsionnaires » et ferme le cimetière. Un plaisantin appose alors un panneau sur la grille : « De par le roi, défense à Dieu de faire miracle en ce lieu. »

## DÉPART DE FEU

Depuis madame de Maintenon, et dénonçant la liberté des mœurs sous la Régence, le rigorisme fleurit dans les milieux dévots. Des règles strictes sont rappelées en confession et dans les prêches, contre le rire et le théâtre par exemple. Les prêtres ne peuvent accorder les sacrements aux comédiens que s'ils renoncent par écrit à leur profession. Le 20 mars 1730, l'illustre comédienne Adrienne Lecouvreur, interprète de Voltaire, qui n'a pas fait acte de repentir de son ignoble profession, est considérée comme « maudite » par le curé de Saint-Sulpice qui refuse de l'inhumer. Une escouade du guet enlève le corps à minuit et le dépose dans un terrain vague près de la Seine. « Et dans un champ profane on jette à l'aventure / De ce corps si chéri les restes immortels ! », écrit Voltaire en guise d'oraison funèbre.

## ÇA NE SORT PAS DE LA FAMILLE

Louise de Mailly-Nesle, dame du palais de la reine Marie Leszczynska, est la première femme qui n'intimide pas Louis XV. Elle devient sa maîtresse à l'automne 1733 et la favorite officielle en mars 1739. Mais elle a plusieurs sœurs… Trois d'entre elles ne tardent pas à la remplacer dans le lit royal. La première par ordre chronologique est Pauline-Félicité, mariée à Charles de Vintimille, dont elle a un enfant qui ressemble tellement au roi qu'on l'appelle « Demi-Louis ». La seconde est Diane Adélaïde, « à l'embonpoint favorable aux attouchements », que le roi marie au duc de Lauraguais.

Voici enfin Marie-Anne, veuve du marquis de La Tournelle, qui reçoit le titre de duchesse de Châteauroux en 1743 avec le « grade » de favorite officielle. Hautaine et vindicative, elle écarte ses sœurs de la cour et demande le renvoi du ministre Maurepas, qui s'est risqué à un poème satirique sur le thème de la famille « yau de poêle ». Car l'ambitieuse et belliqueuse maîtresse se mêle de politique. Elle joue notamment un rôle calamiteux en 1741 lorsqu'elle s'entend avec le nouveau maréchal de Belle-Isle, meneur des va-t-en-guerre, pour tourner la page des années de paix de la Régence. Le 28 mars 1741, la France conteste la succession de Marie-Thérèse au trône de Vienne et entre en conflit avec l'Autriche. L'affaire ne se terminera que huit années plus tard avec le désolant traité d'Aix-la-Chapelle. En attendant, Marie-Anne, euphorique, exige de voir de près les opérations. En juin 1744, elle est à Metz auprès du roi. En août, le roi tombe gravement malade. Il est même à l'article de la mort et demande les derniers sacrements. Mais son aumônier, l'évêque de

> *« Ève s'intéressa à une pomme. Ses filles préfèrent les poires. »*
>
> Noctue

Soissons, refuse de lui donner l'absolution tant qu'il gardera sa maîtresse auprès de lui. Le souverain, qui a peur de la mort, s'exécute, confesse qu'il est « indigne du nom de Roi Très-Chrétien », et renvoie Marie-Anne, qui doit quitter la ville sous les huées de la population et des soldats. Le roi se rétablit et regagne Versailles où il reprend sa liaison en novembre. La favorite triomphe et fait exiler tous ses ennemis, en premier lieu l'évêque de Soissons. Mais le 8 décembre 1744, elle est foudroyée par une péritonite.

## SAXE APPEAL

Alors que la guerre de la Succession d'Autriche se déroule mal pour la France, la victoire de Fontenoy, dans l'actuelle Belgique, le 11 mai 1745, rétablit la situation. L'armée française est dirigée par un brillant tacticien, le maréchal Maurice de Saxe, quarante-neuf ans, fils bâtard du prince de Saxe, qui organise les opérations allongé dans une petite voiture en osier. Les Anglais sont menés par le jeune duc de Cumberland, vingt-cinq ans, fils du roi d'Angleterre, qui a promis: « J'irai à Paris ou je mangerai mes bottes », mais qui ne sait pas se faire obéir de ses officiers. Louis XV et le Dauphin, quinze ans, sont présents comme au spectacle. Les bataillons français et anglais se retrouvent face à face. Charles Hay, capitaine des gardes anglaises, s'avance et s'adresse au comte d'Anteroche, lieutenant des gardes françaises: « Monsieur, faites tirer vos gens. » Le Français répond: « Non, Monsieur, nous ne commençons jamais. » Après un salut, Hay regagne ses rangs et le feu commence. Par une habile manœuvre, Saxe met en déroute les troupes de Cumberland. La victoire est totale. Maurice de Saxe peut dès lors s'emparer de Tournai et de Bruxelles.

Pourtant, au traité d'Aix-la-Chapelle du 18 octobre 1748, le négociateur français annonce aux plénipotentiaires ébahis: « Sa Majesté Très-Chrétienne a le souci de faire la paix non en marchand mais en roi. » Louis XV ne réclame rien et restitue même ses conquêtes, alors que Frédéric de Prusse ne se prive pas d'annexer la Silésie. Maurice de Saxe, découragé, préfère se retirer au château de Chambord, dont il a été nommé gouverneur. Voltaire conclut: « la France a travaillé pour le roi de Prusse. »

## POISSON CHATTE

Après quelques passades qui lui font oublier la Châteauroux, le roi s'entiche en février 1745 de Jeanne-Antoinette Poisson, jeune femme de vingt-trois ans élégante et cultivée, épouse du seigneur d'Étioles et mère de deux filles. Louis XV l'a rencontrée à un bal masqué. Elle avait laissé tomber, comme par mégarde, son mouchoir au pied de Sa Majesté qui le lui avait rendu. Le 9 juillet, elle devient maîtresse en titre et reçoit le domaine de Pompadour, en Limousin, qui en fait une marquise. Elle est présentée officiellement à la cour, et à la reine, le 14 septembre, étiquette oblige. Pendant ce temps, le mari est assigné à résidence en Avignon.

Le règne de la Pompadour dure vingt ans, jusqu'à sa mort d'une congestion pulmonaire en 1764. Ce pouvoir, l'intelligente marquise le doit à son art de divertir le roi neurasthénique. Mais l'attrait sexuel et les lutineries s'émoussent, les migraines continuelles et les fausses couches de la favorite exaspèrent Louis XV. Pour se maintenir auprès de lui, ne serait-ce qu'au titre d'amie et de confidente, madame de Pompadour doit mener un combat continuel. Avec la complicité du valet de chambre Lebel, elle fait venir à Versailles des jeunes filles racolées dans Paris par une équipe de rabatteurs. Elle espère ainsi écarter des maîtresses plus sérieuses.

## MAC D'EAU

Moins connu que Jean Bart, Surcouf ou Duguay-Trouin, le fougueux corsaire nantais Jacques Cassard a un fier courage et il multiplie les exploits à la fin du règne de Louis XIV : prise d'un brick britannique chargé de rhum, capture en 1706 de douze navires marchands sur les côtes irlandaises, envoi par le fond d'escadres ennemies… Il escorte des convois en Méditerranée et parvient à approvisionner Marseille en blé. Quand il réclame sa rémunération à la ville, il est éconduit. Il engage un procès qu'il perd, car les juges et les armateurs font cause commune. Une fois la paix d'Utrecht signée en avril 1713, plus personne n'a besoin du valeureux corsaire. Il se présente à Versailles pour demander le versement de ses

> *« Pour éviter de nous donner des subventions, on nous décore. »*
> Robert Hossein

arriérés. Le ministre Maurepas lui propose une misérable pension. Cassard réplique : « Gardez votre aumône. » Ruiné, il entreprend en 1736 une ultime démarche auprès du cardinal de Fleury, devenu principal ministre de Louis XV. Le ministre le reçoit avec morgue. Excédé, Cassard finit par l'injurier et le secouer un peu. Le lendemain, une lettre de cachet expédie le vieux corsaire au fort de Ham, où il est interné quatre ans. Il y meurt le 21 janvier 1740, à l'âge de soixante-huit ans.

### EN ÉTAT DE MARCHES

Le roi constate que le somptueux escalier des Ambassadeurs, dit grand escalier de Versailles, décoré par Le Brun, l'importune. Pourquoi cet escalier double ? se dit-il. Et que vient faire cette grande verrière qui le surplombe ? Il oublie qu'il s'agit d'une référence au soleil de son aïeul. Après avoir fait transformer l'escalier en théâtre pour madame de Pompadour, Louis XV le fait détruire en 1752 pour en faire des appartements.

## AS DE PIQUE

Le 26 mai 1755, le contrôleur général des Finances et les collecteurs de taxes sont soulagés. Car le très populaire Louis Mandrin a été exécuté. Originaire de Saint-Étienne-de-Saint-Geoirs, entre Lyon et Grenoble, proclamé « capitaine général des contrebandiers », Mandrin s'est fait une spécialité de berner les fermiers collecteurs de l'impôt et d'introduire en fraude des produits hors douane, tissus, tabac, sel..., revendus jusqu'à dix fois moins cher que dans le commerce légal. À partir de janvier 1754, il mène six campagnes éclairs en Dauphiné, Provence, dans l'est du Massif central et en Bourgogne. Fin stratège, soutenu par les populations, rejoint par des soldats déserteurs, Mandrin parvient à échapper aux régiments royaux envoyés à ses trousses. Le maréchal de Lowendal, qui s'est illustré à Fontenoy, remarque : « Pour sauver la France, c'est un chef comme Mandrin qu'il nous faudrait. » Capturé en Savoie, Mandrin est condamné à être roué vif à Valence en tant qu'« assassin, voleur et perturbateur du repos public ».

*« C'est toujours dans les pays où il n'y a rien à voler qu'il y a le plus de voleurs. »*

Wolinski

## C'EST MOI QUI LES FAIS !

La marquise de Pompadour aime la politique que son royal amant néglige. Elle obtient le renvoi des ministres qui lui résistent, comme le contrôleur des Finances Orry, qui a refusé d'accorder à monsieur d'Étioles un poste de fermier général : « Je ne donnerai cette place qu'au mérite », a-t-il répondu sèchement. Maurepas, ministre de la Marine, est l'auteur, croit-on, d'une « poissonnade » contre la marquise : « Une petite bourgeoise, Élevée à la grivoise, Fait de la cour un taudis, dis, dis. » Il est remplacé par le comte de Saint-Florentin. La marquise en vient à réunir chez elle le Conseil des ministres et reçoit les ambassadeurs étrangers.

Mais elle commet une faute quand elle renverse une nouvelle fois les alliances, et qu'elle engage la France dans la guerre de Sept Ans (1756-1763) contre les Anglais, et aux côtés de l'Autriche contre la Prusse. L'Autriche préfère rester neutre et la France se retrouve seule contre la Grande-Bretagne et la Prusse. Il est vrai que la marquise a été mal conseillée par son ami, l'abbé de Bernis, dit « Babet la Bouquetière », ancien poète devenu ministre des Affaires étrangères. De plus, elle est en conflit avec d'Argenson, secrétaire d'État à la Guerre, et d'Arnouville, contrôleur général des Finances, secrétaire d'État à la Marine. Louis XV limoge les deux ministres opposés à la marquise. Se séparer des ministres de la Guerre, de la Marine et des Finances au début d'une guerre, il fallait y penser.

### FEU À VOLONTÉ

**Le 4 février 1742, un galérien épuisé de sévices s'étrangle avec la chaîne de ses fers. Comment a-t-il osé ne pas supporter sa condition et se suicider, contrevenant ainsi à la doctrine chrétienne ? Un procès est intenté au défunt. Le tribunal de Toulouse le condamne au pire des châtiments. Le cadavre est traîné sur une claie dans les rues de la ville, exposé sur une place puis pendu par les pieds. Le soir, le corps est jeté hors de la ville pour y être dévoré par les chiens. Et vogue la galère.**

*« On ne pense pas à tous les frais que nous avons, nous autres bigames. »*

Tristan Bernard

## LA SAUCE SOUBISE

À la bataille de Rossbach, en Allemagne, le 5 novembre 1757, les Français ont un avantage numérique écrasant sur les troupes de Frédéric II de Prusse, 44 000 hommes contre 22 000. Le prince de Soubise, protégé de madame de Pompadour, commande. Mais il ne comprend pas la manœuvre des Prussiens qui s'apprêtent à attaquer. Il fait plier son camp, ce qui prend trois heures, au lieu d'une demi-heure de l'autre côté. Il change d'avis en pleine offensive puis confond les lignes ennemies avec les siennes. Au bout d'une heure et demie de combats, Soubise a perdu 8 000 soldats, et les Prussiens 550. Soubise est brocardé par les chansonniers : « Soubise dit, la lanterne à la main : J'ai beau chercher, où diable est mon armée ? » Louis XV le fait maréchal de France l'année suivante.

## MAL TRAITÉ

La guerre de Sept Ans s'achève sur le traité de Paris signé le 10 février 1763 avec la Grande-Bretagne. La France perd la plus grande partie de son empire colonial, qu'elle doit céder à l'Angleterre. La Nouvelle-France (Louisiane, Canada...) devient anglaise, mais les négociateurs français se glorifient d'avoir Saint-Pierre-et-Miquelon et d'obtenir un droit de pêche à Terre-Neuve. Louis XV cède aussi tout le continent indien, mais se réjouit de garder cinq comptoirs, dont Chandernagor, sur les rives du Gange, et Pondichéry, dans le sud-est du pays. La Grande-Bretagne devient le plus grand empire du monde, et l'Amérique du Nord est désormais anglaise. Paris fête aussi comme il se doit le fait de conserver Saint-Domingue (aujourd'hui Haïti), la seule colonie à laquelle tiennent les Français en raison des riches plantations de sucre où travaillent les esclaves. Il y en a sans doute qui se sont sucrés.

> *« En politique, l'absurdité n'est jamais un obstacle. »*
>
> Napoléon Ier

## VOILÀ QUI FAIT MOUCHE

La guerre a pour première conséquence la misère des populations. Puisque la farine vient à manquer, les aristocrates affirment leur solidarité avec le peuple : ils renoncent, pour un temps, à se poudrer le visage et la perruque. Mais comme il est difficile, dans le monde, d'évoluer sans fard, la mode est aux mouches qui font ressortir la blancheur du teint (pour se distinguer des paysans hâlés). Ces petites pièces de taffetas noir gommé deviennent des éléments de séduction et ont chacune leur appellation : posée près de l'œil, la mouche est dite « passionnée », sur la lèvre, on la nomme « la coquette », sur le nez, elle est « effrontée ». Mais lorsque les mouches dissimulent un défaut, elles ne sont plus que des « voleuses ».

## À TOUTES VAPEURS

À la cour de Louis XV, les vapeurs plongent les femmes, et nombre d'hommes, dans les larmes intempestives, les maux de tête, pâmoisons et tremblements. Car les troubles vaporeux sont devenus l'expression du raffinement aristocratique et d'un jeu mondain. Des ouvrages pratiques en donnent le mode d'emploi : « bâillez toutes et quantes fois que vous vous ennuyez », « commencez à vous évanouir selon l'à-propos », conseille Claude de Paumerelle…

## AVEC TOUS MES VESSES PETS

« Pisser sans péter, c'est aller à Dieppe sans voir la mer. » Sur cette pétition de principe, Pierre-Thomas-Nicolas Hurtaut, un professeur de latin de trente-deux ans, se déclare membre de la « société des francs péteurs », ennemi déclaré du préjugé anti-pet que « je combattrai en tous lieux, en pétant librement, souvent et méthodiquement. » Il écrit même en 1751 un ouvrage sur *l'Art de péter.* Tout est dit pour apprendre à discerner la musicalité des pets diphtongués (« pa pa pax, pa pa pa pax, pa pa pa pa pax ») et pour savoir péter à propos, comme interrompre une conversation pesante par un pet vocal « naturellement appelé pétard ». Il avait le vent en poupe.

## LE ROYAUME D'ÉCART PATTES

Le mercredi 5 janvier 1757, vers 6 heures du soir, Louis XV est assailli près du Trianon par un valet un peu dérangé, nommé Robert François Damiens, âgé de quarante-deux ans. Pour son attentat, Damiens a utilisé un canif qui n'a pas beaucoup pénétré dans la poitrine car le roi était chaudement couvert. Malgré l'avis du médecin qui constate que la blessure est superficielle et n'a touché aucun organe, le roi se met au lit immédiatement et demande les derniers sacrements. Le parlement de Paris est chargé de l'instruction. Louis XV écrit aux juges: « Les sentiments de religion dont nous sommes pénétré, et les mouvements de notre cœur, nous portaient à la clémence. Mais nos peuples, à qui notre vie n'appartient pas moins qu'à nous-même, réclament de notre justice la vengeance d'un crime commis contre des jours que nous désirons de conserver pour leur bonheur. » On ne peut mieux demander la mort.

Enfermé à la Conciergerie, Damiens est sauvagement torturé et ses proches envoyés aux galères, au cas où. En mars, Damiens est condamné à être « tenaillé aux mamelles, bras, cuisses et gras des jambes, sa main droite tenant en icelle le couteau dont il a commis le parricide, brûlée au feu de soufre, et sur les endroits où il sera tenaillé, jeté du plomb fondu, de l'huile bouillante, de la poix résine brûlante, et ensuite son corps tiré et démembré par quatre chevaux. » Damiens répond: « La journée sera rude! » Le 28 mars, ce programme est suivi à la lettre, pendant deux heures et quart. Le bourreau, monsieur de Paris, a convié ses confrères de province pour leur montrer sa dextérité. À l'heure dite, l'aide de monsieur de Paris présente un à un les bourreaux en les annonçant: « monsieur de Lyon », « monsieur de Bordeaux »... Arrive le tour d'un nommé George Selwyn, un Anglais passionné d'exécutions, qui n'hésite pas à se déplacer quand un échafaud se dresse quelque part. L'aide de monsieur de Paris le reconnaît et annonce: « monsieur de Londres ». Tous prestataires de sévices.

> *« Dans certains États d'Amérique, les fonctions de bourreau sont désormais assurées par un électricien. »*
>
> Ambrose Bierce

## HALLALI LALLY

Le comte Thomas Arthur de Lally-Tollendal, d'origine irlandaise, héros de la bataille de Fontenoy en 1742, est expédié aux Indes en 1757 pour y faire face aux Anglais. Il y remplace Dupleix qui vient d'être disgracié. Mais on ne lui accorde ni escadre, ni effectifs, ni argent. Le pauvre commandant se trouve vite enfermé dans Pondichéry assiégé par des troupes anglaises qui reçoivent des renforts en continu. Il résiste longtemps avec courage, mais doit capituler en janvier 1761 avec ses 1 200 hommes contre 15 000. Prisonnier de guerre en Angleterre, Lally-Tollendal peut regagner la France. Il est incarcéré à la Bastille en novembre 1762 et apprend qu'il est accusé de haute trahison et de concussion !

Après deux ans de procès à huis clos, sans avocat, Lally est condamné à mort en mai 1766, traîné bâillonné dans un tombereau jusqu'à la place de Grève, et décapité par le bourreau Sanson, qui s'y reprend à deux fois pour lui trancher la tête. Il fallait au roi un coupable pour expliquer la perte des comptoirs de l'Inde.

## ÇA NE MANQUE PAS DE CACHET

Les lettres de cachet prolifèrent à la fin du règne de Louis XIV et sous Louis XV. Louis XVI les fera cesser. Elles débutent par le célèbre « De par le Roy » mais sont souvent le fait de familles qui s'en prennent à l'un des leurs.

La procédure est simple. Ceux qui veulent envoyer un proche en prison font une demande auprès du lieutenant général de police, qui l'adresse à un de ses secrétaires. Le secrétaire la fait examiner par le commissaire du quartier des plaignants. Le rapport revient au lieutenant général de police, qui fait lui-même un rapport au secrétaire d'État de la Maison du Roi. « Il est d'usage d'arrêter les enfants dont les pères se plaignent », note le lieutenant de police René d'Argenson. Un mari se retrouve enfermé, sachant « seulement qu'il était mal avec sa femme et qu'elle avait des amis » (Malesherbes). Marie-Anne Doublet est violée par un proche du seigneur d'Estaing. Le curé exige de la jeune fille qu'elle se repente. Celle-ci ne voit pas pourquoi elle serait coupable du crime d'un autre. Devant tant d'entêtement, le curé demande un ordre du roi pour faire enfermer la jeune fille à la Salpêtrière, où elle est effectivement détenue.

## FI LOUP

Entre le 30 juin 1764 et le 19 juin 1767, une centaine d'attaques contre des individus isolés sont recensées dans le Gévaudan, l'actuelle Lozère. Les victimes ont été mordues, souvent égorgées par ce qu'on pense être un loup monstrueux. La France, informée par une presse avide de faits divers, s'émeut. Le porte-arquebuse du roi, un nommé Antoine, est envoyé sur place par Louis XV. Il abat un animal de grande taille en septembre 1765 et les gazettes affirment que la bête du Gévaudan a été exterminée. Les « journalistes » rentrent chez eux et on ne parle plus de la bête à Paris.

Mais de nouvelles victimes sont dénombrées dans la région. Le 19 juin 1767, un cabaretier du pays tue probablement la vraie bête du Gévaudan, car on ne recense plus d'agressions ultérieures. Ce qui n'empêche pas la rumeur publique de continuer à parler de loups-garous, montrant du doigt des protestants qui se transformeraient la nuit en bêtes sauvages.

### COURT MÉTRAGE

Stanislas, duc de Lorraine, a trouvé son jouet. Il s'agit de Nicolas Féry, un nain qu'il appelle Bébé. Il mesure 89 centimètres à vingt ans. Le duc lui fait fabriquer des couverts miniatures, le fait véhiculer dans un mini-carrosse tiré par des chèvres et l'installe dans une maison à sa taille. Mais il finit par ne plus supporter son nain devenu acariâtre. Bébé meurt à vingt-trois ans, en 1764, juste avant d'être disgracié pour vieillesse prématurée. C'était un moindre mâle.

## ENTRE L'ARBRE ET LES CORSES

Le baron Théodore de Neuhoff, qui ne doute de rien, veut libérer seul la Corse de la domination génoise. Le 20 mars 1736, il débarque à Aléria avec une suite de seize personnes : un officier, un maître d'hôtel, un cuisinier, un majordome, un prêtre, trois esclaves maures et huit domestiques. Le 15 avril, il se proclame roi de Corse sous le nom de Théodore I$^{er}$. Il accorde une Constitution à l'île proclamée indépendante, institue un ordre de noblesse et la décoration de la Clef d'or. La population l'accueille d'abord avec sympathie, puis comprend qu'il n'a aucun soutien international face à Gênes. Au bout de sept mois de règne,

Théodore doit fuir à Londres, où il est considéré comme une curiosité. En 1768, la Corse est « vendue » par Gênes à la France.

## ÇA SENT LE ROUSSI

Le 5 février 1766, le duc de Lorraine Stanislas Leszczynski, quatre-vingt-huit ans, beau-frère de Louis XV, est dans sa chambre du château de Lunéville. Il fait froid. Couvert de sa robe de chambre ouatée, il se tient au plus près du foyer de sa cheminée. Le vêtement s'enflamme. Tétanisé, Stanislas ne peut proférer un son. À l'extérieur de la chambre, le garde a ordre de ne pas entrer s'il n'y est invité. Il sent bien une âcre odeur de brûlé, mais il préfère respecter le protocole. Quand un valet intervient enfin, il est trop tard. Stanislas est profondément brûlé sur tout le côté gauche. Il meurt le 23 février suivant, après dix-huit jours d'affreuses souffrances. Et la Lorraine devient française.

## TOUCHE PAS À MON DESPOTE

Sur la fin de sa vie, Louis XV entend faire montre d'autorité. Il sent bien que la domination royale est remise en question par les parlements, par les philosophes et par une partie de la population. Le 3 mars 1766, il se rend en grande pompe devant l'ensemble des chambres du parlement de Paris réunies en séance solennelle. Hautain, il toise les parlementaires et fait lire par un conseiller d'État un texte provocateur: « J'ai lu vos remontrances; ne m'en adressez jamais de semblables. Le serment que j'ai fait, non pas à la Nation comme vous osez le dire, mais à Dieu seul, m'oblige de faire rentrer dans le devoir ceux qui s'en écartent. » Cette séance, dite de la flagellation, se conclut sur ces mots: « C'est en ma personne seule que réside l'autorité souveraine. » Le 20 janvier 1771, Louis XV fait arrêter dans la nuit et exiler cent trente magistrats du parlement de Paris. En fermant la porte à toute évolution libérale, Louis XV vient de faire le lit de la Révolution qui emportera Louis XVI.

## ROYALE CATIN

Louis XV peut toujours se consoler dans les bras de sa nouvelle tocade, Jeanne Bécu, madame du Barry. Fille « naturelle » née

> *« La mer est salée parce qu'il y a des morues dedans. »*
> Alphonse Allais

en août 1743 d'une domestique qui se donne ou se vend aux plus avenants et d'un religieux de Vaucouleurs, pays d'une autre Jeanne, elle est la petite-fille d'un cuisinier au service de « la belle de Ludre », rivale malheureuse de la Montespan dans les faveurs de Louis XIV. C'est sous de tels auspices, après neuf années d'éducation austère dans un couvent, que Jeanne débute dans la vie galante. Mariée par son souteneur, le sieur Jean-Baptiste du Barry, au frère cadet de celui-ci, Guillaume, « un imbécile borné qui aurait épousé sa vachère pour de l'argent », la jeune femme a « la bouche au rire leste, une poitrine à contrarier le monde » (c'est le duc de Ligne qui parle), quatre grains de beauté sur le visage. Elle est présentée à la cour et a tôt fait de conquérir le vieux Louis. Elle lui fait oublier ses défaillances sexuelles et sa dépression chronique; elle lui fait éprouver « une jouissance d'un genre tout à fait neuf », comme le roi le confie à un courtisan.

En avril 1769, Jeanne devient la maîtresse en titre. Le puissant duc de Choiseul, qui craint de perdre au profit de la favorite son influence au gouvernement, publie quelques libelles gratinés: « Je vous salue, Barry, pleine de grâces, le roi est avec vous, vous êtes bannie d'entre toutes les femmes. » Il est démis de sa charge de secrétaire d'État en 1770, pendant que le mari de la du Barry devient duc. La favorite reçoit un collier de diamants pour sa petite chienne Mirza, dispose d'un appartement dans chacune des résidences royales, est servie par huit valets de chambre, huit valets de pied, des postillons, des porteurs de chaise et une vingtaine d'autres domestiques dont un jeune indien du Bengale, Zamor. La du Barry a bien mérité du royaume. Elle a évité que Louis XV passe prématurément de vit à très plat.

### MARIE NAÎT LÀ

**Bonne nouvelle: Marie Durand, enfermée trente-huit ans dans la tour de Constance, à Aigues-Mortes, vient d'être libérée le 14 avril 1768. Elle était coupable d'être restée fidèle à sa foi protestante.**

## L'HEURT EST GRAVE

Le 16 mai 1770, à une heure de l'après-midi, dans la chapelle du château de Versailles, le dauphin Louis, seize ans, petit-fils de Louis XV, épouse Marie-Antoinette d'Autriche, quatorze ans. Il s'agit, pour le ministre Choiseul, de consolider l'alliance autrichienne, face à la Prusse et à l'Angleterre. Le samedi 29 mai, un feu d'artifice est tiré à Versailles, suivi de bals masqués. Il réunit 6 000 participants. Pour n'être pas en reste, le mercredi 30 mai, la ville de Paris annonce son propre feu d'artifice, œuvre des frères Ruggieri, sur la place Louis-Quinze, actuelle place de la Concorde. Un secrétaire du roi raconte : « Tout Paris s'étant trouvé à cette fête, elle fut malheureusement troublée par un malheur inconcevable ; c'est que la police ayant été si mal faite par la garde de la ville, et l'affluence de monde étant si prodigieuse, il y eut plus de 300 personnes qui furent étouffées dans la presse et qui moururent sous les pieds les uns des autres. » On parle même de plus de mille morts.

## ARRIVÉ À EXPIRATION

Le 26 avril 1774, alors qu'il est au Petit Trianon, prêt pour une partie de chasse, Louis XV, âgé de soixante-quatre ans, montre les premiers symptômes de la variole : maux de tête, fièvre, pustules suppurantes. Il est ramené au château. Une bougie allumée est installée à la fenêtre de sa chambre. Le 10 mai, à 15 h 15, la bougie est éteinte, le roi est mort.

> *« À une veuve : je n'ai pu assister aux obsèques de votre mari, étant moi-même assez souffrant. »*
>
> Francis Blanche

# OMBRES ET LUMIÈRES

De la mort de Louis XIV à la Révolution, tout un courant de pensée prône la connaissance rationnelle et le progrès scientifique. Il conteste l'absolutisme monarchique, l'arbitraire judiciaire et le fanatisme religieux. Les principaux représentants des Lumières sont madame du Châtelet, Diderot et d'Alembert, pères de *l'Encyclopédie,* Montesquieu, Voltaire et Rousseau. Voltaire plonge même dans le combat public contre les injustices en se battant pour les familles Calas (1762) et Sirven (1764), et en s'insurgeant contre les exécutions du chevalier de La Barre (1766) et de Lally-Tollendal (1776).

« Le siècle des Lumières ! Moi, j'aimerais savoir quel est le con qui a éteint en sortant »

Philippe Geluck

## C'EST DU TOUT QI

La marquise Émilie du Châtelet (1706-1749), de haute noblesse lorraine, possède d'étonnantes capacités intellectuelles. Passionnée de sciences et de philosophie, elle comprend le latin, l'italien et l'espagnol, traduit Newton et se livre à des expériences mécaniques complexes. Mariée à un officier plus souvent à la tête de son régiment qu'au foyer, elle a deux enfants de son époux, qui lui laisse toute latitude de mener la vie qu'elle souhaite. Elle va au bal et à l'Opéra, a plusieurs amants avant de rencontrer Voltaire, un soir de juin 1733. Ils forment un couple qui va durer plus de quinze ans. De quoi déchaîner la jalousie des dames de la cour. La marquise du Deffand brosse un portrait assassin de la femme : « Représentez-vous une femme grande et sèche, sans cul, sans hanches, la poitrine étroite, de gros bras, de grosses jambes, des pieds énormes, une petite tête, le visage aigu, le nez pointu, deux petits yeux vert de mer, le teint noir, rouge, échauffé, la bouche plate, les dents clairsemées et extrêmement gâtées. » Madame de Créquy s'attaque à la savante : « Nous n'avons jamais ouï parler du profond savoir de madame du Châtelet sans éclater de rire. » La bêtise fait l'oie.

> *« J'ai vu des gens remarquables se faire clouer le bec par des imbéciles absolus avec un tonus fantastique. »*
>
> Guy Bedos

## MANDAT D'AROUET

François-Marie Arouet, devenu Voltaire en 1718, naît quasi mourant en 1694, est élevé par les jésuites de Louis-le-Grand à Paris (« Ah ! Ces Jésuites, quand j'étais enfant, m'ont sodomisé à tel point que je ne m'en remettrai jamais », mais « ils ont cultivé mon âme »), est formé au libertinage par le duc de Vendôme et ses hôtes, fréquente une dame de Corsambleu qui confie : « monsieur Arouet est un amant à la neige », c'est-à-dire sexuellement tiède. Il commence à écrire sous la Régence, devient célèbre pour ses pièces de théâtre, et fait fortune non par l'écriture mais grâce à des spéculations sur le trafic colonial.

Ambitieux, Voltaire ne néglige rien pour monter au sommet, notamment les lettres flagorneuses aux amis bien placés, mais il ne résiste pas au plaisir d'un bon mot. En 1726, il a une querelle avec le chevalier de Rohan qui lui a lancé: « Arouet? Voltaire? Enfin, avez-vous un nom? » – « Voltaire! lui répond l'écrivain, je commence mon nom et vous finissez le vôtre. » Peu après, l'écrivain est rossé par trois hommes du chevalier. Voltaire veut porter plainte, mais c'est lui qui est embastillé deux semaines. Aussitôt libéré, il part pour Londres où il apprend l'anglais et découvre un pays où la censure a été supprimée. Il rentre en France et rencontre en 1733 la marquise du Châtelet, brillante savante de vingt-sept ans, avec qui il noue une relation d'autant plus forte que l'un et l'autre font face aux conformismes de leur époque. En 1734, Voltaire publie *les Lettres philosophiques,* où il dénonce les archaïsmes du système politique français. Les exemplaires sont lacérés et brûlés.

> « Je propose la retraite à 69 ans ; quitte à se faire baiser, autant choisir la position. »
> **Shimo**

Sur le point d'être arrêté, Voltaire se cache au château de Cirey, propriété de madame du Châtelet, proche de la frontière de l'Est. En 1736, il reçoit une lettre très flatteuse de Frédéric II, héritier du trône de Prusse, qui lui trouve « des trésors d'esprit ». Voltaire sait que Frédéric a du goût pour les jeunes officiers de son entourage. Il lui répond en vantant ses qualités de roi philosophe: « Vos lumières seront ma récompense. » Une fois sur le trône, le roi de Prusse se fait plus explicite: « Je baiserai cent fois votre bouche éloquente. » Voltaire lui rend plusieurs fois visite: « Oui, je veux partir; madame du Châtelet ne pourra m'en empêcher; je quitterai Minerve pour Apollon. Vous êtes, Sire, ma plus grande passion. »

En juin 1750, après la mort de madame du Châtelet, il part pour Potsdam. Il a alors cinquante-six ans. Les débuts sont idylliques, mais les relations se détériorent car Voltaire, qui ne peut tenir sa langue, tourne en dérision dans un salon les poèmes de Frédéric. Celui-ci a tout entendu. Voltaire quitte la Prusse le 26 mars 1753. C'était de la roupie de cent sonnets?

## DIDEROT C'EST TROP

*L'Encyclopédie, ou Dictionnaire raisonné des sciences, des arts et des métiers,* éditée de 1751 à 1772 sous la direction de Diderot et d'Alembert, est un travail exceptionnel de synthèse des connaissances de l'époque. Dès février 1752, l'ouvrage est pourtant interdit parce que l'un de ses auteurs, l'érudit abbé de Prades, a soutenu que la connaissance vient de l'observation et non d'une lumière surnaturelle. Le 7 février 1752, le conseil du roi décide d'envoyer au pilon les premiers tomes de *l'Encyclopédie* car « Sa Majesté a reconnu qu'on a inséré plusieurs maximes tendant à détruire l'autorité royale, à établir l'esprit d'indépendance et de révolte. »

Par bonheur, le directeur de la censure royale, le juriste Malesherbes, qui sera l'avocat de Louis XVI et en perdra la tête, s'arrange pour que l'interdiction soit limitée aux deux premiers tomes et les exemplaires parus déjà livrés aux souscripteurs. Avec son soutien et celui de la marquise de Pompadour, *l'Encyclopédie* peut reparaître en novembre 1753. Mais ses ennemis ne désarment pas et obtiennent une condamnation officielle par le pape. Quand j'entends le mot culture, je sors mon goupillon.

## C'EST LA FAUTE À ROUSSEAU ?

Jean-Jacques Rousseau (1712 1778) rencontre Marie-Thérèse Le Vasseur (1721-1801) à Paris en 1745. Elle est « ouvrière en linge » dans un hôtel garni. Ils vivront ensemble vingt-trois ans, avec en prime sur les bras la mère acariâtre de Thérèse et son frère escroc. Le philosophe a cinq enfants de sa compagne, tous placés à l'Assistance : « Je m'y déterminai gaillardement sans le moindre scrupule. » Jean-Jacques a pourtant écrit : « Celui qui ne peut remplir les devoirs de père n'a point le droit de le devenir » ! Il est vrai qu'il a dit aussi : « J'aime mieux être homme à paradoxes qu'homme à préjugés. » L'auteur de *l'Émile ou De l'éducation* (1762) entreprend de mettre en pratique sa pédagogie avec sa moitié. Sans grand succès. On a gardé d'elle

> « Les Français croient qu'ils parlent bien le français parce qu'ils ne parlent aucune langue étrangère. »
>
> Tristan Bernard

une lettre écrite en 1762 : « Mon cher ami que le goies que ge ues deureu ceu voier deu voes cher nou vele… »

## CONTRE LE LIBRE ART BITE

Dans *l'Émile*, Rousseau se déchaîne contre la masturbation : « Veillez avec soin sur le jeune homme… Ne le laissez jamais seul ni jour ni nuit, couchez tout au moins dans sa chambre ; qu'il ne se mette au lit qu'accablé de sommeil et qu'il en sorte à l'instant qu'il s'éveille. S'il connaît une fois ce dangereux supplément, il est perdu. Dès lors, il aura toujours le corps et le cœur énervés. Il portera jusqu'au tombeau les tristes effets de cette habitude, la plus funeste à laquelle un jeune homme puisse être assujetti. » On est loin du Moyen Âge, quand le médecin Arnaud de Villeneuve (1235-1312) recommandait de faire sortir du corps par la masturbation la vieille semence qui risquait de devenir toxique.

> « Si ce sont les meilleurs qui partent les premiers, que penser alors des éjaculateurs précoces ? »
> Pierre Desproges

## JEU DE LOIS

On ne peut pas dire que *l'Esprit des lois*, paru en 1748, soit un ouvrage révolutionnaire. Montesquieu, baron de La Brède, n'y aborde pas la question des droits de l'homme, par exemple. Mais, inspiré de la monarchie constitutionnelle anglaise, il propose la séparation des pouvoirs législatif, exécutif et judiciaire. L'ouvrage rencontre un énorme succès. Il est interdit par la censure et même inscrit à l'Index de l'Église. À croire que Louis XV est plus obtus que l'autoritaire tsarine Catherine II, qui écrit à d'Alembert : « Pour l'utilité de mon empire, j'ai pillé Montesquieu sans le nommer. Son livre est mon bréviaire. » En avant la moujik.

## MARRE Y A CALAS

Le 9 mars 1762, le parlement de Toulouse condamne Jean Calas à « avoir les membres brisés sur la roue » avant d'être étranglé et brûlé sur le bûcher. Qu'a-t-il fait ? Rien, si ce n'est d'être protestant et d'avoir perdu l'un de ses fils qui s'est pendu le 13 octobre 1761.

La rumeur publique et la justice parlent de meurtre. Le père, commerçant de la ville, aurait voulu empêcher son fils de se convertir au catholicisme. Sans enquête, sans avocat, Calas est arrêté et jugé. Avant d'être roué, Jean Calas est copieusement torturé. Voltaire, qui a entendu parler du procès, croit d'abord l'accusation fondée. L'un des fils Calas rencontre le philosophe, qui prend fait et cause en 1763 dans un ouvrage, *Traité sur la tolérance* (1763). Les juges de France font cause commune avec leurs collègues de Toulouse. Mais Voltaire ameute l'opinion par une multitude de lettres envoyées depuis Ferney, où il réside près de la frontière suisse, par mesure de sécurité: « C'est nous qui avons été persécuteurs, bourreaux, assassins. » En 1765, il réussit à faire réviser le procès. Le 9 mars, Jean Calas est entièrement réhabilité et la famille reçoit un dédommagement.

## CROCHET DU DROIT

Le procès en révision de l'affaire Calas n'est pas encore bouclé que le tribunal de Mazamet puis le parlement de Toulouse, encore lui, condamnent Pierre-Paul Sirven, géomètre arpenteur, à la peine capitale par pendaison et sa famille au bannissement. Comme Calas, le protestant Sirven est accusé d'avoir assassiné sa fille pour l'empêcher de se convertir au catholicisme. Les suspects innocents réussissent à s'enfuir avant d'être traînés en justice. Voltaire s'engage dans ce nouveau combat contre le fanatisme, l'intolérance et l'injustice. Mais il lui faut dix ans pour laver les Sirven de tout soupçon!

## COU DE BARRE

Le matin du 9 août 1765, on découvre à Abbeville un crucifix entaillé au couteau et des immondices déposés dans un cimetière, près d'une statue du Christ. Une enquête est diligentée, des témoins sont interrogés, les commérages se déchaînent. Les soupçons se portent sur des membres de la jeunesse dorée de la ville, le chevalier de La Barre, âgé de vingt ans, et deux compagnons adolescents. Le véritable coupable est le fils du président de Boëncourt, membre du Parlement, donc intouchable, et qui se réfugie en Prusse. Reste La Barre qui a pourtant un alibi inattaquable, mais qui lit des œuvres de Voltaire et que des témoins myopes affirment avoir vu à proximité du lieu du forfait. La machine judiciaire se met en marche.

Le 28 février 1766, la sénéchaussée d'Abbeville condamne le jeune homme à « avoir la langue coupée, la tête tranchée, et son corps ensuite jeté avec la tête dans un bûcher pour y être brûlé. Préalablement appliqué à la question ordinaire et extraordinaire pour impiétés, blasphème, sacrilèges exécrables et abominables. » Le Parlement de Paris confirme la condamnation. Le chevalier est supplicié le 1er juillet.

## VIENS POUPOULE !

En 1749, le grand physicien Réaumur, inventeur du thermomètre, donne le savant compte-rendu d'une expérience dont l'intérêt n'échappera à personne.

> *« Le couple est une réunion de deux personnes qui font rarement la paire. »*
> Adrien Decourcelle

« Un lapin et une poule me furent apportés le 24 juin ; je les logeai dans un lieu où j'avais la commodité de les observer souvent sans les troubler…

Jusqu'au 28, ils me parurent d'une parfaite indifférence l'un pour l'autre. Mais le 28, à cinq heures et demie du matin, je vis le lapin s'approcher de la poule, placer son corps le long d'un des côtés de celle-ci. Un instant après, laissant ses pattes postérieures à terre, il fit faire un saut à sa partie antérieure sur le dos de la poule qu'il saisit avec ses deux pattes de devant. Il approcha ensuite le plus qu'il put la partie postérieure de son ventre du derrière de la poule, et fit faire à cette partie de petits mouvements très prompts. » La poule n'a pas cocoté ?

### HORS D'ÂGE

**Fontenelle meurt à presque cent ans, le 9 janvier 1757. Écrivain, mathématicien et philosophe, il a toujours fait preuve d'humour. Comme on lui demande, la veille de sa mort, comment il va, il répond : « Cela ne va pas, cela s'en va. »**

# SI VERSAILLES M'ÉTAIT COMPTÉ

## (1774 – 1789)

De 1774 à 1789, la France est le pays le plus peuplé d'Europe, avec environ 27 millions d'habitants (dont beaucoup ne parlent pas le français), malgré une forte mortalité infantile et des maladies ravageuses, la grippe en 1775-1776, la dysenterie de 1779, la pneumonie infectieuse des années 1781-1785, le paludisme et la tuberculose. La France est le pays le plus riche du monde, et l'un des plus mal gérés. Le pouvoir est une monarchie absolue, mais on parle, on écrit, on agit avec une liberté réelle. La presse n'est pas libre de droit, mais tout s'y imprime. Les philosophes français sont recherchés par tous les souverains éclairés, qui s'enchantent à les entendre dénigrer la France.

Nos savants, jeunes souvent, sont admirés partout. Les frères Montgolfier font la conquête de l'air avec le premier aérostat en 1783. Le roi, qui rêve de grands espaces, favorise l'expédition de La Pérouse autour du monde. Les artistes étrangers, tels Gluck et Mozart, rêvent de Paris, la ville la plus peuplée d'alors.

La monarchie qui dirige le pays, ouverte aux idées nouvelles, sombre pourtant en quinze ans dans la Révolution.

Comme le dit le constitutionnel Barnave : « le règne de Louis XVI fut une succession de tentatives pour faire le bien, d'actes de faiblesse et d'impéritie. » Le royaume, devenu vieux sous les règnes interminables de Louis XIV et de Louis XV, a pourtant commencé par un air de jeunesse, le nouveau roi n'ayant que vingt ans à son avènement en 1774, marié de surcroît à une ravissante jeune femme, Marie-Antoinette. Mais pendant sept années, le roi n'a pas paru intéressé par son rôle de demi-dieu procréateur, au point qu'après sept ans d'un mariage non consommé, le peuple en vient à penser que son chef, qui n'a même pas de maîtresses, est impuissant.

« D'accord fiston, la société est pourrie, toutes les valeurs se sont effondrées, l'avenir est bouché ! Mais c'est pas une raison pour te laisser aller ! Réagis. »
Lauzier

Devenu enfin « homme », le 18 août 1777, le roi apparaît trop fidèle et soumis à sa femme. Ne sachant pas commander dans son couple, Louis XVI ne sait pas non plus s'imposer en politique. Il a perdu son père à onze ans, sa mère à treize, et n'a jamais été formé au « métier de roi » par son grand-père, dont les écarts sexuels répugnaient au pudibond Louis. N'ayant aucune confiance en lui, le roi hésite, suit ses ministres ou leur annonce des décisions sèches qu'ils n'osent contredire. Sous l'influence de sa femme et de sa coterie, il les renvoie sans leur laisser le temps de mettre en œuvre une politique durable. L'intervention aux côtés des *insurgents* américains est une remarquable opération de la part d'un roi profondément pacifique, mais le coût de la guerre aggrave la dette. Le pays est au bord du gouffre, alors qu'il n'y a personne au gouvernail.

# ... Ça fait date ...

**1774** • Louis XVI succède à son grand-père, Louis XV.

**1777** • La France reconnaît les États-Unis d'Amérique.

**1778** • Mort de Voltaire.
• Mort de Rousseau.

**1780** • Envoi d'un corps expéditionnaire au secours des insurgés américains.
• Louis XVI abolit la question ordinaire (torture des suspects).

**1781** • Marie-Antoinette donne naissance à un fils, Louis-Joseph.

**1783** • Traité de paix entre la France, l'Angleterre et l'Espagne.

**1785** • Affaire du Collier de la Reine.

**1788** • Le roi convoque les États généraux pour mai 1789.
• Rédaction des cahiers de doléances.

**1789** • 4 mai : ouverture des États généraux.
• 29 juin : serment du Jeu de paume.
• 14 juillet : prise de la Bastille.

## Qui est qui

**CATHERINE II (1729-1796)** • Impératrice de Russie de 1762 à 1796.

**ÉPÉE ABBÉ CHARLES DE L' (1712-1789)** • Fondateur de la première école pour les sourds et muets.

**FRANKLIN BENJAMIN (1706-1790)** • Physicien américain (créateur du paratonnerre) et l'un des rédacteurs de la Déclaration d'indépendance américaine.

**JOSEPH II (1741-1790)** • Empereur d'Allemagne de 1765 à 1790, fils de Marie-Thérèse, frère de Marie-Antoinette.

**LA FAYETTE MARQUIS DE (1757-1834)** • Héros de la guerre d'Indépendance américaine (1777-1779), député aux États généraux et chef de la Garde nationale en 1789.

**LOUIS XVI (1754-1793)** • Petit-fils de Louis XV, roi de France de 1774 à 1792.

**MARIE-ANTOINETTE (1755-1793)** • Fille de François Ier et Marie-Thérèse d'Autriche, épouse de Louis XVI en 1770, reine de France de 1774 à 1793.

**NECKER JACQUES (1732-1804)** • Financier suisse, directeur général des Finances, père de madame de Staël.

**TURGOT ANNE ROBERT JACQUES (1727-1781)** • Économiste, contrôleur général des Finances.

# PAS RADIS L'ATTEND

Le jeune Louis XVI et sa ravissante épouse Marie-Antoinette sont bien accueillis par la population après l'interminable et piteux règne de Louis XV. Mais Louis XVI ne correspond pas à l'image royale traditionnelle. Travailleur et intelligent, il est timide, embarrassé avec son épouse, peu attiré par les femmes, à l'écart des fastes de la cour. Marie-Antoinette, vite surnommée par mépris « l'Autrichienne », est une écervelée qui compense ses frustrations sexuelles conjugales par des aventures sentimentales imprudentes et des dépenses inconsidérées.

## LA MÉRITÉE TOUTE NUE

Marie-Antoinette naît à Vienne le 2 novembre 1755, jour des morts, mauvais présage. La veille de sa naissance, un terrible tremblement de terre a ravagé Lisbonne, capitale de son parrain, le roi de Portugal. Quinzième et avant-dernier enfant de l'empereur François I^er^ et de l'impératrice d'Autriche Marie-Thérèse, celle que l'on n'appelle alors que

> *« La seule chose que nous avons en commun, mon mari et moi, c'est que nous nous sommes mariés le même jour. »*
>
> Phyllis Diller

« madame Antoine » supporte longtemps l'autorité d'une mère qui ne l'aime pas et qu'elle craint. Formée surtout à la danse et à la musique, elle sait à peine lire et écrire à dix ans.

En l'expédiant en France en 1770 pour la marier au Dauphin, Marie-Thérèse, veuve depuis 1765, confie à sa fille de quinze ans des instructions écrites avec ordre de les relire tous les mois! Parvenue à la frontière, la jeune fille doit se livrer au rituel protocolaire. Une cabane en bois a été construite sur l'île aux Épis, au milieu du Rhin, entre Kehl et Strasbourg. Marie-Antoinette y abandonne tous ses vêtements autrichiens et revêt des habits français. Elle sort par une porte du côté de l'ouest, sous une pluie battante. Le mariage est célébré à Versailles le 16 mai 1770. La jeune épousée est plutôt jolie, assez petite, d'un blond tirant sur le roux, les yeux bleu pâle. Mais sa mère continue pendant des années à la harceler en lui adressant régulièrement des missives humiliantes: « Vous ne devez votre rang ni à votre beauté, qui n'est pas, ni à vos talents ni savoir, vous savez bien que cela n'existe pas. » Encore une mère déni.

## LA VERGE MARRIE

Au festin de ses noces, le 16 mai 1770, le Dauphin s'empiffre au point que Louis XV lui conseille: « Ne vous chargez point trop l'estomac pour cette nuit – Pourquoi donc? répond le jeune homme de seize ans. Je dors toujours mieux quand j'ai bien soupé! » Le roi érotomane en reste perplexe. Le repas terminé, le couple est conduit à la chambre nuptiale en présence des princes et du roi. Ils sont déshabillés et couchés en public avant que la porte ne soit refermée. Au petit matin, le Dauphin s'enfuit à la chasse et dès le soir du 17 mai, il retourne coucher dans son appartement. Louis XV est inquiet. Les quinze ans de l'épousée ne devraient pas être un empêchement, au contraire. Périodiquement, le jeune homme inexpérimenté tente un essai auprès de sa femme. Malgré des caresses, maladroites, auxquelles Marie-Antoinette répond avec indolence, le mariage n'est pas consommé au bout de plusieurs semaines.

Informée par sa fille, Marie-Thérèse consulte autour d'elle pour dénicher quelque drogue émoustillante. Elle conseille à sa fille trop passive « des caresses et cajolis ». En janvier 1771, Louis confie à Marie-Antoinette qu'un mouvement de crainte le retient mais qu'il s'aperçoit « que l'amitié et la confiance prennent le dessus ». La Dauphine en reste interdite, blessée, puis en colère contre son mari qu'elle pense impuissant. Madame Campan, la femme de chambre de la reine, témoigne : « Une indifférence affligeante, une froideur qui dégénérait souvent en brusquerie étaient les seuls sentiments que lui montrait alors le jeune prince. Il venait, par devoir, se placer dans le lit de la Dauphine et s'endormait souvent sans lui avoir adressé la parole. » L'empereur Joseph, frère aîné de Marie-Antoinette, vient se rendre compte par lui-même : « Dans son lit conjugal, Louis a des érections fort bien conditionnées, il introduit le membre, reste là sans se remuer deux minutes peut-être, se retire sans jamais décharger, toujours bandant, et souhaite le bonsoir. Ma sœur avec cela a peu de tempérament et ils font deux francs maladroits ensemble. » Il faut attendre 1774 pour qu'un chirurgien constate un banal phimosis, un problème de frein qui rend l'érection douloureuse. L'intervention est décidée et le mariage peut être consommé le lundi 18 août 1777. Le couple royal aura quatre enfants : Marie-Thérèse, dite « Madame Royale », en 1778, Louis-Joseph, né en 1781 et mort de tuberculose en 1789, Louis, né en 1785, futur Louis XVII, le « chou d'amour » de sa mère, et Marie-Sophie-Béatrice, née en 1786, qui ne vit que quelques mois.

## NUE ET CHEMISE

Habituée à la relative simplicité de la maison d'Autriche, la jeune Marie-Antoinette a quelques difficultés à s'accoutumer au cérémonial de la cour à Versailles. Alors qu'elle apprécie l'intimité, on lui impose 500 serviteurs, l'un chargé uniquement de retourner son matelas. Un matin d'hiver, à son lever, on la déshabille puis sa première femme de chambre, madame Campan, lui tend une chemise dépliée. Mais voilà que survient la dame d'honneur à qui revient cet honneur. Elle ôte ses gants et prend la chemise quand on toque à la porte. Entre la duchesse d'Orléans, qui a préséance sur la dame d'honneur. Mais la chemise ne peut pas lui être remise directement. Il faut que la dame d'honneur la transmette à madame Campan pour qu'elle la confie à la duchesse. Entre alors madame, comtesse de Provence, belle-sœur de Louis XVI (elle a épousé le futur Louis XVIII). Seconde dame de France après la reine, c'est à elle de présenter la chemise. Madame Campan récupère le précieux linge pour le tendre à Madame qui le remet à la reine qui grelotte, les bras croisés sur sa poitrine.

### LA FÊTE DE L'IMMUNITÉ

Louis XVI et sa famille décident de se faire vacciner contre la variole malgré les réticences des aristocrates : « Il ne faut pas mélanger le sang des nobles et celui du peuple » affirment-ils. Palsembleu !

## PURE EST MOUSSELINE

Le 19 décembre 1778, la reine donne naissance à une petite fille prénommée Marie-Thérèse-Charlotte. Il y a tellement de curieux dans la chambre de l'accouchement, dont deux petits Savoyards juchés sur des meubles, que l'atmosphère devient étouffante, provoquant un malaise de la reine. Le roi transgresse les règles, ouvre la fenêtre et fait chasser les intrus. Pour ce premier enfant, rien n'est trop beau, malgré le déficit public : la fillette dispose en ses primes années de neuf médecins, d'un coiffeur, d'une pédicure, d'un maître à écrire, d'un maître de musique, d'un joueur de viole, d'un maître à danser, d'un maître d'armes, d'un professeur de physique… en tout près de cent personnes grassement rétribuées. En 1789, Marie a onze ans. Elle ne sourit jamais ; on la surnomme « Mousseline la sérieuse ». Son train de vie n'a pas changé. Chaque mois, elle commande huit douzaines de gants blancs, trois douzaines de mitaines en peau de chien, douze bouteilles de lavande,

### LE DÉPART DU FEU

À la réception générale suivant les obsèques de Louis XV, la toute nouvelle reine se fait remarquer. Alors que les douairières de la cour défilent en faisant de profondes révérences et que la cérémonie se prolonge, la comtesse de Clermont-Tonnerre, fatiguée de se tenir debout derrière Marie-Antoinette, s'assied par terre sur le parquet. Sa Majesté la reine se retourne, trouve sa suivante au sol et pouffe de rire. L'aéropage des vieilles princesses affirme l'avoir entendue rire aux éclats.

vingt-deux pots de pommade, dix-huit pots de poudre. Plus étonnant, chaque soir, les valets déposent en guise d'en-cas, à côté de son lit, deux poulets rôtis, deux bouteilles de bordeaux et huit œufs durs.

## CARATS OK

Marie-Antoinette raffole des bijoux. Malgré les mises en garde de sa mère, elle dépense sans compter et attend de son mari complaisant, pourtant économe pour lui-même, qu'il puise généreusement dans sa cassette pour tenter de combler le panier percé. En 1776, il doit s'engager à payer 460 000 livres, une somme colossale étalée sur six ans, pour régler la dernière folie de la reine, une paire de boucles d'oreilles de six diamants en forme de poires d'une grosseur prodigieuse, œuvre du joaillier Boehmer. Puis ce sont des bracelets de diamants pour lesquels elle négocie un prix. Une fois encore, Marie-Thérèse s'inquiète. Sa fille lui répond : « Je n'ai pas cru qu'on pût s'occuper ma chère maman de pareilles bagatelles. » Comme elle dépense beaucoup, elle espère se refaire au jeu. Et c'est pire. Le roi rappelle que les jeux sont interdits dans tout le royaume. Mais la reine obtient une exception, elle joue une fois trente-six heures d'affilée, et la cour devient un tripot.

> *« Il n'y a pas que l'argent dans la vie, il y a aussi les bijoux. »*
> Maurice Henry

## QU'AMIES CASÉES

Au diable ceux qu'elle appelle « les vieux », Marie-Antoinette dit ne pas comprendre « comment, passé trente ans, on ose paraître à la cour ». Elle ne veut plus voir que des jeunes joyeux et s'étourdir de plaisirs. Elle ne jure d'abord que par une belle blonde aux yeux gris, madame de Lamballe, qui a connu quelques malheurs puisque son mari, syphilitique au dernier stade, l'a laissée veuve après un an de mariage. Les deux amies sont vite inséparables et la reine obtient de Louis XVI, sur un simple mot, qu'il fixe des appointements exorbitants à la favorite nommée surintendante. Turgot, chargé des Finances, proteste en vain. La reine se lasse de la douce Lamballe à l'esprit plutôt limité. Elle tombe sous le charme de Yolande de Polignac, vingt-six ans, qui lui a été présentée en 1775. Les yeux bleus, le nez discrètement retroussé, elle est irrésistible. Marie-Antoinette lui ouvre son cœur et sa bourse, c'est-à-dire celle de l'État. Car la Polignac est ambitieuse, pour elle et sa famille. Une pluie d'or, de pensions et de faveurs se déverse sur l'heureuse élue qui réclame toujours plus. En 1779, à la demande de son épouse à qui il ne sait rien refuser, Louis XVI éponge les dettes du couple Polignac pour 400 000 livres (3 millions de nos euros). Madame de Polignac devient duchesse et, en 1782, gouvernante des enfants royaux. Ces prodigalités provoquent la jalousie de ceux qui n'en bénéficient pas, indignent les gestionnaires des deniers publics et font jaser dans les chaumières. Marie-Antoinette devient « Madame Déficit »!

## BEAUCOUP DE RIENS POUR BRUIT

Les ouvrages diffamatoires consacrés aux relations de Marie-Antoinette se multiplient au cours du règne. Parmi les titres suggestifs se distinguent les *Fureurs utérines de Marie-Antoinette* et surtout les *Essais historiques sur la vie de Marie-Antoinette*. Il s'agit d'une enfilade de calomnies où l'on « apprend » que le duc de La Vauguyon plaça sa bru, la duchesse de Saint-Maigrin, dans le lit de la Dauphine, femme du futur Louis XVI, et qu'elle « plut beaucoup dans le déduit amoureux »; que la duchesse de Cossé lui succéda, et, après de nombreuses autres, la « vigoureuse et lubrique Guéménée », puis mesdames de Polignac et de Lamballe. On allait oublier, « notre Antoinette » aurait aussi dépucelé un jeune homme dont « le menton se trouvait seulement garni du plus léger duvet ».

> « Les lettres anonymes sont d'une lâcheté sans nom. »
> Georges Auriol

Les *Essais*, qui se veulent à visée politique, se complaisent dans la description des orgies prétendues de la reine dans les bosquets de Versailles, ce qu'ils appellent les nocturnales: « Il est inouï combien la reine chercha et trouva d'aventures; hommes et femmes, elle essaya tout. »

## DU BOULOT PAR DESSUS LA TÊTE

Pour sa coiffure, la reine fait confiance à Léonard, qui conçoit d'incroyables échafaudages de boucles montées sur coussins de crin, hérissés de plumes blanches et roses. Pour tenir le tout, on y fiche de longues épingles, mais l'on craint qu'elles n'attirent la foudre! Marie-Antoinette arbore un jour un chapeau à la Belle Poule surmonté d'un navire à voiles de soixante-dix centimètres de haut. Une autre fois, elle transporte sur sa tête un jardin anglais avec arbustes et fleurs dont la tige trempe dans de minuscules bouteilles d'eau.

### CENT FASHIONS

Marie-Antoinette, d'abord si simple dans ses tenues, prend goût aux fanfreluches. Elle passe des heures chaque jour avec sa modiste, Rose Bertin, qui lui vend des peignoirs de gaze, des robes en frac à la coqueluchon (?), des tissus « cuisse de nymphe » (!), des ensembles parés de glands, de guirlandes et de franges, et une multitude d'accessoires, gants, collerettes, barbes de dentelle, fichus, éventails... Et pas question de porter deux fois les mêmes vêtements ! Le budget garde-robe explose, passant de 30 000 livres en 1776 à 108 000 en 1780.

## CERTAINS L'AIMENT SHOW

Ordonnatrice des fêtes, Marie-Antoinette choque. Lors d'un concert de Gluck, qu'elle aime beaucoup, elle enfreint l'usage en applaudissant à tout rompre. Les courtisans, glacés, suivent du bout des doigts. Puisque Versailles est figé, la reine se rend dès qu'elle le peut à Paris où ses applaudissements plaisent. Elle s'enthousiasme même pour le théâtre de Beaumarchais qui dénonce pourtant les privilèges de la noblesse! Elle court également les bals de l'Opéra. Alors que Louis XVI est un lève-tôt et déteste ces sauteries publiques, Marie-Antoinette, accompagnée souvent de son beau-frère, le comte d'Artois, ne se lasse pas de s'étourdir et de danser, sous le faux anonymat d'un masque. C'est lors d'un de ces bals que le 30 janvier 1774, elle fait la connaissance d'un jeune officier suédois, Axel de Fersen.

*« Mozart était tellement précoce qu'à 35 ans, il était déjà mort. »*

Pierre Desproges

## LA RIVIÈRE SANS RETOUR

En 1772, les célèbres joailliers Boehmer et Bassenge, dont la maison *À l'enseigne du Balcon* est la mieux cotée sur la place de Paris, décident de créer une rivière d'exception, le plus beau collier du monde. Ils n'ont aucune commande, mais ils sont sûrs que Louis XV se fera fort d'en orner la gorge de sa favorite, madame du Barry, quel que soit le prix de la parure. Les plus grosses pierres sont enfin rassemblées lorsque le roi meurt et la favorite est chassée. Le collier achevé comporte 647 diamants, dont une vingtaine aussi gros que des noisettes. Le prix fixé est exorbitant, 1 800 000 livres (15 millions de nos euros). En 1778, les joailliers présentent la parure à Marie-Antoinette qui recule devant le prix, malgré les supplications de Boehmer à genoux: « Madame, je suis ruiné, déshonoré, si vous n'achetez mon collier. »

Huit ans plus tard, le 12 juillet 1785, Boehmer lui fait remettre un rappel de paiement. La reine tombe des nues. Que s'est-il passé? Une escroquerie habilement montée par une aventurière, la comtesse de La Motte, son mari, ancien gendarme, son amant, le chanteur Rétaux de Villette, expert en écritures trafiquées, une modiste, mademoiselle Oliva, qui ressemble à la reine. Par l'intermédiaire de Cagliostro, que le cardinal de Rohan considère comme « Dieu lui-même » (!), madame de La Motte rencontre ce prélat, alors en disgrâce et que la reine déteste. Elle lui dit que s'il est prêt à permettre à la reine de s'offrir le fameux collier, il retrouvera les faveurs du pouvoir. Elle organise, dans la nuit du 11 août 1784, une rencontre entre le cardinal de Rohan et la reine, qui est en fait la modiste déguisée. Les joailliers remettent le collier au cardinal, qui le confie à madame de La Motte qui doit le remettre de sa part à la reine. La comtesse disparaît avec la parure qu'elle fait dessertir pour en vendre les diamants à Londres et à Bruxelles. Et Boehmer réclame son argent à la reine. Le scandale éclate.

Le 15 août 1785, jour de cérémonie solennelle à Versailles, le roi demande au cardinal de Rohan: « Vous avez acheté des diamants à Boehmer? – Oui, Sire. – Qu'en avez-vous fait? – Je croyais qu'ils avaient été remis à la reine et j'ai cru faire ma cour à Sa Majesté en me chargeant de cette commission. » Le cardinal s'éloigne et est arrêté quelques pas plus loin, dans la galerie des Glaces. Il est jugé devant le parlement de Paris en mai 1786. Désireux de nuire à la monarchie, le Parlement fait fuiter dans la presse, en plein secret de l'instruction, des documents tronqués qui incriminent la reine. Madame de La Motte est condamnée à être fouettée, marquée au fer rouge et enfermée à vie. Mais à la surprise générale, Rohan est acquitté. Louis XVI veut rétablir un minimum de justice en exilant le cardinal à La Chaise-Dieu en Auvergne. Ce faisant, il désavoue le Parlement. On crie à la tyrannie et la monarchie est sur la sellette.

## PRATER NOSTER

Louis XVI accède aux fantaisies de son épouse pour mieux l'écarter des décisions politiques. Mais Marie-Antoinette aime avoir le dessus sur un mari qu'elle méprise trop facilement. Et elle reste sous la coupe de sa mère, l'impératrice Marie-Thérèse, et de son frère Joseph II. Pour elle, dans le domaine international, il y a les bons, les Autrichiens, et les mauvais, les Prussiens de Frédéric II. Mais Louis XVI, qui n'a pour principal ennemi que l'Angleterre, ne veut pas s'aligner sur l'Autriche et entend maintenir la balance égale entre l'Autriche et la Prusse. Poussée par son conseiller Mercy-Argenteau, un pion de Vienne, Marie-Antoinette défend avec fougue et aveuglement l'alliance avec l'Autriche. Ni le roi ni Vergennes, son ministre des Affaires étrangères, ne cèdent. Ils préservent la stricte neutralité de la France dans la guerre qui oppose l'Autriche à la Prusse en 1778-1779. L'acharnement de Marie-Antoinette à défendre les intérêts de sa famille d'origine lui vaut désormais dans la population le surnom de « l'Autrichienne ». À Vienne que pourra.

# HOP AUX SOMMES

Les caisses de l'État ont été vidées par les guerres de Louis XIV et de Louis XV, et ne peuvent se reconstituer du fait d'un système fiscal inégalitaire, d'une administration inefficace, des dépenses de la cour et des frais engagés pour soutenir la guerre de l'Indépendance américaine. Les ministres des Finances qui se succèdent essaient de trouver des solutions, mais ils s'emploient surtout à défaire ce que leurs prédécesseurs ont mis sur pied. Ils doivent aussi compter avec les cabales des privilégiés et du Parlement qui s'opposent à toute réforme. Le système est bloqué, les aristocrates vivent dans leur bulle et jouent aux grands esprits provocateurs, pendant que la population, affectée par de mauvaises récoltes, commence à s'agiter.

« Il paraît qu'on utilise seulement 10 % de notre cerveau. Mais que fait-on avec les 10 % qui restent ? »

Lara Bliss

## MAUREPAS TES TICS

Écarté du pouvoir en 1749 pour des propos contre la Pompadour, le facétieux Maurepas, ancien secrétaire d'État à la Marine de Louis XV, est rappelé le 20 mai 1774 par le nouveau souverain. Louis XVI le fait ministre d'État et l'installe à Versailles. Peu cultivé mais doté d'une mémoire prodigieuse, Maurepas, soixante-treize ans, n'oublie rien des avanies passées.

Son premier objectif est donc de régler ses comptes avec les ministres de Louis XV. Il se débarrasse du chancelier Maupeou, car « à peine me fait-il l'honneur de me voir, il ne me fait pas celui de me parler ». Maupeou ayant renvoyé les parlements, Maurepas les rétablit et ils peuvent reprendre aussitôt leur activité de sape de la monarchie. Jaloux de son ascendant sur le roi, Maurepas met en avant Turgot puis obtient sa disgrâce ; il soutient Necker dont il se détourne tout aussi rapidement. Peu avant de mourir en 1781, à quatre-vingts ans, il fait toujours mine de chercher un bon ministre pour la France : « Il faudrait un homme nerveux qui subjugue le roi, sa femme, ses frères et toute la cour. » Il cherche l'assorti de secours ?

## JE METS LE TURGOT

Turgot est disciple des physiocrates qui pensent que le travail est la source de création de richesses, ce qui ne plaît guère aux aristocrates qui se font un honneur de ne pas travailler.

Nommé contrôleur général des Finances en août 1774, le nouveau ministre a trois principes : pas de cessation de paiements publics, pas de hausse des impôts, pas d'emprunt. Il faut faire des économies partout, et même limiter les dépenses de la cour. Il doit alors faire face à une levée de boucliers. La noblesse ne veut pas être soumise aux mêmes impôts que le peuple. Le Parlement n'entend pas perdre ses prérogatives au profit d'une administration efficace. La bourgeoisie et les artisans refusent la suppression des jurandes, c'est-à-dire des corporations. Le peuple, qui devrait le remercier d'avoir supprimé les corvées, lui reproche d'avoir instauré la libre circulation des grains. Turgot joue de malchance. Les récoltes sont mauvaises en 1774 et 1775. Des rumeurs se répandent. Il y aurait un complot qui viserait à organiser la famine pour augmenter les prix. Des émeutes se déclenchent, des moulins sont pillés. C'est la « guerre des farines ». Le 2 mai 1775, des émeutiers viennent réclamer du pain jusque sous les grilles du château de Versailles. En dernier ressort, une coterie bien placée fait le siège de Louis XVI: la reine, les frères du roi et leur entourage refusent catégoriquement les mesures d'économie annoncées sur les dépenses de la Maison du Roi. De guerre lasse, après avoir soutenu plusieurs mois son ministre et les réformes, le roi finit par céder et par renvoyer Turgot le 12 mai 1776.

## UNE AFFAIRE INSURGENTE

Ministre des Affaires étrangères de 1774 à sa mort en 1787, le comte de Vergennes est partisan d'une intervention française aux côtés des *insurgents* américains. Il y voit un moyen d'abaisser la puissance anglaise sans engager un conflit ouvert. Louis XVI, qui fait preuve dans le domaine international d'assurance et de lucidité, est d'abord réticent. Il parle anglais et lit la presse d'outre-Manche. Il a toute raison de craindre ce que l'on appelle la « duplicité anglo-saxonne ». C'est alors que la Grande-Bretagne multiplie les provocations: les vaisseaux de la Royal Navy arraisonnent les navires étrangers pour en vérifier la cargaison, entravent toute navigation atlantique, canonnent des bâtiments royaux français. Louis XVI donne l'ordre à ses navires de guerre de protéger les bateaux de toute nationalité contre les exactions anglaises. Des navires chargés d'armes quittent bientôt la France, et de jeunes nobles épris d'aventure, comme le marquis de La Fayette, partent outre-Atlantique former et encadrer les troupes insurgées.

Le 6 février 1778, des traités sont signés entre la France et la jeune république qui se fait désormais appeler États-Unis d'Amérique. À Paris, Benjamin Franklin triomphe. En février 1780, La Fayette, rentré en France l'année précédente, obtient l'envoi d'un corps expéditionnaire de 5 500 hommes sous la direction du vicomte de Rochambeau pour soutenir les maigres troupes de George Washington, alors en difficulté. En 1781, les Britanniques sont défaits dans la baie de Chesapeake puis à Yorktown. Le 3 septembre 1783, le traité de Paris met fin au conflit. Il reconnaît l'indépendance des États-Unis d'Amérique. Mais l'affaire américaine tourne vite au fiasco pour la France. Les *insurgents* renouent aussitôt des liens commerciaux avec l'Angleterre et dédaignent les relations économiques avec leur sauveur. Encore un problème de pro-States ?

## C'PIS NECKER

À la chute de Turgot, en mai 1776, Maurepas fait nommer Clugny à la tête des Finances. « Je crois que nous nous sommes encore trompés », s'exclame le roi. Cinq mois plus tard, Clugny meurt en fonction, à quarante-sept ans.

> « Si tous ceux qui croient avoir raison n'avaient pas tort, la vérité ne serait pas si loin. »
> Pierre Dac

Le financier genevois Jacques Necker lui succède. Comme il est étranger et protestant, il ne peut entrer au Conseil du roi et ne peut être nommé contrôleur général des Finances. Il porte donc seulement le titre de directeur général des Finances. Il prend aussitôt le contre-pied de Turgot. Celui-ci avait dit : « Pas d'emprunts ! », Necker recourt massivement à l'emprunt grâce au soutien de ses amis banquiers. Et la dette s'accroît. Pour améliorer les rentrées fiscales, il modernise l'administration et cherche à réduire les coûts de fonctionnement, y compris de la Maison du Roi. Mais il est assez habile pour ne pas refuser à la reine les pensions qu'elle accorde à ses amis.

Cette politique à court terme plaît à tout le monde et la popularité du ministre est au sommet. Mais il publie en février 1781 un *Compte rendu au roi*, qui diffuse toutes les données chiffrées de l'économie et du fonctionnement de l'État. C'est un formidable succès de librairie. Le peuple y découvre le poids de la dette et surtout le scandale des pensions, grâces et bienfaits distribués à la cour. Une cabale se met en place, menée par les frères du roi. Necker est contraint à la démission le 19 mai 1781. Il sera rappelé en août 1788, avec le titre de ministre d'État, congédié le 11 juillet 1789, rappelé le 16 juillet, démissionnaire le 3 septembre 1790.

## COUP DE FOUDRE

Pour obtenir le soutien de la France, Benjamin Franklin a débarqué en Bretagne et gagné Paris le 21 décembre 1776. Il a alors soixante-dix ans. L'accueil est triomphal et même délirant. Il est connu de tous pour ses combats en Amérique contre les Anglais et pour sa découverte du paratonnerre. Il représente l'idée rousseauiste du nouveau monde proche de la nature. Quand il est reçu à Versailles, il ne porte pas de perruque, une simple toque de fourrure. Les modistes s'en inspirent aussitôt pour créer des perruques dites « coiffures à la Franklin ». Un observateur note : « C'est la mode aujourd'hui pour tout le monde d'avoir une gravure de monsieur Franklin sur sa cheminée. » La comtesse Diane de Polignac se fait même offrir un vase de nuit en porcelaine de Sèvres dont le fond est incrusté d'un portrait de Franklin. Le héros américain y est allé plein pot.

### TOTEM, MOI NON PLUS

De retour d'Amérique, La Fayette exhibe un Indien dans les salons aristocratiques. « C'est une vraie bête apprivoisée, raconte un témoin, avec un anneau au nez, un os passé en manière de pendants d'oreilles ; les jambes et les bras tatoués. » Chaque fois que le marquis le lui demande, il exécute la danse du scalp. Il faut savoir être à l'Apache.

## POUR UN WHIST, POUR UN NOM

Alors que l'ennemie est l'Angleterre, l'anglomanie triomphe dans l'aristocratie française. On déjeune au thé, on joue au whist, on parie aux jockeys, on porte la redingote, on ne va plus sur les chaises percées mais dans les « lieux à l'anglaise », on s'enthousiasme pour les clubs, le rosbif, le punch et le whisky. Surtout, on aménage ses parcs à l'anglaise. Dans les jardins de Bagatelle, le jeune frère du roi crée des ponts, une rivière, des gloriettes et des chaumières. Dans le parc Monceau, le duc de Chartres, futur Philippe Égalité, réalise un décor anglo-chinois avec des grottes, des rochers, des ruines, une laiterie et une ferme. Marie-Antoinette est plus raisonnable avec son Hameau où elle fuit la cour à partir de 1783. L'ensemble devient une vraie exploitation agricole dont les produits fournissent les cuisines du château.

Le tout coûte beaucoup moins cher que les folies du comte d'Artois et du duc de Chartres. Pourtant, on en fera un exemple des dépenses inconsidérées de la reine.

## AUX RAPPORTS

Un livre traduit de l'anglais fait fureur en France. Il s'agit de l'*Essai sur la pédérastie* publié vers 1785 par Jeremy Bentham. L'auteur s'étonne de la norme sexuelle qui bride la sexualité des individus. Il faudrait, pour la respecter, ne pas avoir de rapport : « 1/ Avec l'espèce appropriée, mais en un temps inapproprié, par exemple après la mort. 2/ Avec un objet de l'espèce et du sexe appropriés, à un moment approprié, mais dans une partie inappropriée. 3/ Avec un objet de l'espèce appropriée, mais du sexe erroné. 4/ Avec une espèce erronée. 5/ En procurant cette sensation par soi-même sans l'aide d'aucun autre objet doué de sensation. »

> « Qui viole un œuf viole un bœuf. »
> Marcel Aymé

## AUTANT TAUX

Quand, le 29 mars 1783, l'honnête Henri d'Ormesson est nommé contrôleur général des Finances, il n'a que trente-deux ans et ne connaît pas grand-chose aux questions budgétaires. Il refuse d'abord le poste en arguant de son jeune âge. Louis XVI réplique : « Je suis plus jeune que vous et j'occupe une fonction plus importante. » D'Ormesson accepte, mais il doit trouver en urgence des fonds pour rembourser les échéances des prêts. Il a l'idée ingénieuse de recourir à un emprunt donnant droit au tirage d'une loterie avec de nombreux lots. Le succès est au rendez-vous, mais l'emprunt se révèle vite insuffisant du fait de la ruineuse guerre de l'Indépendance américaine. D'Ormesson emprunte alors en secret à la Caisse d'escompte, ancêtre de la Banque de France et de la Caisse des dépôts.

Quand le public, informé par de « bonnes âmes », apprend que l'État a sorti des fonds privés de la caisse, il se presse aux guichets pour retirer son argent. La Caisse d'escompte se trouve rapidement en cessation de paiement. D'Ormesson veut alors réformer la Ferme générale, une société privée contrôlée par des financiers chargés de collecter les impôts indirects. Mais les fermiers généraux font pression à la cour. Ils trouvent une oreille attentive auprès des frères du roi et de la reine auxquels le ministre a refusé des largesses financières. Le roi cède une fois de plus et accepte le renvoi du ministre le 2 novembre 1783.

## SAINT CALONNE À LA UNE

Charles Alexandre de Calonne convoite la succession de Necker. Il multiplie donc les libelles contre le financier, obtient sa chute, attend son heure pendant que les successeurs de Necker s'empêtrent dans des expédients. Il devient enfin contrôleur des Finances en 1783 et reste en poste jusqu'en 1787 car il a le soutien des proches de la reine. L'un des premiers actes de Calonne est d'éponger les dettes des frères du roi, de permettre à Marie-Antoinette d'acheter le château de Saint-Cloud et d'augmenter le budget des fêtes. Il annule les décisions de ses prédécesseurs. Mais quand il propose de revenir à la suppression des douanes intérieures, impôt unique exigible de tous, privilégiés compris, c'est une levée de boucliers de la part des notables. Lorsqu'il démet Calonne, le 8 avril 1787, le roi lui dit : « Je suis aussi content de votre personne que de votre gestion. C'est avec regret que je me sépare de vous. » Mais il remplace le ministre par son principal détracteur, Loménie de Brienne, qui ne va pas tarder à prononcer la banqueroute de l'État et la suspension des paiements.

> *« Tout n'est qu'une question de fric, mes anges ! D'oseille, de flouze, de picaillons. »*
>
> Pierre-Jean Rémy

## UN MONDE APPARTS'

La vie à Versailles devient de moins en moins attrayante. Un bon millier de courtisans s'y partage deux cent vingt appartements, certains de deux pièces seulement. La promiscuité est totale. Comme il n'y a pas d'eau courante et seulement vingt-neuf fosses d'aisance dans le périmètre du château, les remugles pestilentiels qui en émanent font connaître à chacun les misères des autres.

Avant l'invention des pompes en 1784 puis de la fosse septique en 1788, nombre de vidangeurs ont péri suffoqués par les miasmes aristocratiques avant d'avoir pu remonter leurs seaux.

Les courtisans tentent d'améliorer leur confort à la va comme ça peut : des tuyaux de poêle, il faut bien se chauffer, traversent murs et fenêtres en pleine façade, des coins cuisines clandestins, dits de « tolérance », installés n'importe où, enfument les couloirs et poissent de matières grasses les balustrades. Les rats grouillent. Les lavandières nettoient le linge royal, mêlé au leur, dans la pièce d'eau des Suisses et du Grand Canal. Elles étendent draps et chemises entre les arbres de la contre-allée, bien en vue de la galerie des Glaces. Les grands seigneurs préfèrent déserter le « palais » pour Paris, se grisant des bals et des salons, se laissant gagner par les idées nouvelles dont ils sont les premiers prosélytes et seront les premières victimes.

## UN SANS DIT

Dans la bonne société, on n'a pas de sarcasmes assez acerbes pour qualifier les travaux de l'abbé de L'Épée qui veut sortir les sourds de leur isolement. Il a mis au point tout au long des années 1770 une méthode de signes liés au français écrit.

> *« Je vous apprends que votre fille est muette. Cela vient de ce qu'elle a perdu la parole. »*
> Molière

Si les grands seigneurs se gaussent de ce qu'ils prennent pour des gesticulations grotesques, le roi s'intéresse aux recherches de l'abbé et lui octroie des financements pour créer une école de sourds-muets à Paris. Les besoins de l'abbé ne sont pas tombés dans l'oreille d'un sourd.

## FRANC COCO DE PORT

Dans les années 1780, les dames de la haute société s'entichent d'animaux exotiques de compagnie. La duchesse de La Vallière a ainsi acheté à l'une de ses amies un magnifique perroquet. Mais le bel emplumé avait vécu dans un appartement fréquenté assidûment par de lestes officiers. Si bien que dans le salon de la duchesse, il parle un langage de corps de garde, et débite « les injures les plus inouïes ». À queue coco !

## DU CÔTÉ DE CHEZ SOIGNE

En 1778, Louis XVI décide la création de la Société royale de médecine, notre actuelle Académie de médecine. Il s'agit de valider des remèdes, de surveiller la qualité des eaux, d'étudier les risques épidémiques, de faciliter une correspondance suivie entre les médecins du royaume et même de l'étranger. Dirigée par des personnalités comme le docteur Vicq d'Azir, anatomiste et médecin de Marie-Antoinette, le botaniste Jussieu, le naturaliste Daubenton, le secrétaire d'État Amelot, la Société royale de médecine met en place un réseau de correspondants qui quadrillent le territoire et lancent de vastes enquêtes de veille sanitaire. Cette société savante, oh combien utile, est supprimée par la loi révolutionnaire du 8 août 1793. À votre santé !

## CES DOCTEURS M'ABUSENT

Arrivé à Paris en 1758, et peu à peu introduit dans les milieux les plus fermés, un prétendu comte de Saint Germain, grand et mince, paraissant cinquante ans, assure être âgé de plusieurs siècles grâce à son élixir de longue vie. On se bouscule pour lui acheter un de ses flacons. L'un de ses disciples, le comte de Cagliostro, de son vrai nom Joseph Balsamo, né à Palerme en 1743, prétend avoir été initié à divers secrets par les prêtres d'Isis en Égypte antique et avoir connu Jésus-Christ. L'étonnant est qu'il parvient à convaincre le cardinal de Rohan. Puisque Cagliostro se dit aussi alchimiste, Rohan lui installe deux laboratoires dans ses palais de Saverne et Paris. Impliqué dans l'affaire du Collier de la reine, le charlatan, qui bénéficie de

### CE N'EST PAS CHAT L'HEUREUX

Heureuse expression des Lumières, on interdit en 1775 le supplice des chats pratiqué dans de nombreuses villes depuis le Moyen Âge. La coutume était d'exterminer au solstice d'été les pauvres félins considérés comme des incarnations de Satan. À Paris, on les enfermait dans des sacs pendus à des cordes puis on les brûlait au-dessus d'un bûcher. Chat badabada.

puissants protecteurs, ne fait qu'un bref séjour à la Bastille avant d'être expulsé en 1786. Déclenchant tout autant l'enthousiasme, le vrai docteur en médecine Mesmer soigne par « la vertu de l'aimant ». Il prétend mettre en action les fluides subtils par la force de l'aimant et de l'eau « électrisée » dans laquelle se plongent les patients prêts à payer 1 000 de nos euros.

## POUR MONTER VITE ET HAUT

En juin 1783, deux industriels papetiers, les frères Joseph et Étienne Montgolfier, font s'élever dans le ciel d'Annonay, en Ardèche, un ballon de taffetas chauffé à un feu de paille. Deux mois plus tard, à Paris, le physicien Charles fait voler pendant quatre jours un ballon à gaz gonflé à l'hydrogène. Piqués par la compétition, les Montgolfier mettent au point le premier ballon pouvant emporter des hommes. L'expérience se déroule le 21 novembre au-dessus de Paris. Installés dans leur nacelle, le physicien Pilâtre de Rozier et un officier, le marquis d'Arlandes, survolent pendant vingt minutes les spectateurs ébahis. L'événement est considérable, mais la presse n'en saisit pas l'importance. La *Correspondance littéraire*, qui se veut aussi scientifique, ironise : « Jamais bulle de savon n'occupa plus sérieusement une troupe d'enfants que le globe aérostatique de messieurs Montgolfier. »

## AH SI ! PARMENTIER

Dans les années 1740, la pomme de terre passe encore pour immangeable. On murmure qu'elle donne la lèpre, et le Parlement en interdit la culture en 1748. Trente ans plus tard, le pharmacien et agronome Antoine Parmentier s'efforce d'en faire la promotion. Il organise des dîners patates avec des personnalités comme Franklin ou Lavoisier. Puis il plante des pommes de terre dans la plaine des Sablons, à Neuilly. Mais comment convaincre le peuple réticent ? Parmentier a alors l'idée de faire garder ses plantations par des militaires, le jour mais pas la nuit. Les Parisiens se demandent : « Qu'y a-t-il de si précieux dans ce champ ? » et ils organisent des

> *« Greffez des plants de rosiers sur des plants de vigne, ça fera du vin rosé. »*
> Pierre Dac

razzias nocturnes du féculent qu'ils trouvent bon, malgré tout. Quod est ratte demonstrandum.

## MARINE EST LÀ

Dans l'hiver 1784-1785, Louis XVI, qui a développé la marine avec son ministre de Castries et s'y connaît parfaitement en techniques maritimes, confie à Jean-François de La Pérouse la direction d'une expédition autour du monde. Mais il y met une condition : « Si des circonstances impérieuses obligeaient jamais le sieur de La Pérouse à faire usage de la supériorité de ses armes sur celles des peuples sauvages, il ne recourra aux armes qu'à la dernière extrémité, seulement pour sa défense… »

Le 1er août 1785, les frégates *la Boussole* et l'*Astrolabe* appareillent de Brest. L'expédition passe par le cap Horn au sud du Chili, remonte les côtes américaines jusqu'en Alaska, traverse le Pacifique, entre à Macao, en Chine, découvre l'île d'Hokkaido au Japon, fait escale au Kamtchatka, gagne l'Australie et s'échoue après une tempête dans les îles Salomon, près de la Papouasie-Nouvelle-Guinée, en 1788. La Pérouse a-t-il suivi trop à la lettre les conseils débonnaires de Louis XVI ? Toujours est-il que les survivants du naufrage sont massacrés par les indigènes.

### C'EST DANS L'AIR

Antoine Lavoisier est le père de la chimie moderne. Soutenu par Louis XVI, il démontre le rôle de l'oxygène dans la survie végétale et la respiration animale, il étudie le mariage de l'oxygène et de l'hydrogène dans l'eau, il établit une nomenclature chimique des éléments. Il est condamné à mort en mai 1794. Ayant demandé un sursis pour terminer une expérience scientifique, le président du tribunal révolutionnaire, Jean-Baptiste Cofinhal, lui rétorque : « La République n'a pas besoin de savants ni de chimistes. »

## LA PETITE MAISON DANS LA PAIRIE

Les membres des parlements, à Paris et dans les provinces, ont acheté leur charge et forment la « noblesse de robe ». Le parlement de Paris intègre aussi les pairs de France, c'est-à-dire les plus grands personnages du royaume, évêques et princes du sang, qui gardent leur vieil orgueil frondeur. Les parlementaires ont d'abord une fonction judiciaire, et ils ne manquent pas de se faire remarquer pour des injustices restées célèbres, lors des affaires Calas, Sirven et du chevalier de La Barre. Ils ont aussi un rôle législatif car ils contrôlent la conformité des décisions royales avec les coutumes et les lois existantes. Le Parlement, surtout celui de Paris, est populaire car il apparaît comme un instrument de contrôle sur la monarchie. En réalité, il défend ses avantages acquis et bloque toute réforme qui vise par exemple à la liberté du commerce et à l'égalité devant l'impôt. Croyant bien faire, Louis XVI, mal conseillé par Maurepas, rétablit les parlements dès 1774. Manipulant l'opinion, jouant la prétendue défense des intérêts du peuple, agitant des idées révolutionnaires, ceux-ci préparent une Révolution dont ils seront les premières victimes puisque dès 1790, les parlements seront remplacés par des juges élus.

> *« Le Parlement prend à onze heures du soir des décisions qu'aucun homme sensé ne prendrait à onze heures du matin. »*
> Bernard Shaw

## L'ÉCOLE DIFFAME

Chacun prétend vouloir des réformes, mais uniquement pour les autres. Un émissaire du roi de Prusse note : « Un chacun crie contre les abus, mais ne veut pas qu'on touche ceux qui le font vivre, lui et ses amis, moyennant quoi, ils subsistent tous. » Les réformes se multiplient pourtant, à un rythme tel que les responsables de l'administration ne suivent plus, d'autant que ces réformes sont rapidement annulées par les nouveaux ministres. Les meilleures décisions, comme l'édit royal de tolérance en faveur des protestants, sont rejetées par l'opinion publique noyautée par des privilégiés irresponsables qui inondent Paris de libelles. Les aristocrates et les membres du Parlement n'ont qu'une idée : maintenir le statu quo tout en le critiquant. Quand les seigneurs se font leurs propres fossoyeurs !

## LA QUADRATURE DES CERCLES

La mode n'est plus aux salons mais aux sociétés dites « de pensée » qui prolifèrent à Paris. On y discute tout haut de ce dont on parlait tout bas sous Louis XV. Le Club des Américains, installé au

Palais-Royal, rassemble en 1785 les colons d'outre-Atlantique établis en France et qui veulent diffuser les idées républicaines des jeunes États-Unis. La Société des amis des Noirs milite pour l'abolition de l'esclavage et la fin du trafic négrier. Y sont inscrits La Fayette, le mathématicien et philosophe Condorcet, l'abbé Grégoire, Brissot (futur conventionnel guillotiné), deux princes, trois ducs, sept marquis et huit comtes. Il est de bon ton de fréquenter les cercles qui font l'opinion. Le baron de Castille, officier aux Gardes françaises, adhère ainsi, sans très bien savoir pourquoi, au Club de Paris, puis au Salon en 1782, au Musée de Paris qui rassemble des gens de lettres, à la loge franc-maçonne des Neuf Sœurs, qui fut celle de Voltaire, à la Société militaire et à la Société philanthropique pour « soulager les malheureux », mais qui soulage surtout ses membres.

## LANCE REQUÊTES

Louis XVI veut donner la parole au peuple à qui il demande de rédiger des cahiers de doléances pour améliorer le fonctionnement de l'État. Partout, devant l'église rurale après la messe, ou par quartiers dans les villes, s'organisent des discussions pour rédiger les fameux cahiers qui serviront aux États généraux dont la réunion est prévue fin avril 1789. Les revendications les plus fréquentes sont la diminution des droits seigneuriaux, l'uniformité des poids et mesures, la répartition équitable de l'impôt pour que les plus pauvres ne payent pas 80 % de ce qu'ils gagnent. Mais il en est qui oublient la dimension nationale au profit de questions strictement locales. L'île Tudy, située à trois lieues des îles de Glénan, réclame « les mêmes traitements que l'île de Sein. » La paroisse d'Évry exige « que le chemin qui conduit de la Borde à Corbeil, le long de la rivière de Seine, soit exhaussé ». À Saint-Avold, en Lorraine, les habitants réclament des mesures contre les Juifs et « contre les voisins »!

## QU'AMASSENT OUTRAGES

La réunion des États généraux est programmée pour le 27 avril 1789. Au jour dit, des centaines de députés venus de province déambulent dans la cité royale sans que personne ne les informe de rien. Ils aperçoivent le roi… qui part à la chasse. La cérémonie d'ouverture a été repoussée sans rien dire aux 4 et 5 mai. Le 30 avril, autre mauvaise nouvelle inattendue, le jeune marquis de Dreux-Brézé, grand maître des cérémonies, annonce aux délégués qu'ils devront porter des habits conformes à leur condition : le clergé sera en chapes rouges pour les cardinaux, soutanes violettes pour les évêques, simples soutanes grises pour les curés. La noblesse apparaîtra chamarrée de parements d'or, souliers à boucle d'argent aux pieds et chapeaux à plumes blanches sur la tête. Les députés du tiers état se contenteront d'un sobre habit noir avec cravate.

Le 4 mai, par un vent froid, les députés défilent dans les rues jusqu'à l'église Notre-Dame de Versailles, haut clergé en tête, puis noblesse et enfin le Tiers. Cardinaux et évêques ont refusé de défiler avec les curés, qui se retrouvent avec le Tiers État. Le lendemain, pas question de la galerie des Glaces, par exemple. Les États se tiendront dans la salle des Menus-Plaisirs du château, un entrepôt royal pour les décors de l'Opéra. La séance d'ouverture est présidée par le roi, installé sur un trône couvert d'un dais. La salle est si malcommode que personne n'entend rien. Le roi parle 4 minutes, Barentin, le garde des Sceaux, débite d'une voix monocorde et inaudible un discours de 25 minutes, Necker et un de ses commis énoncent des chiffres pendant 2 heures et demie. La séance, commencée à 8 heures, s'achève à 16 heures dans l'épuisement et la déception générale.

*« Pourquoi ces gens-là ne sauveraient-ils pas la France ? Les oies ont bien sauvé le Capitole. »*
Talleyrand

Imprimé en Espagne par INDUSTRIA GRAFICA CAYFOSA
Dépôt légal : février 2018
320830-01/11037082 - janvier 2018

PAPIER À BASE DE FIBRES CERTIFIÉES

LAROUSSE s'engage pour l'environnement en réduisant l'empreinte carbone de ses livres. Celle de cet exemplaire est de : 750 g éq. $CO_2$
Rendez-vous sur www.larousse-durable.fr